GRANNY SQUARES TEJIDOS A GANCHILLO

Cuadrados inspirados en las 4 estaciones,
uno para cada semana del año

KYLIE MOLETA

Librero

Título original: *A Year of Granny Squares*

© 2025 Librero b.v. (edición española)
www.librero.nl

© Quarto Publishing plc 2024

Corrección: May Corfield
Ilustración: Kang Kuo Chen (diagramas) y Olya Kamieshkova
Diseño: Clare Barber y Eliana Holder
Edición: Charlene Fernandes
Dirección artística: Martina Calvio
Fotografía: Cintia Gonzalez-Pell y Nicki Dowey
Responsable editorial: Lorraine Dickey

Producción de la edición española:
Traducción: Míriam Torras para Delivering iBooks & Design
Redacción y maquetación: Delivering iBooks & Design, Barcelona

Distribución exclusiva de la edición española:
Librero IBP S. L.
C/ Paseo de los Olmos, n.º 20
Planta 1.ª, oficina 7
28005 Madrid, España
www.librero-ibp.es

Impreso en China
ISBN: 978-94-6499-080-5

CONTENIDO

SOBRE LA AUTORA

Aprendí a tejer en una época complicada de mi vida, cuando de pronto tuve que quedarme en casa por problemas de salud. Cansada de pasarme el día mirando la tele, estaba desesperada por encontrar algo que hiciera más llevaderos mis días. Intenté hacer calceta, pero no acababa de cogerle el truco, así que el siguiente paso fue probar con el ganchillo. Cuando sujeté la aguja de gancho por primera vez fue como si algo hiciera clic dentro de mí. Me sentí como si recuperara una afición del pasado en lugar de aprender algo nuevo. Lo que comenzó como una manera de llenar mis días se convirtió en una obsesión. Sentía la necesidad de aprender todo lo posible y conocer a fondo mi nueva pasión. A partir de entonces, en lugar de pasar el tiempo en vano, desarrollaba una habilidad, obtenía nuevas creaciones y renovaba mi autoestima. Debido a mi experiencia, soy una firme defensora de lo efectivos que resultan los trabajos manuales como terapia.

Cuando aprendí a hacer ganchillo, lo primero que intenté hacer fueron *granny squares*, las tradicionales piezas cuadradas. He hecho muchas cosas a lo largo de los años desde que tejí mi primer *granny square*, pero siempre vuelvo a ellos y, a día de hoy, los sigo adorando. Nunca imaginé que un día podría compartir mi amor por ellos con un libro como este. Tener la increíble oportunidad de diseñar 52 cuadrados de diferentes estilos —desde bonitas flores primaverales y alegres cuadrados veraniegos hasta reconfortantes diseños otoñales y patrones geométricos invernales— ha sido un sueño hecho realidad. Si, como a mí, le ha dado por tejer *granny squares*, espero que este libro le regale muchos momentos de alegría y numerosas ideas para poner en práctica.

Kylie Moleta

P. D. Me encanta ver las labores que crea la gente con mis patrones. Si le surge alguna duda, será un placer ayudarle. Me encontrará en las redes sociales, en @stitchedupcraft. No olvide etiquetar sus creaciones de este libro con #yearofgrannysquaresbook.

La **fotografía** del *granny square* permite apreciar los detalles del diseño.

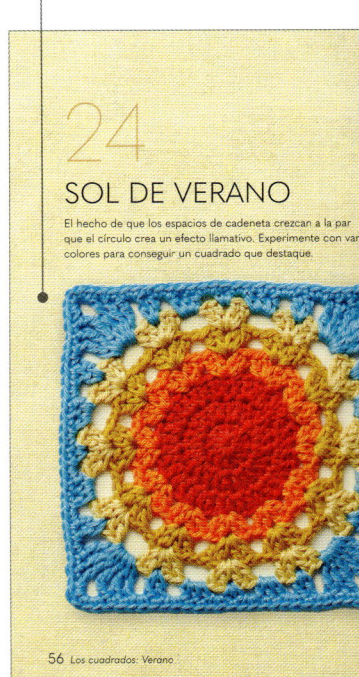

ACERCA DE ESTE LIBRO

Este libro contiene 52 coloridos diseños de *granny squares*, uno para cada semana del año. Estas piezas cuadradas son ideales para confeccionar cualquier cosa, desde mantas hasta bolsos; en las páginas 118-129 encontrará cuatro inspiradores proyectos que le ayudarán a desarrollar sus ideas. Al final del libro se incluye información sobre los materiales y las técnicas de ganchillo.

Se especifica el **grado de dificultad** de cada labor: fácil, medio o avanzado.

Se incluye una lista de **los símbolos, las técnicas y los puntos** utilizados en cada patrón, junto con indicaciones sobre el diagrama.

Diagrama claro y preciso de cada patrón que también muestra los colores de los hilos.

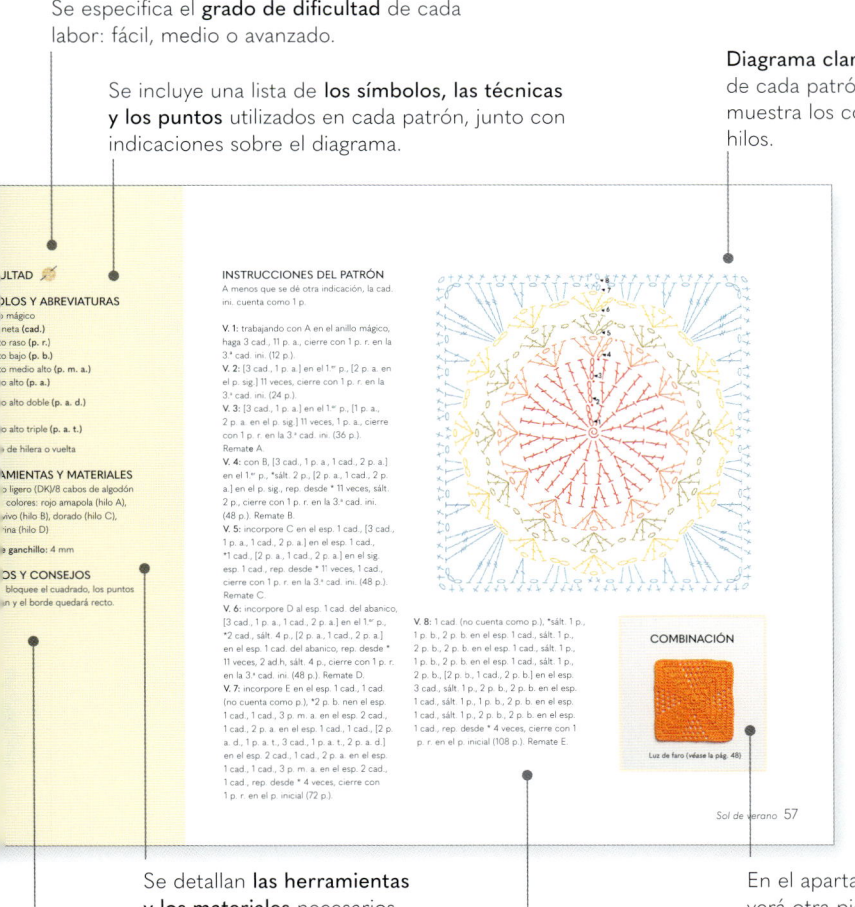

LOS CUADRADOS

El núcleo del libro son los patrones de las 52 piezas, que se organizan según la estación, incluido el diseño que ve en la página de ejemplo, aquí a la izquierda. Cada diseño va acompañado de instrucciones escritas, un diagrama y una fotografía, que le servirán de guía y le proporcionarán todo lo que necesita para empezar.

HILO

Para crear todos los *granny squares* de este libro he utilizado el hilo Ultra Pima Cotton, de Cascade. Si quiere saber los códigos de color, los encontrará al final del libro, en la página 144. Para hacérselo fácil, he especificado la fibra, el grosor y el color del hilo de cada patrón para que, si lo desea, pueda utilizar alguno que tenga en casa.

TAMAÑO DEL CUADRADO

Cada pieza mide 15 × 15 cm, aproximadamente.

Se detallan **las herramientas y los materiales** necesarios para tejer la pieza.

Aquí se incluyen **las instrucciones** de los puntos especiales empleados en los diseños, así como trucos y consejos.

Las instrucciones escritas le guiarán por el patrón vuelta a vuelta o hilera a hilera.

En el apartado «**Combinación**» verá otra pieza del libro que complementa este patrón. A veces, se incluye una representación visual de la combinación de varias piezas, en algunos casos duplicadas, para que pueda ver el divertido diseño que forman.

1

COMETA PRIMAVERAL

La cuidadosa disposición de puntos básicos crea un diseño que es de todo menos básico y que resulta adecuado para un tejedor con algo de experiencia o para un principiante intrépido.

DIFICULTAD

SÍMBOLOS Y ABREVIATURAS

- ⊚ anillo mágico
- ○ cadeneta (cad.)
- • punto raso (p. r.)
- + punto bajo (p. b.)
- ⊤ punto medio alto (p. m. a.)
- ⊺ punto alto (p. a.)
- ⊺ punto alto doble (p. a. d.)
- ⊺ punto alto triple (p. a. t.)
- ▶ inicio de hilera o vuelta

HERRAMIENTAS Y MATERIALES

Hilo: hilo ligero (DK)/8 cabos de algodón en estos colores: azul aciano (hilo A), rosa peonía (hilo B), rosa madreselva (hilo C)

Aguja de ganchillo: 4 mm

TRUCOS Y CONSEJOS

Si le cuesta hacer el anillo mágico, teja 3 cad. y únalas haciendo 1 p. r. en la 1.ª cad. para formar un anillo.

INSTRUCCIONES DEL PATRÓN

A menos que se dé otra indicación, la cad. ini. cuenta como 1 p.

V. 1: trabajando con A en el anillo mágico, haga 2 cad., 7 p. m. a., cierre con 1 p. r. en la 2.ª cad. (8 p.).

V. 2: *5 cad. (no cuentan como p.), 1 p. b. en la 3.ª cad. desde la aguja, 1 p. a. en la cad. sig., 1 p. m. a. en la cad. sig., 1 p. r. en el p. sig., rep. desde * 8 veces (24 p.). Remate A.

V. 3: incorpore B en cualquier p. b., *[3 cad., 2 p. a.] en el p. b., 2 p. a., 1 p. r. en el p. b. sig., rep. desde * 8 veces, cierre con 1 p. r. en la base de las 3 cad. (40 p.). Remate B.

V. 4: incorpore C en la 3.ª cad., *3 cad., 3 p. a., 2 p. a. en el p. sig., 1 p. r. en la 3.ª cad., rep. desde * 8 veces (48 p.).

V. 5: 3 p. r. sobre la cad. ini. de la V. 4, *3 cad., 4 p. a., 2 p. a. en el p. sig., 1 p. r. en la 3.ª cad., rep. desde * 8 veces (56 p.). Remate C.

V. 6: incorpore B en la 3.ª cad., *3 cad., 5 p. a., 2 p. a. en el p. sig., 1 p. r. en la 3.ª cad., rep. desde * 8 veces (64 p.). Remate B.

V. 7: incorpore A en la 3.ª cad., *1 p. b. en el p. sig., 2 p. m. a., 2 p. a., 1 p. a. d., [3 p. a. d., 3 p. a. t.] en el p. sig., 1 p. a. en la 3.ª cad., 6 p. a., 2 p. a. en el p. sig., 1 p. r. en la 3.ª cad. (cuenta como 1 p.), rep. desde * 4 veces (88 p.).

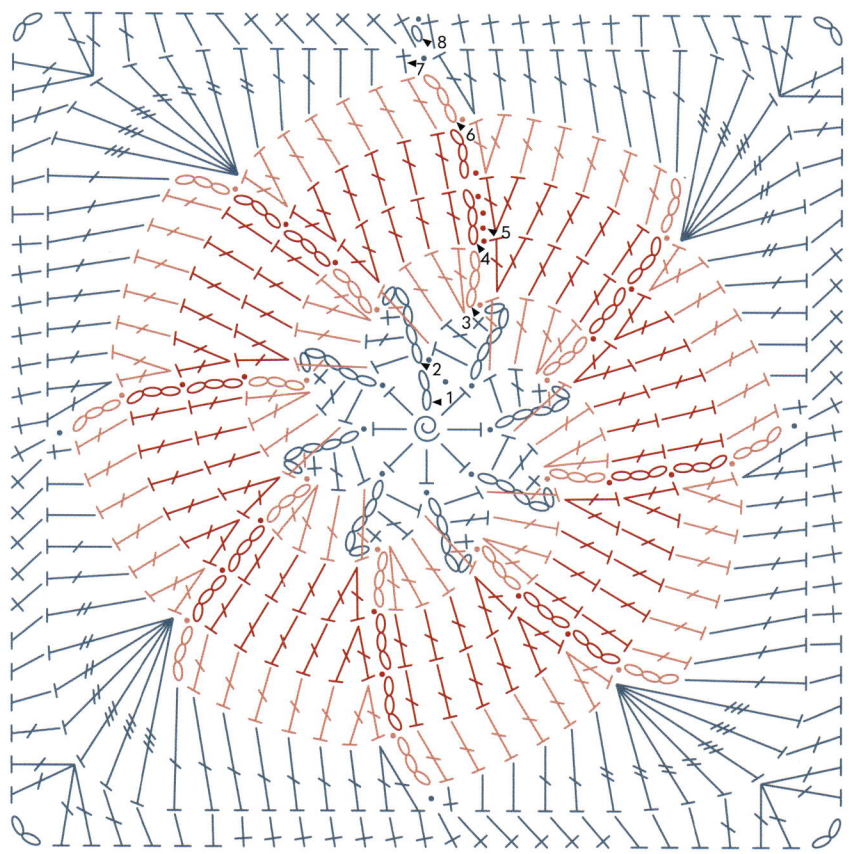

V. 8: 1 cad. (no cuenta como p.), 6 p. b., *3 p. m. a., 1 p. a., [2 p. a., 2 cad., 2 p. a.] en el p. sig., 1 p. a., 3 p. m. a., 13 p. b., rep. desde * 3 veces, 3 p. m. a., 1 p. a., [2 p. a., 2 cad., 2 p. a.] en el p. sig., 1 p. a., 3 p. m. a., 7 p. b., cierre con 1 p. r. en el p. inicial (100 p.).
Remate la labor.

COMBINACIÓN

Encaje con filigrana (*véase* la pág. 16)

2

PRIMERA FLOR

Las capas de pétalos producen un efecto tridimensional.
En la página 118 encontrará el diseño de una manta que
utiliza este *granny square*.

DIFICULTAD

SÍMBOLOS Y ABREVIATURAS

- anillo mágico
- cadeneta (**cad.**)
- punto raso (**p. r.**)
- punto bajo (**p. b.**)
- punto medio alto (**p. m. a.**)
- punto alto (**p. a.**)
- punto alto doble (**p. a. d.**)
- piña de 4 puntos altos (**piña de 4 p. a.**)
- piña de 5 puntos altos (**piña de 5 p. a.**)
- inicio de hilera o vuelta

HERRAMIENTAS Y MATERIALES

Hilo: hilo ligero (DK)/8 cabos de algodón
en estos colores: amarillo botón de oro
(hilo A), rosa peonía (hilo B), rosa
madreselva (hilo C), verde kiwi (hilo D)

Aguja de ganchillo: 4 mm

TÉCNICAS UTILIZADAS

Trabajar por encima o en vueltas anteriores
(*véase* la pág. 135)

PUNTOS ESPECIALES

piña de 4 puntos altos (piña de 4 p. a.):
[e. h., introduzca la aguja en el p., e. h. y
saque 1 laz., e. h. y sáquela por 2 laz. de
la aguja] 4 veces en el mismo p., e. h. y
sáquela por las 5 laz. de la aguja.

piña de 5 puntos altos (piña de 5 p. a.):
[e. h., introduzca la aguja en el p., e. h. y
saque 1 laz., e. h. y sáquela por 2 laz. de
la aguja] 5 veces en el mismo p., e. h. y
sáquela por las 6 laz. de la aguja.

INSTRUCCIONES DEL PATRÓN

A menos que se dé otra indicación, la cad. ini. no cuenta como 1 p.

V. 1: trabajando con A en el anillo mágico, haga 1 cad., 8 p. b., cierre con 1 p. r. en el 1.er p. b. (8 p.).

V. 2: [2 cad., 1 piña de 4 p. a.] en el 1.er p. (cuenta como la 1.ª piña de 5 p. a.), [2 cad., 1 piña de 5 p. a.] 7 veces, 2 cad., cierre con 1 p. r. en el p. inicial (8 p.). Remate A.

V. 3: incorpore B en el esp. 2 cad., 2 cad. (cuentan como 1 p. b. y 1 cad.), 1 p. b. en el mismo esp. 2 cad., *3 cad., [1 p. b., 1 cad., 1 p. b.] en el esp. 2 cad., rep. desde * 7 veces, 3 cad., cierre con 1 p. r. en la 1.ª cad. ini. (16 p.).

V. 4: *1 p. r. en el esp. 1 cad., [1 p. m. a., 3 p. a., 1 p. m. a.] en el esp. 3 cad., rep. desde * 8 veces, cierre con 1 p. r. en el p. r. inicial (40 p.). Remate B.

V. 5: incorpore C en la piña de la V. 2 (con los pétalos de la V. 4 por delante), 1 cad., [3 p. b. en la piña, 4 cad.] 8 veces, cierre con 1 p. r. en el p. inicial (24 p.).

V. 6: *1 p. r. en el 2.º p. b., [2 p. a., 3 p. a. d., 2 p. a.] en el esp. 4 cad., rep. desde * 8 veces, cierre con 1 p. r. en el p. r. inicial (56 p.). Remate C.

V. 7: incorpore D en el p. r. de la V. 6, 1 cad., [1 p. b. en el p. r., 4 cad. por detrás del pétalo de la V. 6] 8 veces, cierre con 1 p. r. en el p. inicial (8 p.).

V. 8: 3 cad. (cuentan como 1 p. a.), [5 p. a. en el esp. 4 cad., 1 p. a. en el p. b.] 7 veces, 5 p. a. en el esp. 4 cad., cierre con 1 p. r. en la 3.ª cad. ini. (48 p.).

V. 9: 1 p. r. en el p. a., 1 cad., *5 p. b., [3 cad., sált. 1 p., 1 p. m. a.] 3 veces, 3 cad., sált. 1 p., rep. desde * 4 veces, cierre con 1 p. r. en el p. inicial (32 p.).

V. 10: 1 cad., *sált. 1 p., 4 p. b., 3 p. b. en el esp. 3 cad., 2 cad., 1 p. m. a. en el sig. esp. 3 cad., 3 cad., 1 p. m. a. en el sig. esp. 3 cad., 2 cad., 3 p. b. en el sig. esp. 3 cad., rep. desde * 4 veces, cierre con 1 p. r. en el p. inicial (52 p.).

V. 11: 1 cad., 7 p. b., *3 p. b. en el esp. 2 cad., 3 cad., 1 p. m. a. en el esp. 3 cad., 3 cad., 3 p. b. en el esp. 2 cad., sált. 1 p., 9 p. b., rep. desde * 3 veces, 3 p. b. en el esp. 2 cad., 3 cad., 1 p. m. a. en el esp. 3 cad., 3 cad., 3 p. b. en el esp. 2 cad., sált. 1 p., 2 p. b., cierre con 1 p. r. en el p. inicial (64 p.).

V. 12: 1 cad., 10 p. b., *3 p. b. en el esp. 3 cad., 3 cad., 3 p. b. en el sig. esp. 3 cad., sált. 1 p., 14 p. b., rep. desde * 3 veces, 3 p. b. en el esp. 3 cad., 3 cad., 3 p. b. en el sig. esp. 3 cad., sált. 1, 4 p. b., cierre con 1 p. r. en el p. inicial (80 p.).

V. 13: 1 cad., 13 p. b., *4 p. b. en el esp. 3 cad., sált. 1, 19 p. b., rep. desde * 3 veces, 4 p. b. en el esp. 3 cad., sált. 1 p., 6 p. b., cierre con 1 p. r. en el p. inicial (92 p.).

V. 14: 3 cad. (cuentan como 1 p. a.), 13 p. a., *[2 p. a., 1 p. a. d.] en el p. sig., [1 p. a. d., 2 p. a.] en el p. sig., 21 p. a., rep. desde * 3 veces, [2 p. a., 1 p. a. d.] en el p. sig., [1 p. a. d., 2 p. a.] en el p. sig., 7 p. a., cierre con 1 p. r. en la 3.ª cad. ini. (108 p.). Remate la labor.

3

ROSA MOSQUETA

Sin esta bonita flor rosa, ¡a la primavera le faltaría algo! El diseño queda precioso confeccionado en una gran variedad de colores.

DIFICULTAD

SÍMBOLOS Y ABREVIATURAS

- ⊗ anillo mágico
- ⌒ cadeneta (**cad.**)
- • punto raso (**p. r.**)
- + punto bajo (**p. b.**)
- ⌒ solo en la lazada trasera (**laz. tras.**)
- T punto medio alto (**p. m. a.**)
- ⊥ punto alto (**p. a.**)
- ⊥ punto alto doble (**p. a. d.**)
- ⋔ piña de 2 puntos altos (**piña de 2 p. a.**)
- ⋔ piña de 3 puntos altos (**piña de 3 p. a.**)
- ⊥ punto alto doble en relieve tomado por delante (**p. a. d. rel. del.**)
- ⋀ 2 puntos altos cerrados juntos (**2 p. a. jun.**)
- ⋀ 2 puntos altos dobles cerrados juntos (**2 p. a. d. jun.**)
- ⌇ piquito (**piq.**)
- ► inicio de hilera o vuelta

HERRAMIENTAS Y MATERIALES

Hilo: hilo ligero (DK)/8 cabos de algodón en estos colores: amarillo botón de oro (hilo A), rosa madreselva (hilo B), azul aciano (hilo C)

Aguja de ganchillo: 4 mm

TÉCNICAS UTILIZADAS

Trabajar por encima o en vueltas anteriores (*véase* la pág. 135)

PUNTOS ESPECIALES

piña de 2 puntos altos (piña de 2 p. a.):
[e. h., introduzca la aguja en el p., e. h.
y saque 1 laz., e. h. y sáquela por 2 laz.]
2 veces en el mismo p., e. h. y sáquela
por las 3 laz. de la aguja.

piña de 3 puntos altos (piña de 3 p. a.):
[e. h., introduzca la aguja en el p., e. h.
y saque 1 laz., e. h. y sáquela por 2 laz.
de la aguja.] 3 veces en el mismo p., e. h.
y sáquela por las 4 laz. de la aguja.

**punto alto doble en relieve tomado
por delante (p. a. d. rel. del.):** punto alto
doble trabajado alrededor del cuerpo
del p. indicado, introduciendo la aguja
desde delante hacia atrás y de nuevo
hacia delante.

**2 puntos altos cerrados juntos (2 p. a.
jun.):** [e. h., introduzca la aguja en el p.
sig., e. h. y saque 1 laz., e. h. y sáquela
por 2 laz.] 2 veces, e. h. y sáquela por
las 3 laz. de la aguja.

**2 puntos altos dobles cerrados juntos
(2 p. a. d. jun.):** [e. h. 2 veces, introduzca
la aguja en el p. sig., e. h. y saque 1 laz.,
e. h. y sáquela por 2 laz., e. h. y sáquela
por 2 laz.] 2 veces, e. h. y sáquela por
las 3 laz. de la aguja.

piquito (piq.): 3 cad., 1 p. r. en la 1.ª cad.
hecha.

TRUCOS Y CONSEJOS

Procure trabajar en el primer punto de
después de la esquina en la vuelta 8;
es fácil saltárselo sin querer.

INSTRUCCIONES DEL PATRÓN

A menos que se dé otra indicación, la cad.
ini. cuenta como 1 p.

V. 1: trabajando con A en el anillo mágico,
haga 2 cad., 7 p. m. a., cierre con 1 p. r.
en la 2.ª cad. (8 p.).
V. 2: [2 cad., 1 piña de 2 p. a.] (cuentan
como la 1.ª piña de 3 p. a.), 2 cad., [1 piña
de 3 p. a., 2 cad.] 7 veces, cierre con 1 p. r.
en el p. inicial (8 p.). Remate A.
V. 3: incorpore B en el esp. 2 cad., 1 cad.
(no cuenta como p.), [3 p. b. en el esp.

2 cad., 1 cad.] 8 veces, cierre con 1 p. r.
en el p. inicial (24 p.).
V. 4: 1 p. r. en el 2.º p. b., 3 cad. (cuentan
como 1 p. b. y 2 cad.), *sált. 1 p., 1 p. b.
en el esp. 1 cad., 2 cad., sált. 1 p., 1 p. b.,
2 cad., rep. desde * 7 veces, sált. 1 p., 1 p. b.
en el esp. 1 cad., 2 cad., sált. 1 p., cierre
con 1 p. r. en la 1.ª cad. ini. (16 p.).
V. 5: 1 p. r. en el esp. 2 cad., [2 cad.
(cuentan como 1 p. m. a.), 2 p. a.] en el esp.
2 cad., 2 cad., *[2 p. a., 1 p. m. a.] en el sig.
esp. 2 cad., [1 p. m. a., 2 p. a.] en el sig. esp.
2 cad., 2 cad., rep. desde * 7 veces, [2 p. a.,

1 p. m. a.] en el esp. 2 cad., cierre con 1 p.
r. en la 2.ª cad. ini. (48 p.).

V. 6: sált. 3 p., *[3 p. a., 1 p. a. d., 1 piq., 1 p.
a. d., 3 p. a.] en el esp. 2 cad., sált. 3 p., 1 p.
r., sált. 2 p., rep. desde * 7 veces, [3 p. a.,
1 p. a. d., 1 piq., 1 p. a. d., 3 p. a.] en el esp.
2 cad., sált. 3 p., cierre con 1 p. r. en el
último p. r. de la V. 5 (64 p.). Remate B.

V. 7 (laz. tras.): incorpore C en la laz. tras.
del 1.er p. a. d. situado después del piq.,
1 cad. (no cuenta como p.), *4 p. b., 1 p. a.
d. rel. del. alrededor del p. b. de la V. 4,
4 p. b., 1 cad. por detrás del piq., rep.
desde * 8 veces, cierre con 1 p. r. en el
p. inicial (72 p.).

V. 8: *1 p. b., 1 p. m. a., 2 p. a. jun., 2 p. a. d.
jun., 3 p. a. d., [2 p. a. d., 2 cad., 2 p. a. d.]
en el esp. 1 cad., 3 p. a. d., 2 p. a. d. jun.,
2 p. a. jun., 1 p. m. a., 1 p. b., 1 p. r. en el
esp. 1 cad., rep. desde * 4 veces (72 p.).

V. 9: 1 cad. (no cuenta como p.), 10 p. b.,
*[1 p. b., 2 cad., 1 p. b.] en el esp. 2 cad.,
19 p. b., rep. desde * 3 veces, [1 p. b., 2
cad., 1 p. b.] en el esp. 2 cad., 9 p. b., cierre
con 1 p. r. en el p. inicial (84 p.).

V. 10: 3 cad., 10 p. a., *[2 p. a., 2 cad., 2 p.
a.] en el esp. 2 cad., 21 p. a., rep. desde *
3 veces, [2 p. a., 2 cad., 2 p. a.] en el esp.
2 cad., 10 p. a., cierre con 1 p. r. en la
3.ª cad. ini. (100 p.).

Remate la labor.

COMBINACIÓN DE CUADRADOS

Véanse las páginas 6 y 10.

▲Una vez que tenga hechas varias piezas,
puede empezar a planear su proyecto
combinando varios cuadrados. Antes de
empezar a unirlos, dispóngalos en una
superficie plana y experimente con el diseño.

4

AQUILEGIA

Confeccione una flor tridimensional añadiendo vueltas consecutivas de pétalos por el dorso de la pieza.

DIFICULTAD

SÍMBOLOS Y ABREVIATURAS

- ℮ anillo mágico
- ⌒ cadeneta (cad.)
- • punto raso (p. r.)
- + punto bajo (p. b.)
- ⊤ punto medio alto (p. m. a.)
- ⊺ punto alto (p. a.)
- ⹌ punto alto doble (p. a. d.)
- ⹌ punto alto triple (p. a. t.)
- ⌣ solo en la lazada delantera (laz. del.)
- ⌢ solo en la lazada trasera (laz. tras.)
- ⍭ piquito (piq.)
- ▶ inicio de hilera o vuelta

HERRAMIENTAS Y MATERIALES

Hilo: hilo ligero (DK)/8 cabos de algodón en estos colores: amarillo botón de oro (hilo A), rosa peonía (hilo B), rosa madreselva (hilo C), violeta (hilo D)

Aguja de ganchillo: 4 mm

TÉCNICAS UTILIZADAS

Trabajar por encima o en vueltas anteriores (*véase la pág. 135*)

PUNTOS ESPECIALES

piquito (piq.): 3 cad., 1 p. r. en la 1.ª cad. hecha.

TRUCOS Y CONSEJOS

Si prefiere que los pétalos queden redondeados, omita el piquito.

INSTRUCCIONES DEL PATRÓN

A menos que se dé otra indicación, la cad. ini. cuenta como 1 p.

V. 1: trabajando con A en el anillo mágico, haga 1 cad. (no cuenta como p.), 8 p. b., cierre con 1 p. r. en el 1.er p. (8 p.).

V. 2: [4 cad. (cuentan como 1 p. a. y 1 cad.), 1 p. a.] en el 1.er p., [1 p. a., 1 cad., 1 p. a.] 7 veces, cierre con 1 p. r. en la 3.ª cad. ini. (16 p.).

V. 3: 1 cad. (no cuenta como p.), *1 p. b., 2 p. b. en el esp. 2 cad., sált. 1 p., rep. desde * 8 veces, cierre con 1 p. r. en el p. inicial (24 p.). Remate A.

V. 4 (laz. del.): incorpore B en cualquier p. b., 1 cad. (no cuenta como p.), [1 p. b., 1 cad., 1 p. b., 2 cad., sált. 1 p.] 8 veces, cierre con 1 p. r. en el p. inicial (16 p.).

V. 5: 1 p. r. en el esp. 1 cad., *[2 p. a., 1 p. a. d., 1 piq., 1 p. a. d., 2 p. a.] en el esp. 2 cad., 1 p. r. en el esp. 1 cad., rep. desde * 8 veces (48 p.).

V. 6: trabajando por detrás de los pétalos de la V. 5, haga 2 cad. (no cuentan como p.), *[1 p. b., 1 cad., 1 p. b.] en el p. b. saltado en la V. 3, 3 cad., rep. desde * 8 veces, cierre con 1 p. r. en el p. inicial (16 p.). Remate B.

V. 7: incorpore C en el esp. 3 cad., [3 cad., 1 p. a., 2 p. a. d., 1 piq., 2 p. a. d., 2 p. a.] en el esp. 3 cad., 1 p. b. en el esp. 1 cad., *[2 p. a., 2 p. a. d., 1 piq., 2 p. a. d., 2 p. a.] en el esp. 3 cad., 1 p. b. en el esp. 1 cad., rep. desde * 7 veces, cierre con 1 p. r. en la 3.ª cad. ini. (72 p.). Remate C.

En la V. 8, teja por detrás de los pétalos de la V. 7, incorpore D en la laz. tras. del 1.er p. b. del grupo [1 p. b., 1 cad., 1 p. b.] de la

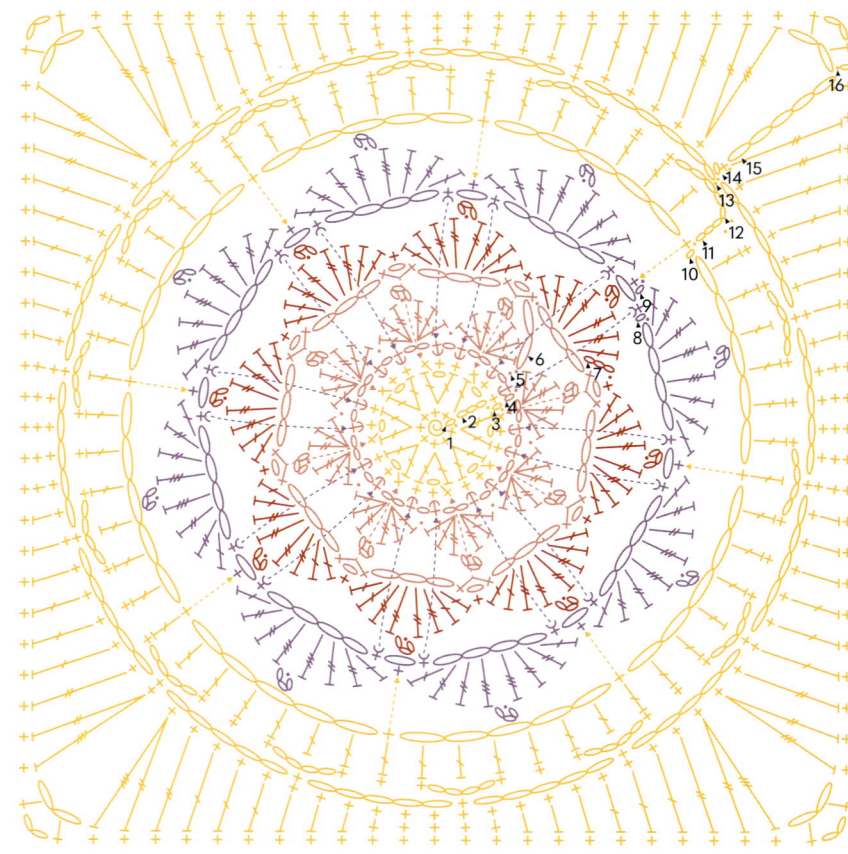

V. 4 (trabaje la V. 8 en la laz. tras. de los p. de la V. 4).

V. 8 (laz. tras.): 1 cad. (no cuenta como p.), [1 p. b., 1 cad., 1 p. b., 4 cad.] 8 veces, cierre con 1 p. r. en el p. inicial (16 p.).

V. 9: 1 p. r. en el esp. 1 cad., 1 cad. (no cuenta como p.), *1 p. b. en el esp. 1 cad., [1 p. a., 2 p. a. d., 1 p. a. t., 1 piq., 1 p. a. t., 2 p. a. d., 1 p. a.] en el esp. 4 cad., rep. desde * 8 veces, cierre con 1 p. r. en el p. inicial (72 p.). Remate D.

V. 10: incorpore A en cualquier p. b. y, trabajando por detrás de la V. 9, haga 1 cad.

(no cuenta como p.), [1 p. b., 5 cad.] 8 veces, cierre 1 p. r. en el p. inicial (8 p.).

V. 11: 3 cad., [6 p. a. en el esp. 5 cad., 1 p. a.] 7 veces, 6 p. a. en el esp. 5 cad., cierre con 1 p. r. en la 3.ª cad. ini. (56 p.).

V. 12: 5 cad. (cuentan como 1 p. b. y 4 cad.), [sált. 1 p., 3 p. b., 4 cad.] 13 veces, sált. 1 p., 2 p. b., cierre con 1 p. r. en la 1.ª cad. ini. (42 p.).

V. 13: 1 p. r. en el esp. 4 cad., 6 cad. (cuentan como 1 p. b. y 5 cad.), [1 p. b. en el esp. 4 cad., 5 cad.] 13 veces, cierre con 1 p. r. en la 1.ª cad. ini. (14 p.).

V. 14: 1 cad. (no cuenta como p.), [1 p. b., 5 p. b. en el esp. 5 cad.] 14 veces, cierre con 1 p. r. en el p. inicial (84 p.).

V. 15: 7 cad. (cuentan como 1 p. a. t. y 2 cad.), *[1 p. a. t., 1 p. a. d.] en el p. sig., 1 p. a. d., 3 p. a., 3 p. m. a., 5 p. b., 3 p. m. a., 3 p. a., 1 p. a. d., [1 p. a. d., 1 p. a. t.] en el p. sig., 2 cad., rep. desde * 3 veces, [1 p. a. t., 1 p. a. d.] en el p. sig., 1 p. a. d., 3 p. a., 3 p. m. a., 5 p. b., 3 p. m. a., 3 p. a., 1 p. a. d., 1 p. a. d. en el mismo p. que las cad. ini., cierre con 1 p. r. en la 5.ª cad. ini. (92 p.).

V. 16: 1 p. r. en el esp. 2 cad., 1 cad. (no cuenta como p.), *[1 p. b., 2 cad., 1 p. b.] en el esp. 2 cad., 23 p. b., rep. desde * 4 veces, cierre con 1 p. r. en el p. inicial (100 p.).

Remate la labor.

◄ Confeccione coloridos chales, mantas o fundas de cojines combinando piezas complementarias de una misma estación.

5

ENCAJE CON FILIGRANA

Un diseño sencillo pero efectivo, perfecto para principiantes que deseen probar nuevas técnicas que solo requieran puntos básicos.

DIFICULTAD

SÍMBOLOS Y ABREVIATURAS

- ○ cadeneta (**cad.**)
- • punto raso (**p. r.**)
- + punto bajo (**p. b.**)
- ⊤ punto medio alto (**p. m. a.**)
- ⊤ punto alto (**p. a.**)
- ▸ inicio de hilera o vuelta

HERRAMIENTAS Y MATERIALES

Hilo: hilo ligero (DK)/8 cabos de algodón en estos colores: rosa madreselva (hilo A), rosa peonía (hilo B)

Aguja de ganchillo: 4 mm

TÉCNICAS UTILIZADAS

Trabajar en el extremo de las hileras (*véase* la pág. 141)

TRUCOS Y CONSEJOS

Procure que los puntos de la cadeneta base no queden muy apretados; de ser así, la pieza se tensaría hacia el borde inferior.

INSTRUCCIONES DEL PATRÓN

A menos que se dé otra indicación, la cad. ini. no cuenta como 1 p.

Con hilo A, teja 21 cad.

H. 1: empezando en la 3.ª cad. desde la aguja, haga 19 p. a., dele la vuelta (19 p.).

H. 2: 2 cad., 9 p. a., 4 cad., sált. 1 p., 9 p. a., dele la vuelta (18 p.).

H. 3: 2 cad., 7 p. a., 3 cad., sált. 2 p., 1 p. b. en el esp. 4 cad., 3 cad., sált. 2 p., 7 p. a., dele la vuelta (15 p.).

H. 4: 2 cad., 5 p. a., 4 cad., sált. 2 p., 1 p. b. en la 3.ª cad., 1 p. b. en la 1.ª cad., 4 cad., sált. 2 p., 5 p. a., dele la vuelta (13 p.).

H. 5: 2 cad., 3 p. a., 5 cad., sált. 2 p., 1 p. b. en la 4.ª cad., 3 p. b., 1 p. b. en la 1.ª cad., 5 cad., sált. 2 p., 3 p. a., dele la vuelta (11 p.).

H. 6: 2 cad., 1 p. a., 6 cad., sált. 2 p., 1 p. a. en la 5.ª cad., 5 p. a., 1 p. a. en la 1.ª cad., 6 cad., sált. 2 p., 1 p. a., dele la vuelta (9 p.).

H. 7: 2 cad., 1 p. a., 1 p. a. en la 1.ª cad., 1 p. a. en la 2.ª cad., 5 cad., sált. 1 p., 5 p. b., 5 cad., sált. 1 p., 1 p. a. en la 5.ª cad., 1 p. a. en la 6.ª cad., 1 p. a., dele la vuelta (11 p.).

H. 8: 2 cad., 3 p. a., 1 p. a. en la 1.ª cad., 1 p. a. en la 2.ª cad., 4 cad., sált. 1 p., 3 p. b., 4 cad., sált. 1 p., 1 p. a. en la 4.ª cad., 1 p. a. en la 5.ª cad., 3 p. a., dele la vuelta (13 p.).

H. 9: 2 cad., 5 p. a., 1 p. a. en la 1.ª cad., 1 p. a. en la 2.ª cad., 3 cad., sált. 1 p., 1 p. b., 3 cad., sált. 1 p., 1 p. a. en la 3.ª cad., 1 p. a. en la 4.ª cad., 5 p. a., dele la vuelta (15 p.).

H. 10: 2 cad., 7 p. a., 1 p. a. en la 1.ª cad., 1 p. a. en la 2.ª cad., 1 cad., sált. el p. b., 1 p. a. en la 2.ª cad., 1 p. a. en la 3.ª cad., 7 p. a., dele la vuelta (18 p.).

H. 11: 2 cad., 19 p. a., no remate la labor (19 p.).

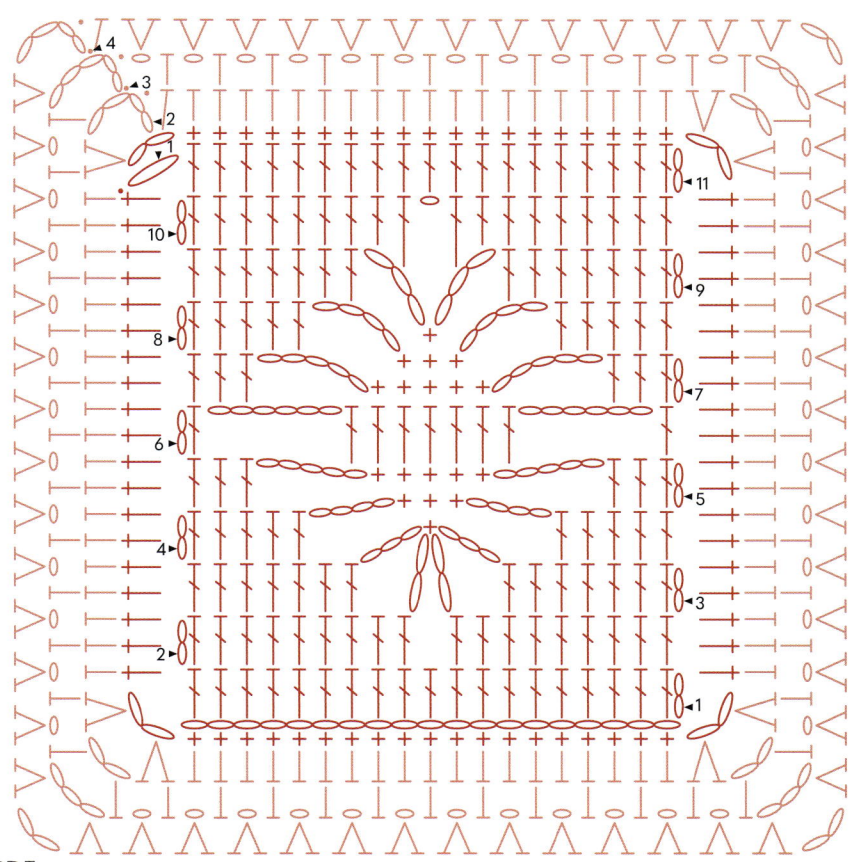

BORDE

V. 1: 1 cad., [gire la pieza para trabajar en los extremos de las H. y haga 19 p. b. distribuidos uniformemente por el borde, 2 cad., gire la pieza, 19 p. b., 2 cad.] 2 veces, cierre con 1 p. r. en el 1.er p. b. (76 p.). Remate A.

V. 2: incorpore B en el esp. 2 cad. de la esq., 4 cad. (cuentan como 1 p. m. a. y 2 cad.), 2 p. m. a. en el esp. 2 cad., *19 p. m. a., [2 p. m. a., 2 cad., 2 p. m. a.] en el esp. 2 cad., rep. desde * 3 veces, 19 p. m. a., 1 p. m. a. antes de la cad. inicial en el esp. 2 cad., cierre con 1 p. r. en la 2.ª cad. ini. (92 p.).

V. 3: 1 p. r. en el esp. 2 cad. de la esq., 5 cad. (cuentan como 1 p.m. a. y 3 cad.), 1 p. m. a. en el esp. 2 cad., *1 cad., sált. 1 p., [1 p. m. a., 1 cad., sált. 1 p.] 11 veces, [1 p. m. a., 3 cad., 1 p. m. a.] en el esp. 2 cad., rep. desde * 3 veces, 1 cad., sált. 1 p., [1 p. m. a., 1 cad., sált. 1 p.] 11 veces, cierre con 1 p. r. en la 2.ª cad. ini. (52 p.).

V. 4: 1 p. r. en el esp. 3 cad. de la esq., 4 cad. (cuentan como 1 p. m. a. y 2 cad.), 2 p. m. a. en el esp. 3 cad., *[sált. 1 p., 2 p. m. a. en el esp. 1 cad.] 12 veces, sált. 1 p., [2 p. m. a., 2 cad., 2 p. m. a.] en el esp. 3 cad. de la esq., rep. desde * 3 veces, [sált. 1 p., 2 p. m. a. en el esp. 1 cad.] 12 veces, sált. 1 p., 1 p. m. a. antes de la cad. inicial en el esp. 3 cad., cierre con 1 p. r. en la 2.ª cad. ini. (112 p.). Remate la labor.

6

DULCE VIOLETA

Un *granny square* que combina nuestros racimos de puntos favoritos con una bonita florecilla. ¿Qué más se puede pedir?

DIFICULTAD

SÍMBOLOS Y ABREVIATURAS

- ◎ anillo mágico
- ◦ cadeneta (cad.)
- • punto raso (p. r.)
- + punto bajo (p. b.)
- ┬ punto medio alto (p. m. a.)
- ┼ punto alto (p. a.)
- ǂ punto alto doble (p. a. d.)
- ⌒ solo en la lazada trasera (laz. tras.)
- ▶ inicio de hilera o vuelta

HERRAMIENTAS Y MATERIALES

Hilo: hilo ligero (DK)/8 cabos de algodón en estos colores: amarillo botón de oro (hilo A), violeta (hilo B), verde kiwi (hilo C)

Aguja de ganchillo: 4 mm

PUNTOS ESPECIALES

racimos (rac.): grupos de 3 p. a. que se utilizan para formar los *granny squares*.

TRUCOS Y CONSEJOS

Para que los huecos queden más definidos, en las vueltas 5-7 teja los puntos en los espacios que quedan entre los racimos, no en los puntos.

INSTRUCCIONES DEL PATRÓN

A menos que se dé otra indicación, la cad. ini. cuenta como 1 p.

V. 1: trabajando con A en el anillo mágico, haga 2 cad., 11 p. m. a., cierre con 1 p. r. en la 2.ª cad. ini. (12 p.).

V. 2 (laz. tras.): [2 cad., 1 p. m. a.] en el 1.er p., [2 p. m. a. en el p. sig.] 11 veces, cierre con 1 p. r. en la 2.ª cad. ini. (24 p.). Remate A.

V. 3: incorpore B en el p. sig. a las cad. ini., 3 cad. (cuentan como 1 p. b. y 2 cad.), sált. 1 p., [1 p. b. en el p. sig., 2 cad., sált. 1 p.] 11 veces, cierre con 1 p. r. en la 1.ª cad. ini. (12 p.).

V. 4: 1 p. r. en el esp. 2 cad., [4 cad., 2 p. a. d.] en el esp. 2 cad., *[1 cad., 3 p. a. d. en el sig. esp. 2 cad.] 2 veces, 2 cad., 3 p. a. d. en el sig. esp. 2 cad., rep. desde * 3 veces, [1 cad., 3 p. a. d. en el sig. esp. 2 cad.] 2 veces, 2 cad., cierre con 1 p. r. en la 4.ª cad. ini. (36 p.). Remate B.

V. 5: incorpore C en el esp. 2 cad., 6 cad. (cuentan como 1 p. a. d. y 2 cad.), 3 p. a. d. en el mismo esp. 2 cad., *[3 p. a. en el esp. 1 cad.] 2 veces, [3 p. a. d., 2 cad., 3 p. a. d.] en el esp. 2 cad., rep. desde * 3 veces, [3 p. a. en el esp. 1 cad.] 2 veces, 2 p. a. d. antes de las cad. ini. en el esp. 2 cad., cierre con 1 p. r. en la 4.ª cad. ini. (48 p.).

V. 6: 1 p. r. en el esp. 2 cad., 5 cad. (cuentan como 1 p. a. y 2 cad.), 3 p. a. en el mismo esp. 2 cad., *3 p. a. en cada esp. situado entre los rac. de este borde, [3 p. a., 2 cad., 3 p. a.] en el esp. 2 cad., rep. desde * 3 veces, 3 p. a. en cada esp. situado entre los rac. de este borde,

2 p. a. antes de las cad. ini. en el esp. 2 cad., cierre con 1 p. r. en la 3.ª cad. ini. (60 p.).

V. 7: como la V. 6 (72 p.).

V. 8: 1 p. r. en el esp. 2 cad., [3 cad. (cuentan como 1 p. m. a. y 1 cac.), 1 p. m. a., 1 p. b.] en el esp. 2 cad., *sált. 1 p., 17 p. b., [1 p. b., 1 p. m. a., 1 cad., 1 p. m. a., 1 p. a.] en el esp. 2 cad., rep. desde * 3 veces, sált. 1 p., 17 p. b., 1 p. b. antes de las cad. ini. en el esp. 2 cad., cierre con 1 p. r. en la 2.ª cad. ini. (84 p.).

V. 9 (laz. tras.): 1 p. r. en el esp. 1 cad.,

3 cad. (cuentan como 1 p. b. y 2 cad.), 1 p. b. en el mismo esp. 1 cad., *21 p. b., [1 p. b., 2 cad., 1 p. b.] en el esp. 1 cad., rep. desde * 3 veces, 21 p. b., cierre con 1 p. r. en la 2.ª cad. ini. (92 p.).

V. 10 (laz. tras.): 1 p. r. en el esp. 2 cad., 3 cad. (cuentan como 1 p. b. y 2 cad.), 1 p. b. en el mismo esp. 2 cad., *23 p. b., [1 p. b., 2 cad., 1 p. b.] en el esp. 2 cad., rep. desde * 3 veces, 23 p. b., cierre con 1 p. r. en la 2.ª cad. ini. (100 p.). Remate la labor.

7

RAMO DE TULIPANES

Con este diseño compuesto de cuadraditos florales podrá practicar la unión de piezas a pequeña escala.

DIFICULTAD

SÍMBOLOS Y ABREVIATURAS

- ℮ anillo mágico
- ○ cadeneta **(cad.)**
- • punto raso **(p. r.)**
- + punto bajo **(p. b.)**
- ┬ punto alto **(p. a.)**
- ╫ punto alto doble **(p. a. d.)**
- ⬭ piña de puntos medios altos **(piña de p. m. a.)**
- ⌒ solo en la lazada trasera **(laz. tras.)**
- ► inicio de hilera o vuelta

HERRAMIENTAS Y MATERIALES

Hilo: hilo ligero (DK)/8 cabos de algodón en estos colores: rosa madreselva (hilo A), amarillo botón de oro (hilo B), verde kiwi (hilo C), azul aciano (hilo D), rosa peonía (hilo E)

Aguja de ganchillo: 3,5 mm

TÉCNICAS UTILIZADAS

Unir cuadrados (*véase la pág. 140*)

PUNTOS ESPECIALES

piña de puntos medios altos (piña de p. m. a.): [e. h., introduzca la aguja en el p., e. h. y saque 1 laz.] 5 veces, e. h. y sáquela por las 11 laz. de la aguja.

TRUCOS Y CONSEJOS

Si le quedara una pequeña hendidura en el punto de unión de los cuadraditos al hacer la primera vuelta del borde, reemplace el punto bajo por un punto medio alto.

INSTRUCCIONES DEL PATRÓN

A menos que se dé otra indicación, la cad. ini. cuenta como 1 p.

Haga cada pieza de un color diferente utilizando los hilos A, B, C y D.

V. 1: trabajando en el anillo mágico, haga 1 cad. (no cuenta como p.), 8 p. b., cierre con 1 p. r. en el p. inicial (8 p.).

V. 2: [1 piña de p. m. a., 2 cad.] 8 veces, cierre con 1 p. r. en el p. inicial (8 p.).

V. 3: 1 p. r. en el esp. 2 cad., [5 cad. (cuentan como 1 p. a. d. y 1 cad.), 1 p. a. d., 2 p. a.] en el esp. 2 cad., *1 p. a., 2 p. a. en el sig. esp. 2 cad., 1 p. a., [2 p. a., 1 p. a. d., 1 cad., 1 p. a. d., 2 p. a.] en el esp. 2 cad., rep. desde * 3 veces, 1 p. a., 2 p. a. en el sig. esp. 2 cad., 1 p. a., 2 p. a. antes de las cad. ini. en el 1.er esp. cad., cierre con 1 p. r. en la 4.ª cad. ini. (40 p.).
Remate la labor dejando un cabo de 45 cm de los hilos A y C.

MONTAJE

Sujete los cuadrados A y D derecho contra derecho. Con el cabo de hilo A, cosa juntos los cuadrados por un lado. Sujete los cuadrados B y A derecho contra derecho y utilice el cabo restante para coserlos. Junte los cuadrados B y D del mismo modo y únalos con el cabo de hilo C.

BORDE

V. 1 (laz. tras.): incorpore E en la laz. tras. del esp. 1 cad. de cualquier esq., [3 cad. (cuentan como 1 p. b. y 2 cad.), 1 p. b.] en el esp. 1 cad., *10 p. b., 1 p. b. en el punto de unión de esp. 1 cad., 10 p. b., [1 p. b., 2 cad., 1 p. b.] en el esp. 1 cad., rep. desde * 3 veces, 10 p. b., 1 p. b. en el punto de unión de esp. 1 cad., 10 p. b., cierre con 1 p. r. en la 1.ª cad. ini. (92 p.).

V. 2: 1 p. r. en el esp. 2 cad., [3 cad. (cuentan como 1 p. b. y 2 cad.), 1 p. b.] en el esp. 2 cad., *sált. 1 p., 22 p. b., [1 p. b., 2 cad., 1 p. b.] en el esp. 2 cad., rep. desde * 3 veces, sált. 1 p., 22 p. b., cierre con 1 p. r. en la 1.ª cad. ini. (96 p.).

V. 3: 1 p. r. en el esp. 2 cad., [3 cad. (cuentan como 1 p. b. y 2 cad.), 1 p. b.] en el esp. 2 cad., *24 p. b., [1 p. b., 2 cad., 1 p. b.] en el esp. 2 cad., rep. desde * 3 veces, 24 p. b., cierre con 1 p. r. en la 1.ª cad. ini. (104 p.).

V. 4: 1 p. r. en el esp. 2 cad., [3 cad. (cuentan como 1 p. b. y 2 cad.), 1 p. b.] en el esp. 2 cad., *1 cad., sált. 2 p., [1 p. b., 1 cad., sált. 1 p.] 12 veces, [1 p. b., 2 cad., 1 p. b.] en el esp. 2 cad., rep. desde * 3 veces, 1 cad., sált. 2 p., [1 p. b., 1 cad., sált. 1 p.] 12 veces, cierre con 1 p. r. en la 1.ª cad. ini. (56 p.).
Remate la labor.

8

CAMPO DE FLORES

Un arcoíris de colores primaverales que crea un fascinante campo de flores. Si experimenta con el orden de los colores o trabaja solo con dos colores, le dará un toque diferente.

DIFICULTAD

SÍMBOLOS Y ABREVIATURAS

o   cadeneta (**cad.**)

•   punto raso (**p. r.**)

+   punto bajo (**p. b.**)

†   punto alto (**p. a.**)

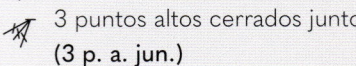 3 puntos altos cerrados juntos (**3 p. a. jun.**)

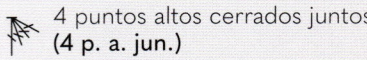 4 puntos altos cerrados juntos (**4 p. a. jun.**)

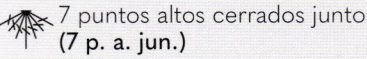 7 puntos altos cerrados juntos (**7 p. a. jun.**)

►   inicio de hilera o vuelta

–   derecho de la labor (**D.**)

HERRAMIENTAS Y MATERIALES

Hilo: hilo ligero (DK)/8 cabos de algodón en estos colores: rosa madreselva (hilo A), rosa peonía (hilo B), amarillo botón de oro (hilo C), verde kiwi (hilo D), azul aciano (hilo E), violeta (hilo F)

Aguja de ganchillo: 3,5 mm

TÉCNICAS UTILIZADAS

Trabajar en el extremo de las hileras (*véase* la pág. 141)

PUNTOS ESPECIALES

3/4/7 puntos altos cerrados juntos (3/4/7 p. a. jun.): [e. h., introduzca la aguja en el p. sig., e. h. y saque 1 laz., e. h y sáquela por 2 laz.] 3/4/7 veces, e. h. y sáquela por las 4/5/8 laz. de la aguja.

TRUCOS Y CONSEJOS

Si trabaja en la cad. en lugar de en los p. jun. de debajo, la forma le quedará centrada.

INSTRUCCIONES DEL PATRÓN

La cad. inicial no cuenta como 1 p.

Con hilo A, teja 27 cad.

H. 1 (D.): empezando en la 3.ª cad. desde la aguja, haga *25 p. a., dele la vuelta (25 p.).

H. 2: 1 cad., 1 p. b., *sált. 2 p., 7 p. a. en el p. sig., sált. 2 p., 1 p. b., rep. desde * 4 veces, dele la vuelta (33 p.). Remate A.

H. 3: con B, haga 3 cad., 3 p. a. jun., *3 cad., 1 p. b., 3 cad., 7 p. a. jun., rep. desde * 3 veces, 3 cad., 1 p. b., 3 cad., 4 p. a. jun., dele la vuelta (9 p.).

H. 4: 3 cad., 3 p. a. en la 1.ª cad., *1 p. b. en el p. b., 7 p. a. en la 3.ª cad. de las sig. 3 cad. (esta es la cad. que fija los 4 p. a. jun., aquí y más adelante), rep. desde * 3 veces, 1 p. b. en el p. b., 4 p. a. en la última cad. (esta es la cad. que fija los 3 p. a. jun.), dele la vuelta (33 p.). Remate B.

H. 5: con C, haga 1 cad., *1 p. b., 3 cad., 7 p. a. jun., 3 cad., rep. desde * 4 veces, 1 p. b. en la cad. inicial, dele la vuelta (9 p.).

H. 6: 1 cad., *1 p. b. en el p. b., 7 p. a. en la 1.ª de las sig. 3 cad., rep. desde * 4 veces, 1 p. b. en el último p. b., dele la vuelta (33 p.). Remate C.

H. 7: con D, como la H. 3.

H. 8: como la H. 4. Remate D.

H. 9: con E, como la H. 5.

H. 10: como la H. 6. Remate E.

H. 11: con F, como la H. 3.

H. 12: como la H. 4. Remate F.

H. 13: con A, como la H. 5.

H. 14: 3 cad., *2 p. a. en el esp. 3 cad., 1 p. a. en la 1.ª cad. de las sig. 3 cad., 2 p. a. en el esp. 3 cad., 1 p. a. en el p. b., rep. desde * 4 veces, dele la vuelta (25 p.).

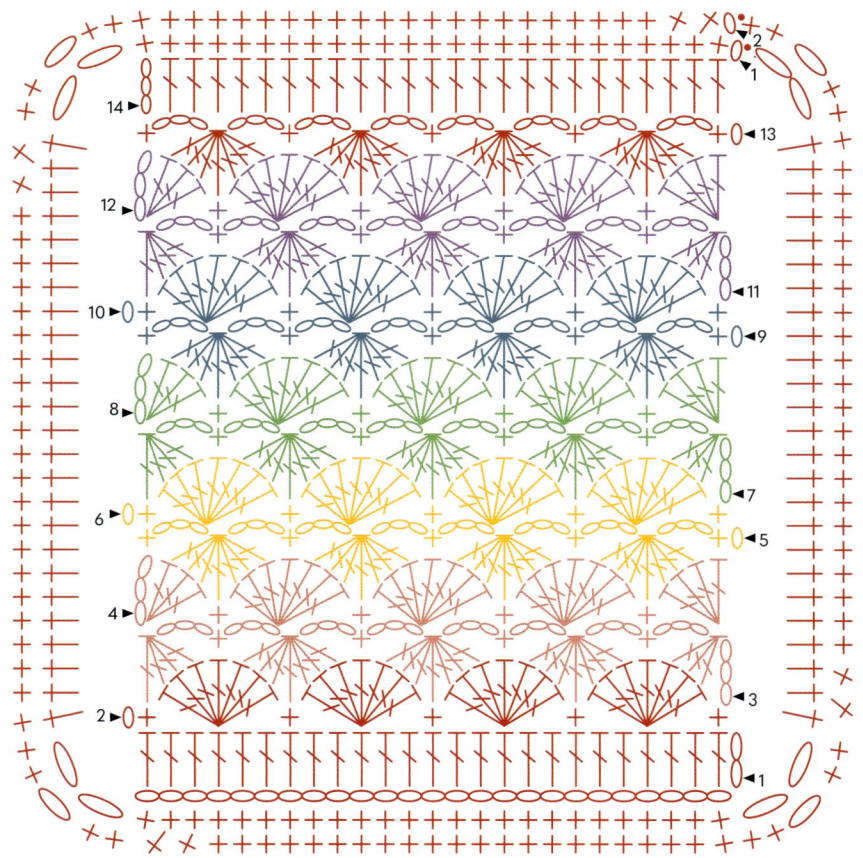

BORDE

V. 1: 1 cad., *25 p. b., 2 cad., 25 p. b. distribuidos uniformemente a lo largo del borde, 2 cad., rep. desde * 2 veces, cierre con 1 p. r. en el p. inicial (100 p.).

V. 2: 1 cad., sált. 1 p., *24 p. b., [2 p. b., 1 cad., 2 p. b.] en el esp. 2 cad., sált. 1 p., rep. desde * 4 veces, cierre con 1 p. r. en el p. inicial (112 p.).

Remate la labor.

COMBINACIÓN

Campos florecientes (*véase* la pág. 28)

9

PRÍMULA

En este cuadrado se combinan puntos en relieve y cadenetas para formar una mezcla contrastante de textras y espacios abiertos.

DIFICULTAD

SÍMBOLOS Y ABREVIATURAS

◉ anillo mágico

◯ cadeneta **(cad.)**

• punto raso **(p. r.)**

+ punto bajo **(p. b.)**

T punto medio alto **(p. m. a.)**

T punto alto **(p. a.)**

T punto alto doble **(p. a. d.)**

T punto alto triple **(p. a. t.)**

T punto alto en relieve tomado por delante **(p. a. rel. del.)**

A 2 p. a. d. en relieve tomados por delante cerrados juntos **(2 p. a. d. rel. del. jun.)**

▶ inicio de hilera o vuelta

HERRAMIENTAS Y MATERIALES

Hilo: hilo ligero (DK)/8 cabos de algodón en estos colores: rosa madreselva (hilo A), amarillo botón de oro (hilo B), verde kiwi (hilo C), azul aciano (hilo D), violeta (hilo E)

Aguja de ganchillo: 4 mm

TÉCNICAS UTILIZADAS

Trabajar por encima o en vueltas anteriores (*véase la pág. 135*)

PUNTOS ESPECIALES

2 p. a. d. en relieve tomados por delante cerrados juntos (2 p. a. d. rel. del. jun.): *e. h. 2 veces, introduzca la aguja por delante del cuerpo del p. indicado, e. h. y saque 1 laz., [e. h. y sáquela por 2 laz.] 2 veces, rep. desde * en el p. sig., e. h. y sáquela por 3 laz. de la aguja.

punto alto en relieve tomado por delante (p. a. rel. del.): *véase la pág. 42*

INSTRUCCIONES DEL PATRÓN

A menos que se dé otra indicación, la cad. ini. cuenta como 1 p.

V. 1: trabajando con A en el anillo mágico, haga 2 cad., 11 p. m. a., cierre con 1 p. r. en la 2.ª cad. ini. (12 p.).

V. 2: 1 cad. (no cuenta como p., ni aquí ni más adelante), 2 p. b. en cada p. hasta el final, cierre con 1 p. r. en el p. inicial (24 p.).

V. 3: 1 cad., [1 p. b., 1 p. a. rel. del. alrededor del p. m. a. de la V. 1] 12 veces, cierre con 1 p. r. en el p. inicial (24 p.). Remate A.

V. 4: incorpore B en el p. a. rel. del., 2 cad., 1 p. a. rel. del. alrededor del mismo p. a. rel. del., *1 cad., sált. 1 p., 1 p. m. a. en el sig. p. a. rel. del., 1 p. a. rel. del. alrededor del mismo p. a. rel. del., rep. desde * 11 veces, 1 cad., sált. 1 p., cierre con 1 p. r. en la 2.ª cad. ini. (24 p.).

V. 5: 1 p. r., 2 cad., 1 p. a. rel. del. alrededor del mismo p. a. rel. del., *2 cad., sált. 1 p., 1 p. m. a. en el sig. p. a. rel. del., 1 p. a. rel. del. alrededor del mismo p. a. rel. del., rep. desde * 11 veces, 2 cad., sált. 1 p., cierre con 1 p. r. en la 2.ª cad. ini. (24 p.). Remate B.

V. 6: incorpore C en el p. a. rel. del., 2 cad., 1 p. a. rel. del. alrededor del 1.er p. a. rel. del., *3 cad., sált. 1 p., 1 p. m. a. en el sig. p. a. rel. del., 1 p. a. rel. del. alrededor del mismo p. a. rel. del., rep. desde * 11 veces, 3 cad., sált. 1 p., cierre con 1 p. r. en la 2.ª cad. ini. (24 p.).

V. 7: 2 cad., *1 p. m. a. en el sig. p. a. rel. del., 1 p. a. rel. del. alrededor del mismo p. a. rel. del., 2 cad., 1 p. m. a. en el p. m. a., rep. desde * 11 veces, 1 p. m. a. en el sig. p. a. rel. del., 1 p. a. rel. del. alrededor del mismo p. a. rel. del., 2 cad., cierre con 1 p. r. en la 2.ª cad. ini. (36 p.). Remate C.

V. 8: incorpore D en el p. a. rel. del., 7 cad.

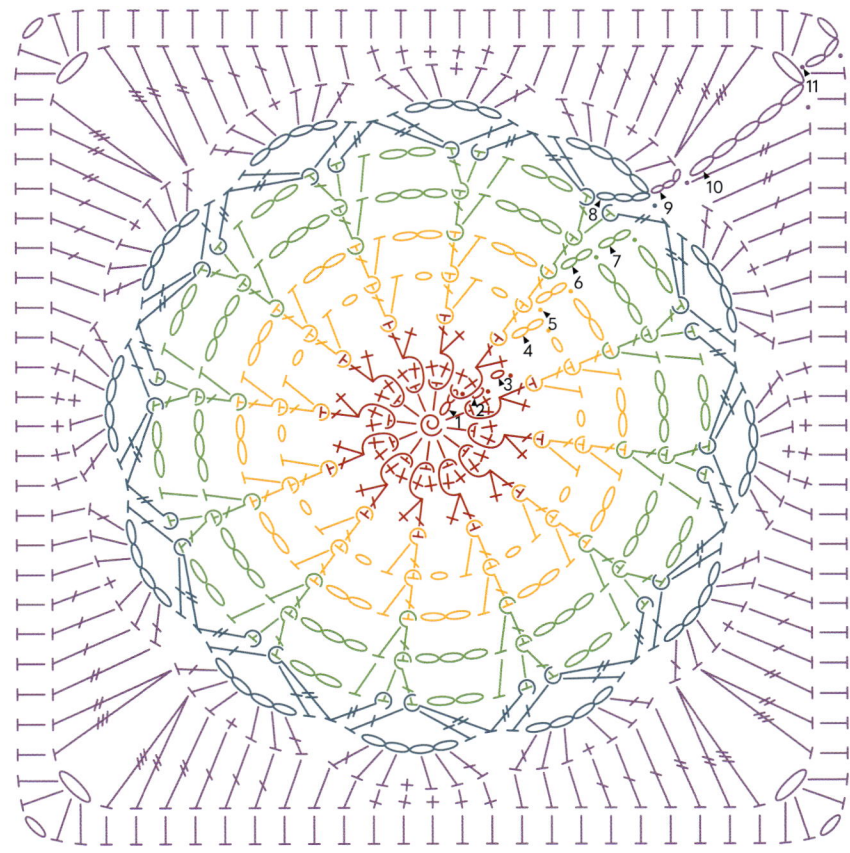

(cuentan como 1 p. a. y 4 cad.), 1 p. a. en el mismo p. a. rel. del., 2 p. a. d. rel. del. jun. tejiendo el 1.er p. alrededor del mismo p. a. rel. del., saltándose el p. m. a. y haciendo el 2.º p. alrededor del sig. p. m. a., *[1 p. a., 4 cad., 1 p. a.] en el sig. p. a. rel. del., 2 p. a. d. rel. del. jun. tejiendo el 1.er p. alrededor del mismo p. a. rel. del., saltándose el p. m. a. y haciendo el 2.º p. alrededor del sig. p. m. a., rep. desde * 11 veces, cierre con 1 p. r. en la 3.ª cad. ini. (36 p.). Remate D.

V. 9: incorpore E en el esp. 4 cad., [3 cad., 2 p. m. a., 1 p. b., 2 p. m. a., 1 p. a.] en el esp. 4 cad., *[1 p. a., 2 p. m. a., 1 p. b., 2 p. m. a., 1 p. a.] en el sig. esp. 4 cad., rep. desde * 11 veces, cierre con 1 p. r. en la 3.ª cad. ini. (84 p.).

V. 10: 6 cad. (cuentan como 1 p. a. t. y 1 cad.), *[1 p. a. t., 1 p. a. d.] en el p. sig., 1 p. a. d., 3 p. a., 3 p. m. a., 5 p. b., 3 p. m. a., 3 p. a., 1 p. a. d., [1 p. a. d., 1 p. a. t.] en el p. sig., 1 cad., rep. desde * 3 veces, [1 p. a. t., 1 p. a. d.] en el p. sig., 1 p. a. d., 3 p. a., 3 p. m. a., 5 p. b., 3 p. m. a., 3 p. a., 1 p. a. d., 1 p. a. d. en el mismo p. que las cad. ini., cierre con 1 p. r. en la 5.ª cad. ini. (92 p.).

V. 11: 1 p. r. en el esp. 1 cad., [3 cad. (cuentan como 1 p. m. a. y 1 cad.), 2 p. m. a.] en el esp. 1 cad., *23 p. m. a., [2 p. m. a., 1 cad., 2 p. m. a.] en el esp. 1 cad., rep. desde * 3 veces, 23 p. m. a., 1 p. m. a. en el mismo esp. 1 cad. que las cad. ini., cierre con 1 p. r. en la 2.ª cad. ini. (108 p.). Remate E.

10

YANTRA

Tal como muestra el proyecto de la página 118, el delicado encaje de este patrón equilibra un diseño elaborado con cuadrados más recargados.

DIFICULTAD

SÍMBOLOS Y ABREVIATURAS

- ℗ anillo mágico
- ⌒ cadeneta (**cad.**)
- • punto raso (**p. r.**)
- + punto bajo (**p. b.**)
- ⊤ punto medio alto (**p. m. a.**)
- ⊺ punto alto (**p. a.**)
- ⊺ punto alto doble (**p. a. d.**)
- ► inicio de hilera o vuelta

HERRAMIENTAS Y MATERIALES

Hilo: hilo ligero (DK)/8 cabos de algodón en este color: rosa peonía (hilo A)

Aguja de ganchillo: 4 mm

TRUCOS Y CONSEJOS

Para que el punto inicial de cada vuelta resulte menos visible, haga puntos alzados si sabe cómo hacerlos.

INSTRUCCIONES DEL PATRÓN

A menos que se dé otra indicación, la cad. ini. cuenta como 1 p.

V. 1: trabajando con A en el anillo mágico, haga 3 cad., 11 p. a., cierre con 1 p. r. en la 3.ª cad. ini. (12 p.).

V. 2: [3 cad., 1 p. a.] en el 1.er p., [2 p. a. en el p. sig.] 11 veces, cierre con 1 p. r. en la 3.ª cad. ini. (24 p.).

V. 3: 4 cad. (cuentan como 1 p. b. y 3 cad.), sált. 1 p., [1 p. b., 3 cad., sált. 1 p.] 11 veces, cierre con 1 p. r. en la 1.ª cad. ini. (12 p.).

V. 4: 3 cad., [3 p. m. a. en el esp. 3 cad., 1 p. a. en el p. sig.] 11 veces, 3 p. m. a. en el esp. 3 cad., cierre con 1 p. r. en la 3.ª cad. ini. (48 p).

V. 5: 1 cad. (no cuenta como p., ni aquí ni más adelante), *5 p. b., [3 cad., sált. 1 p., 1 p. m. a.] 3 veces, 3 cad., sált. 1 p., rep. desde * 4 veces, cierre con 1 p. r. en el p. inicial (32 p.).

V. 6: 1 cad., *sált. 1 p., 4 p. b., 3 p. b. en el esp. 3 cad., 2 cad., 1 p. m. a. en el sig. esp. 3 cad., 3 cad., 1 p. m. a. en el sig. esp. 3 cad., 2 cad., 3 p. b. en el sig. esp. 3 cad., rep. desde * 4 veces, cierre con 1 p. r. en el p. inicial (48 p.).

V. 7: 1 cad., 7 p. b., *3 p. b. en el esp. 2 cad., 3 cad., 1 p. m. a. en el esp. 3 cad., 3 cad., 3 p. b. en el esp. 2 cad., sált. 1 p., 9 p. b., rep. desde * 3 veces, 3 p. b. en el esp. 2 cad., 3 cad., 1 p. m. a. en el esp. 3 cad., 3 cad., 3 p. b. en el esp. 2 cad., sált. 1 p., 2 p. b., cierre con 1 p. r. en el p. inicial (64 p.).

V. 8: 1 cad., 10 p. b., *3 p. b. en el esp. 3 cad., 3 cad., 3 p. b. en el sig. esp. 3 cad., sált. 1 p., 14 p. b., rep. desde * 3 veces, 3 p. b. en el esp. 3 cad., 3 cad., 3 p. b. en el sig. esp. 3 cad., sált. 1, 4 p. b., cierre con 1 p. r. en el p. inicial (80 p.).

V. 9: 1 cad., 13 p. b., *4 p. b. en el esp. 3 cad., sált. 1, 19 p. b., rep. desde * 3 veces, 4 p. b. en el esp. 3 cad., sált. 1 p., 6 p. b., cierre con 1 p. r. en el p. inicial (92 p.).

V. 10: 3 cad. (cuentan como 1 p. a.), 13 p. a., *[2 p. a., 1 p. a. d.] en el p. sig., [1 p. a. d., 2 p. a.] en el p. sig., 21 p. a., rep. desde * 3 veces, [2 p. a., 1 p. a. d.] en el p. sig., [1 p. a. d., 2 p. a.] en el p. sig., 7 p. a., cierre con 1 p. r. en la 3.ª cad. ini. (108 p.). Remate la labor.

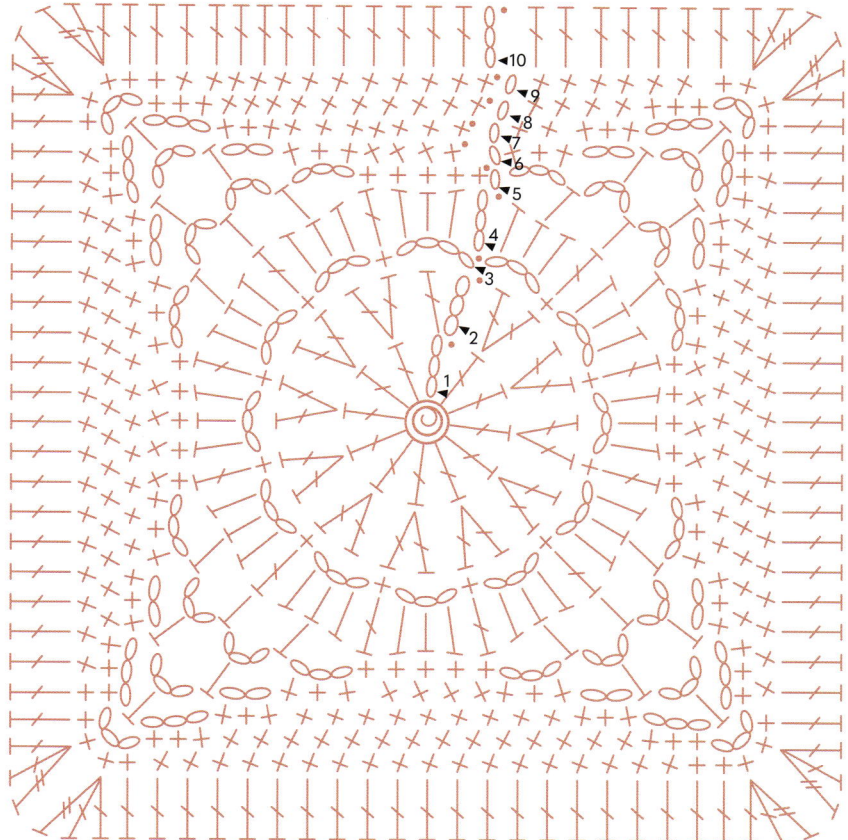

COMBINACIÓN

Ramo de tulipanes (*véase* la pág. 20)

11

CAMPOS FLORECIENTES

La textura abultada combinada con los espacios abiertos conforma un bonito cuadrado primaveral que recuerda los zarcillos florales.

DIFICULTAD

SÍMBOLOS Y ABREVIATURAS

- ⌒ cadeneta (**cad.**)
- • punto raso (**p. r.**)
- + punto bajo (**p. b.**)
- ⊤ punto alto (**p. a.**)
- ⬙ piña de puntos medios altos (**piña de p. m. a.**)
- ► inicio de hilera o vuelta

HERRAMIENTAS Y MATERIALES

Hilo: hilo ligero (DK)/8 cabos de algodón en este color: violeta (hilo A)

Aguja de ganchillo: 3,5 mm

TÉCNICAS UTILIZADAS

Trabajar en el extremo de las hileras (*véase la pág. 141*)

PUNTOS ESPECIALES

piña de puntos medios altos (piña de p. m. a.): [e. h., introduzca la aguja en el p., e. h. y saque 1 laz.] 3 veces en el mismo p., e. h. y sáquela por las 7 laz. de la aguja.

TRUCOS Y CONSEJOS

Si considera que la pieza queda más pulcra con las piñas trabajadas por el revés de la labor, dé la vuelta a la labor al final de la hilera 16 y teja las vueltas del borde por el revés, empezando a lo largo de la parte superior y luego bajando por el lado.

INSTRUCCIONES DEL PATRÓN

A menos que se dé otra indicación, la cad. ini. cuenta como 1 p.

Con hilo A, teja 28 cad.

H. 1: empezando en la 2.ª cad. desde la aguja, haga 27 p. b., dele la vuelta (27 p.).

H. 2: 1 cad. (no cuenta como p., ni aquí ni más adelante), 2 p. b., *sált. 3 p., [1 piña de p. m. a., 2 cad., 1 piña de p. m. a., 2 cad., 1 piña de p. m. a.] en el p. sig., 1 cad., sált. 3 p., 1 p. b., rep. desde * 3 veces, 1 p. b., dele la vuelta (15 p.).

H. 3: 3 cad., 2 p. a. en el p. sig., *2 cad., sált. 2 p., 1 p. b. en la 1.ª cad. del 2.º esp. 2 cad., 2 cad., sált. 1 p., [1 p. a., 1 cad., 1 p. a.] en el p. b., rep. desde * 2 veces, 2 cad., sált. 2 p., 1 p. b. en la 1.ª cad. del 2.º esp. 2 cad., 2 cad., sált. 1 p., 2 p. a. en el p. sig., 1 p. a., dele la vuelta (13 p.).

H. 4: 3 cad., 2 p. a. en el p. sig., 2 cad., sált. 1 p., *1 p. b., [1 piña de p. m. a., 2 cad., 1 piña de p. m. a., 2 cad., 1 piña de p. m. a.] en el esp. 1 cad., 1 cad., sált. 1 p., rep. desde * 2 veces, 1 p. b., 2 cad., sált. 1 p., 2 p. a. en el p. sig., 1 p. a., dele la vuelta (15 p.).

H. 5: 1 cad., 2 p. b., *2 cad., sált. 1 p., [1 p. a., 1 cad., 1 p. a.] en el p. b., 2 cad., sált. 2 p., 1 p. b. en la 1.ª cad. del 2.º esp. 2 cad., rep. desde * 2 veces, 2 cad., sált. 1 p., [1 p. a., 1 cad., 1 p. a.] en el p. b., 2 cad., sált. 1 p., 2 p. b., dele la vuelta (12 p.).

H. 6: 1 cad., 2 p. b., *[1 piña de p. m. a., 2 cad., 1 piña de p. m. a., 2 cad., 1 piña de p. m. a.] en el esp. 1 cad., 1 cad., sált. 1 p., 1 p. b., rep. desde * 3 veces, 1 p. b., dele la vuelta (15 p.).

H. 7-15: rep. las H. 3-6, acabando en la H. 3.

H. 16: 1 cad., 3 p. b., *[2 p. b. en el esp. 2 cad., 1 p. b.] 2 veces, 1 p. b. en el esp. 1 cad., 1 p. b., rep. desde * 2 veces, 2 p. b. en el

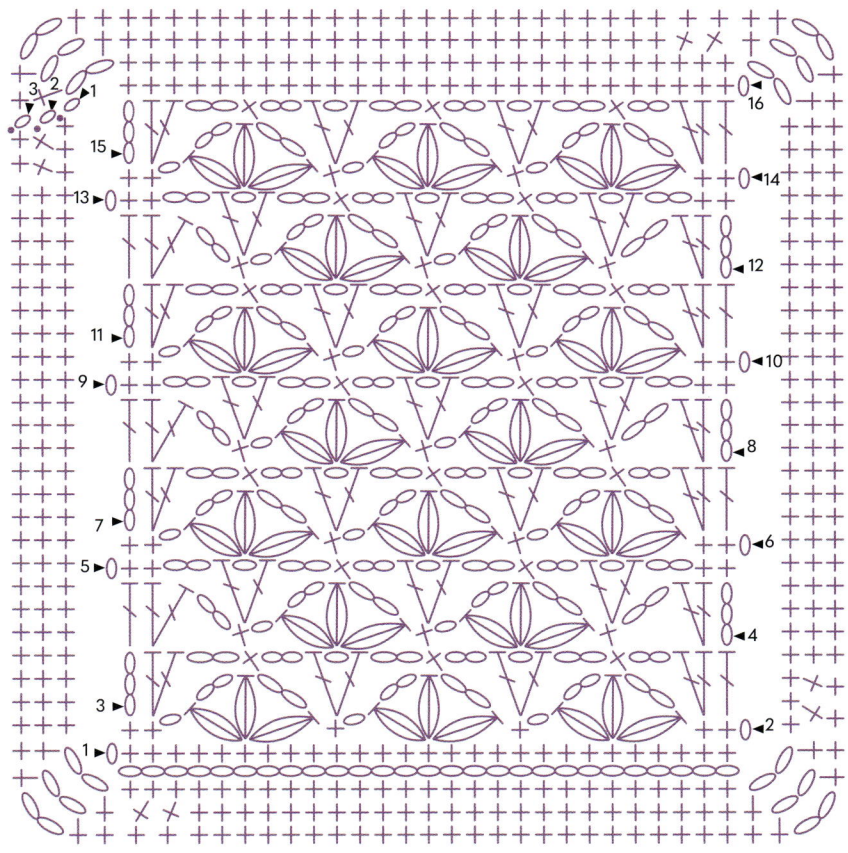

esp. 2 cad., 1 p. b., 2 p. b. en el esp. 2 cad., 3 p. b. (27 p.).

BORDE

V. 1: 1 cad., [27 p. b. bien distribuidos por el borde, 2 cad., 27 p. b., 2 cad.] 2 veces, cierre con 1 p. r. en el 1.ᵉʳ p. b. (108 p.).

V. 2: 1 cad., sált. 1 p., *26 p. b., [1 p. b., 2 cad., 1 p. b.] en el esp. 2 cad., sált. 1 p., rep. desde * 4 veces, cierre con 1 p. r. en el p. inicial (112 p.).

V. 3: 1 cad., 27 p. b., [1 p. b., 2 cad., 1 p. b.] en el esp. 2 cad., *28 p. b., [1 p. b., 2 cad., 1 p. b.] en el esp. 2 cad.; rep. desde * 3 veces, 1 p. b., cierre con 1 p. r. en el p. inicial (120 p.). Remate la labor.

COMBINACIÓN

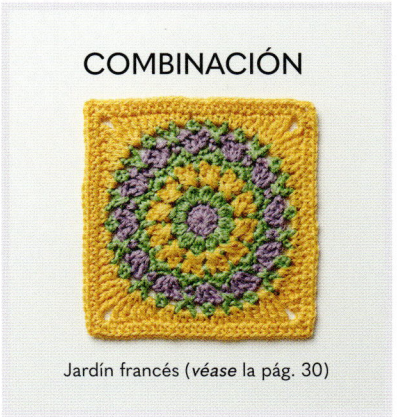

Jardín francés (*véase* la pág. 30)

12

JARDÍN FRANCÉS

Este *granny square* es ideal para experimentar con los colores y así crear efectos diferentes.

SÍMBOLOS Y ABREVIATURAS

- ℰ anillo mágico
- ○ cadeneta (cad.)
- • punto raso (p. r.)
- + punto bajo (p. b.)
- T punto medio alto (p. m. a.)
- ꓕ punto alto (p. a.)
- ꓕ punto alto doble (p. a. d.)
- ꓕ punto alto triple (p. a. t.)
- ⬦ piña de 2 puntos altos (piña de 2 p. a.)
- ⬦ piña de 3 puntos altos (piña de 3 p. a.)
- ► inicio de hilera o vuelta

HERRAMIENTAS Y MATERIALES

Hilo: hilo ligero (DK)/8 cabos de algodón en estos colores: violeta (hilo A), verde kiwi (hilo B), amarillo botón de oro (hilo C)

Aguja de ganchillo: 4 mm

PUNTOS ESPECIALES

piña de 2 puntos altos (piña de 2 p. a.): [e. h., introduzca la aguja en el p., e. h. y saque 1 laz., e. h. y sáquela por 2 laz. de la aguja] 2 veces en el mismo p., e. h. y sáquela por las 3 laz. de la aguja.

piña de 3 puntos altos (piña de 3 p. a.): [e. h., introduzca la aguja en el p., e. h. y saque 1 laz., e. h. y sáquela por 2 laz. de la aguja] 3 veces en el mismo p., e. h. y sáquela por las 4 laz. de la aguja.

INSTRUCCIONES DEL PATRÓN

A menos que se dé otra indicación, la cad. ini. cuenta como 1 p.

V. 1: trabajando con A en el anillo mágico, haga 3 cad., 11 p. a., cierre con 1 p. r. en la 3.ª cad. ini. (12 p.). Remate A.

V. 2: con B, [2 cad., 1 piña de 2 p. a.] en el 1.er p. (cuentan como la 1.ª piña de 3 p. a.), 2 cad., [1 piña de 3 p. a. en el p. sig., 2 cad.] 11 veces, cierre con 1 p. r. en la piña de 2 p. a. (12 p.). Remate B.

V. 3: incorpore C en el esp. 2 cad., [3 cad., 1 p. a.] en el esp. 2 cad., 2 cad., 2 p. a. en el esp. 2 cad. anterior cruzándolos por delante de los últimos 2 p. a. hechos, [sált. el sig. esp. 2 cad., 2 p. a. en el sig. esp. 2 cad., 2 cad., 2 p. a. en el esp. 2 cad. anterior cruzándolos por delante de los últimos 2 p. a. hechos] 11 veces, cierre con 1 p. r. en la 3.ª cad. ini. (48 p.). Remate C.

V. 4: incorpore B en cualquier esp. 2 cad., 1 cad. (no cuenta como p., ni aquí ni más adelante), *[2 p. b., 2 cad., 2 p. b.] en el esp. 2 cad., sált. 2 p., 1 p. a. en el esp. que quede entre los p. a., rep. desde * 12 veces, cierre con 1 p. r. en el p. inicial (60 p.). Remate B.

V. 5: incorpore A en el p. a., [4 cad. (cuentan como 1 p. a. y 1 cad.), 1 p. a., 1 cad., 1 p. a.] en el 1.er p. a., *1 cad., sált. 2 p., 1 p. b. en el esp. 2 cad., 1 cad., sált. 2 p., [1 p. a., 1 cad., 1 p. a., 1 cad., 1 p. a.] en el sig. p. a., rep. desde * 11 veces, 1 cad., sált. 2 p., 1 p. b. en el esp. 2 cad., 1 cad., sált. 2 p., cierre con 1 p. r. en la 3.ª cad. ini. (48 p.). Remate A.

V. 6: incorpore B en el esp. 1 cad. situado después del p. b., 4 cad. (cuentan como 1 p. a. y 1 cad.), 1 p. a. en el esp. 1 cad. anterior, *1 cad., sált. 1 p. y 1 esp. cad., 2 p. m. a. en el p. sig. (p. a. central), 1 cad., 1 p. a. en el esp.

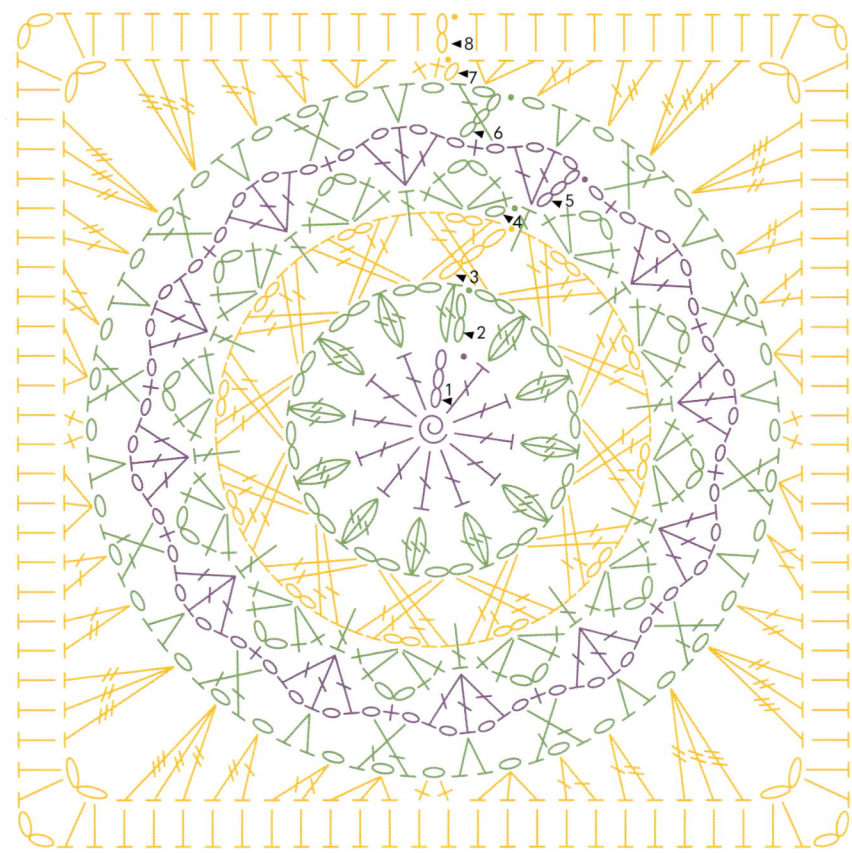

1 cad. situado después del p. b., 1 cad., 1 p. a. en el esp. 1 cad. situado antes del p. b. cruzándolo por delante del último p. a. hecho, rep. desde * 11 veces, 1 cad., sált. 1 p. y 1 esp. cad., 2 p. m. a. en el p. sig., 1 cad., cierre con 1 p. r. en la 3.ª cad. ini. (48 p.). Remate B.

V. 7: incorpore C en el esp. 1 cad. situado antes de los 2 p. m. a., 1 cad., *2 p. b. en el esp. 1 cad., 3 p. m. a. en el sig. esp. 1 cad., 2 p. a. en el sig. esp. 1 cad., [1 p. a., 1 p. a. d.] en el sig. esp. 1 cad., [2 p. a. d., 1 p. a. t.] en el sig. esp. 1 cad., 2 cad., [1 p. a. t., 2 p. a. d.] en el sig. esp. 1 cad., [1 p. a. d., 1 p. a.] en el sig. esp. 1 cad., 2 p. a. en el sig. esp. 1 cad.,

3 p. m. a. en el sig. esp. 1 cad., rep. desde * 4 veces, cierre con 1 p. r. en el p. inicial (88 p.).

V. 8: 2 cad., 11 p. m. a., *[2 p. m. a., 2 cad., 2 p. m. a.] en el esp. 2 cad., 22 p. m. a., rep. desde * 3 veces, [2 p. m. a., 2 cad., 2 p. m. a.] en el esp. 2 cad., 10 p. m. a., cierre con 1 p. r. en la 2.ª cad. ini. (104 p.). Remate la labor.

TRUCOS Y CONSEJOS

Si desplaza algunos de los hilos por el revés de la labor, en lugar de rematarlos al final de cada vuelta, no tendrá que esconder tantos cabos.

13

HALO DORADO

Las labores de ganchillo caladas son perfectas para esos días de primavera que empiezan a ser más calurosos. Con su precioso diseño floral, este diseño mantiene el toque primaveral.

DIFICULTAD

SÍMBOLOS Y ABREVIATURAS

- ℂ anillo mágico
- ◦ cadeneta (**cad.**)
- • punto raso (**p. r.**)
- + punto bajo (**p. b.**)
- ⊤ punto medio alto (**p. m. a.**)
- ⊦ punto alto (**p. a.**)
- ⊧ punto alto doble (**p. a. d.**)
- ⬧ piña de 2 puntos altos (**piña de 2 p. a.**)
- ⬧ piña de 3 puntos altos (**piña de 3 p. a.**)
- ▸ inicio de hilera o vuelta

HERRAMIENTAS Y MATERIALES

Hilo: hilo ligero (DK)/8 cabos de algodón en estos colores: amarillo botón de oro (hilo A), violeta (hilo B), rosa madreselva (hilo C), rosa peonía (hilo D)

Aguja de ganchillo: 4 mm

PUNTOS ESPECIALES

piña de 2 puntos altos (piña de 2 p. a.): [e. h., introduzca la aguja en el p., e. h. y saque 1 laz., e. h. y sáquela por 2 laz. de la aguja] 2 veces en el mismo p., e. h. y sáquela por las 3 laz. de la aguja.

piña de 3 puntos altos (piña de 3 p. a.): [e. h., introduzca la aguja en el p., e. h. y saque 1 laz., e. h. y sáquela por 2 laz. de la aguja] 3 veces en el mismo p., e. h. y sáquela por las 4 laz. de la aguja.

INSTRUCCIONES DEL PATRÓN

A menos que se dé otra indicación, la cad. ini. cuenta como 1 p.

V. 1: trabajando con A en el anillo mágico, haga 3 cad., 11 p. a., cierre con 1 p. r. en la 3.ª cad. ini. (12 p.). Remate A.

V. 2: con B, [2 cad., 1 piña de 2 p. a.] en el 1.er p. (cuentan como la 1.ª piña de 3 p. a.), 2 cad., [1 piña de 3 p. a. en el p. sig., 2 cad.] 11 veces, cierre con 1 p. r. en la piña de 2 p. a. (12 p.).

V. 3: con C, haga 1 p. r. en el esp. 2 cad., [2 cad., 1 piña de 2 p. a.] en el 1.er esp. 2 cad. (cuentan como la 1.ª piña de 3 p. a.), 3 cad., [1 piña de 3 p. a. en el sig. esp. 2 cad., 3 cad.] 11 veces, cierre con 1 p. r. en la piña de 2 p. a. (12 p.). Remate C.

V. 4: con D, 1 cad. (no cuenta como p., ni aquí ni más adelante), [1 p. b., 4 p. b. en el esp. 3 cad.] 12 veces, cierre con 1 p. r. en la cad. ini. (60 p.). Remate D.

V. 5: con B, 1 cad., 1 p. b. en cada p. hasta el final, cierre con 1 p. r. en la cad. ini. (60 p.).

V. 6: 7 cad. (cuentan como 1 p. b. y 6 cad.), [sált. 2 p., 3 p. b., 6 cad.] 11 veces, sált. 2 p., 2 p. b., no cierre la vuelta (36 p.).

V. 7: *7 p. b. en el esp. 6 cad., sált. 1 p., 1 p. r., sált. 1 p., rep. desde * 12 veces, 1 p. r., cierre con 1 p. r. en el p. inicial (84 p.). Remate B.

V. 8: incorpore A en el p. r., [5 cad. (cuentan como 1 p. a. y 2 cad.), 1 p. a.] en el 1.er p., *2 cad., sált. 3 p., 1 p. b., 2 cad., sált. 3 p., [1 p. a., 2 cad., 1 p. a.] en el p. r., rep. desde * 11 veces, 2 cad., sált. 3 p., 1 p.

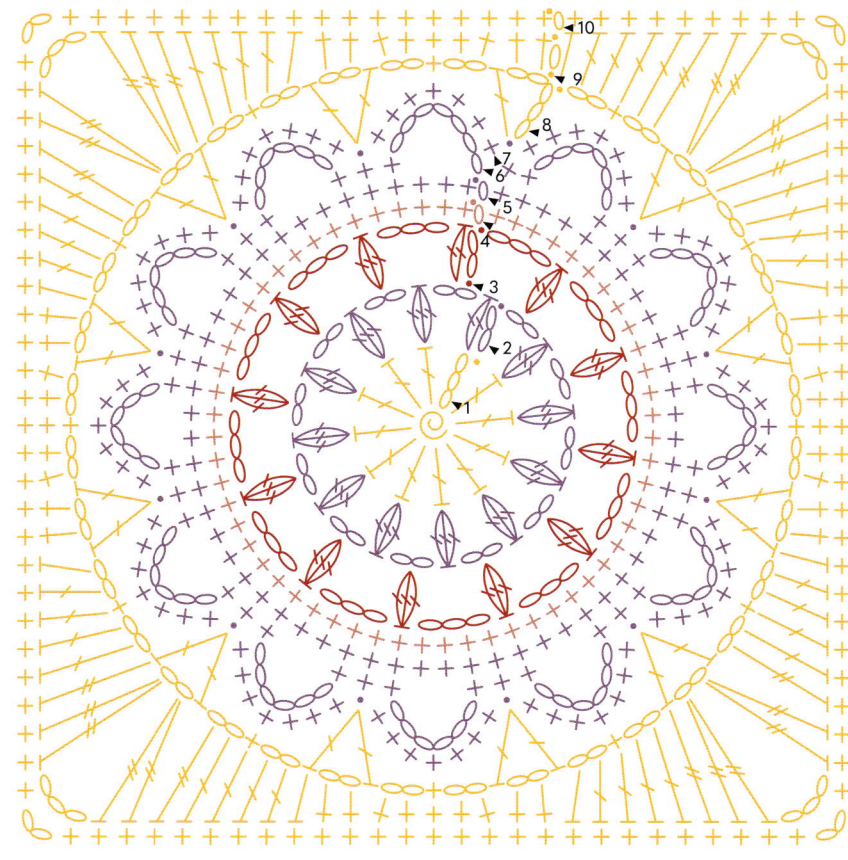

b., 2 cad., sált. 3 p., cierre con 1 p. r. en la 3.ª cad. ini. (36 p.).

V. 9: 1 p. r. en el esp. 2 cad., 1 cad., *[2 p. b. en el esp. 2 cad.] 2 veces, 1 p. b., [2 p. b. en el esp. 2 cad.] 2 veces, [1 p. m. a., 1 p. a.] en el sig. esp. 2 cad., 1 p. a., 2 p. a. en el sig. esp. 2 cad., 1 p. a. d., [2 p. a. d., 3 cad., 2 p. a. d.] en el sig. esp. 2 cad., [1 p. a. d., 1 p. a.] en el sig. esp. 2 cad., 1 p. a., 2 p. a. en el sig. esp. 2 cad., 1 p. m. a., rep. desde * 4 veces, cierre con 1 p. r. en el p. inicial (100 p.).

V. 10: 1 cad. (no cuenta como p.), 17 p. b., *[1 p. b., 2 cad., 1 p. b.] en el esp. 3 cad., 25 p. b., rep. desde * 3 veces, [1 p. b., 2 cad., 1 p. b.] en el esp. 3 cad., 8 p. b., cierre con 1 p. r. en el p. inicial (108 p.). Remate la labor.

TRUCOS Y CONSEJOS

En la vuelta 7, si los puntos bajos hechos en las cadenetas se amontonan, puede recolocarlos para que queden distribuidos de una manera más pulcra y uniforme.

14

CIELOS AL ATARDECER

Esta versión del clásico *granny square* da mucho juego.
Queda especialmente bien si se juntan varias piezas.

DIFICULTAD

SÍMBOLOS Y ABREVIATURAS

- ⊘ anillo mágico
- ⌒ cadeneta (**cad.**)
- • punto raso (**p. r.**)
- ⊤ punto alto (**p. a.**)
- – derecho de la labor (**D.**)
- ▶ inicio de hilera o vuelta

HERRAMIENTAS Y MATERIALES

Hilo: hilo ligero (DK)/8 cabos de algodón
en estos colores: naranja vivo (hilo A),
aguamarina (hilo B), azul cerceta mayor
(hilo C)

Aguja de ganchillo: 3,5 mm

PUNTOS ESPECIALES

racimos: grupos de 3 p. a. que se utilizan
para formar los *granny squares*.

TRUCOS Y CONSEJOS

Tejer 1 cad. en las esquinas forma un
granny square con huecos pequeños, pero
si los prefiere más abiertos, puede hacer
2 cad. en lugar de 1, aunque entonces el
cuadrado le quedará un poco más grande.

INSTRUCCIONES DEL PATRÓN

A menos que se dé otra indicación, la cad. ini. cuenta como 1 p.

V. 1: trabajando con A en el anillo mágico, haga 4 cad. (cuentan como 1 p. a. y 1 cad.), [3 p. a., 1 cad.] 3 veces, 2 p. a., cierre con 1 p. r. en la 3.ª cad. ini. (12 p.).

V. 2: 1 p. r. en el esp. 1 cad., 4 cad. (cuentan como 1 p. a. y 1 cad.), 3 p. a. en el mismo esp. cad., [3 p. a., 1 cad., 3 p. a.] en el sig. esp. 1 cad. 3 veces, 2 p. a. en el mismo esp. 1 cad. que la cad. ini., cierre con 1 p. r. en la 3.ª cad. ini. (24 p.).

V. 3-6: 1 p. r. en el esp. 1 cad., 4 cad. (cuentan como 1 p. a. y 1 cad.), 3 p. a. en el mismo esp. cad., *3 p. a. entra cada rac. de 3 p. a., [3 p. a., 1 cad., 3 p. a.] en el esp. 1 cad. de la esq., rep. desde * 3 veces, 3 p. a. entre cada rac. de 3 p. a., 2 p. a. en el mismo esp. 1 cad. que la cad. ini., cierre con 1 p. r. en la 3.ª cad. ini. (72 p.). Remate A.

TRIÁNGULOS

H. 1 (D.): incorpore B en el esp. 1 cad. de cualquier esq., 3 cad., 3 p. a. entre cada rac. de 3 p. a., 1 p. a. en el esp. 1 cad. de la sig. esq., dele la vuelta (17 p.).

H. 2-5: 3 cad., 3 p. a. entre cada rac. de 3 p. a., 1 p. a. en el esp. 3 cad., dele la vuelta (5 p.).

H. 6: 3 cad., 1 p. a. en el esp. 3 cad. (2 p.). Remate B.

Rep. las H. 1-6. en la esq. opuesta.

Con C, rep. las H. 1-6 en las dos esq. restantes.

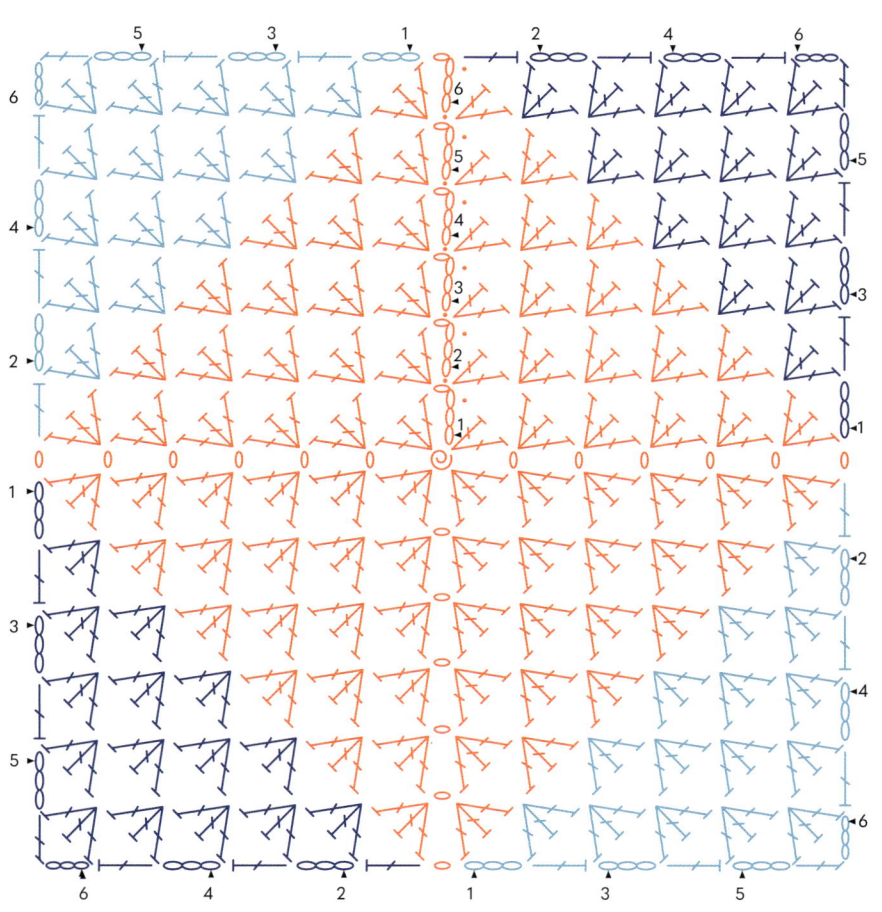

COMBINACIÓN DE CUADRADOS

▶ Si crea varias piezas iguales y las junta de este modo, las esquinas azules formarán rombos parecidos al rombo naranja central.

15

PLENO VERANO

¿Hay algo más veraniego que un sol radiante en un cielo despejado?

DIFICULTAD

SÍMBOLOS Y ABREVIATURAS

- ◉ anillo mágico
- ⌒ cadeneta **(cad.)**
- • punto raso **(p. r.)**
- + punto bajo **(p. b.)**
- ⊤ punto medio alto **(p. m. a.)**
- ⨖ punto alto **(p. a.)**
- ⨖ punto alto doble **(p. a. d.)**
- ⨖ punto alto triple **(p. a. t.)**
- ⋀ 2 puntos altos cerrados juntos **(2 p. a. jun.)**
- ⋀ 3 puntos altos cerrados juntos **(3 p. a. jun.)**
- ⌢ solo en la lazada trasera **(laz. tras.)**
- ⌣ solo en la lazada delantera **(laz. del.)**
- ▶ inicio de hilera o vuelta

HERRAMIENTAS Y MATERIALES

Hilo: hilo ligero (DK)/8 cabos de algodón en estos colores: amarillo solar (hilo A), aguamarina (hilo B)

Aguja de ganchillo: 4 mm

PUNTOS ESPECIALES

2 puntos altos cerrados juntos (2 p. a. jun.): [e. h., introduzca la aguja en el p. sig., e. h. y saque 1 laz., e. h. y sáquela por 2 laz. de la aguja] 2 veces, e. h. y sáquela por las 3 laz. de la aguja.

3 puntos altos cerrados juntos (3 p. a. jun.): [e. h., introduzca la aguja en el p., e. h. y saque 1 laz., e. h. y sáquela por 2 laz. de la aguja] 3 veces, e. h. y sáquela por las 4 laz. de la aguja.

INSTRUCCIONES DEL PATRÓN

A menos que se dé otra indicación, la cad. ini. cuenta como 1 p.

V. 1: trabajando con A en el anillo mágico, haga 3 cad., 11 p. a., cierre con 1 p. r. en la 3.ª cad. ini. (12 p.).

V. 2: [3 cad., 1 p. a.] en el 1.er p., 2 p. a. en cada. p. hasta el final, cierre con 1 p. r. en la 3.ª cad. ini. (24 p.).

V. 3: 3 cad., [2 p. a. en el p. sig., 1 p. a.] 11 veces, 2 p. a. en el p. sig., cierre con 1 p. r. en la 3.ª cad. ini. (36 p.).

V. 4 (laz. del.): 1 p. r. en cada p. hasta el final, cierre con 1 p. r. en el p. r. inicial (36 p.). Remate A.

V. 5 (laz. tras.): con B, trabaje en la laz. tras. de toda la V. 3. Incorpore el hilo en la laz. tras. de cualquier p. a., 1 cad. (no cuenta como p.), [2 p. m. a., 2 p. m. a. en el p. sig.] 12 veces, cierre con 1 p. r. en el p. inicial (48 p.). Remate B.

V. 6: con A, [2 cad., 2 p. a. jun.] (cuentan como el 1.er grupo de 3 p. a. jun.), *4 cad., sált. 1 p., 2 p. a. jun., rep. desde * 11 veces, 4 cad., sált. 1 p., cierre con 1 p. r. en el p. inicial (12 p.). Remate A.

V. 7: incorpore B en los 3 p. a. jun., 1 cad. (no cuenta como p.), [1 p. b. en el p., 4 p. a. d. trabajados por delante de la cad. en los p. m. a. saltados en la V. 5] 12 veces, cierre con 1 p. r. en p. inicial (60 p.).

V. 8: 7 cad. (cuentan como 1 p. a. t. y 2 cad.), *[1 p. a. t., 2 p. a. d.] en el p. sig., 1 p. a. d., 2 p. a., 2 p. m. a., 3 p. b., 2 p. m. a., 2 p. a., 1 p. a. d., [2 p. a. d., 1 p. a. t.] en el p. sig., 2 cad., rep. desde * 3 veces, [1 p. a. t., 2 p. a. d.] en el p. sig., 1 p. a. d., 2 p. a., 2 p. m. a., 3 p. b., 2 p. m. a., 2 p. a., 1 p. a. d., 2 p. a. d. en el mismo esp. cad. que la

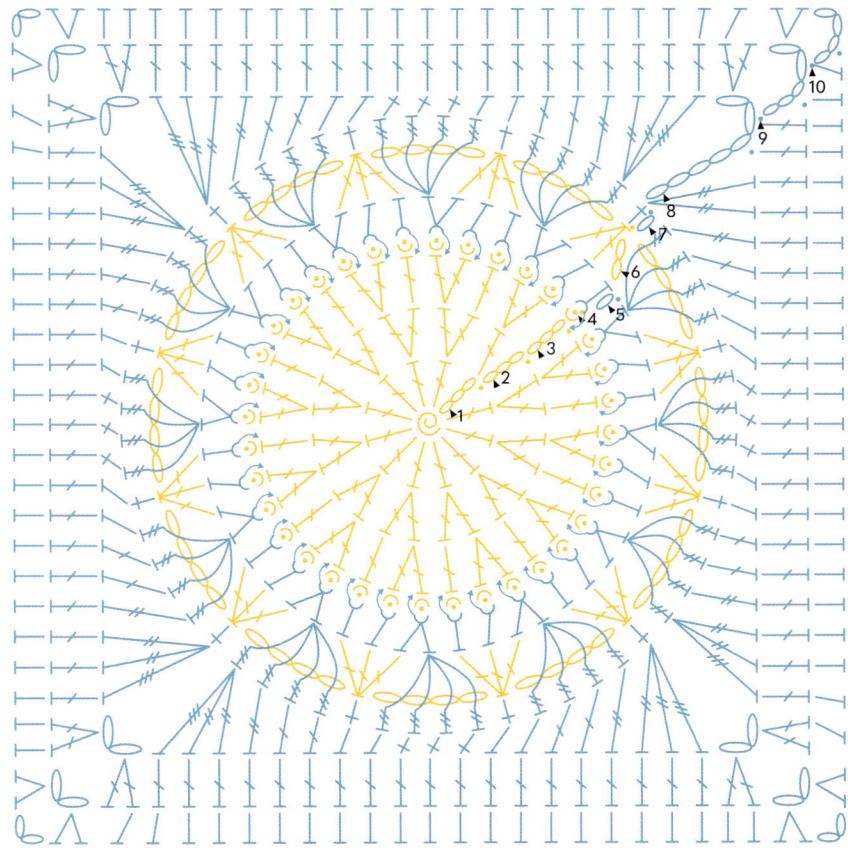

cad. ini., cierre con 1 p. r. en la 5.ª cad. (76 p.).

V. 9: 1 p. r. en el esp. 2 cad., 5 cad. (cuentan como 1 p. a. y 2 cad.), 2 p. a. en el esp. 2 cad., *19 p. a., [2 p. a., 2 cad., 2 p. a.] en el esp. 2 cad., rep. desde * 3 veces, 19 p. a., 1 p. a. en el mismo esp. 2 cad. que la cad. ini., cierre con 1 p. r. en la 3.ª cad. (92 p.).

V. 10: 1 p. r. en el esp. 2 cad., 4 cad. (cuentan como 1 p. m. a. y 2 cad.), 2 p. m. a. en el esp. 2 cad., *sált. 1 p., 22 p. m. a., [2 p. m. a., 2 cad., 2 p. m. a.] en el esp. 2 cad., rep. desde * 3 veces, sált. 1 p., 22 p.

m. a., 1 p. m. a. en el mismo esp. cad. que la cad. ini., cierre con 1 p. r. en la 2.ª cad. (104 p.).
Remate la labor.

TRUCOS Y CONSEJOS

Si no quiere que el círculo se levante, no ciña mucho los puntos rasos de la vuelta 4.

16

DÍAS DE GIRASOLES

Esta pieza no tiene la forma cuadrada tradicional, pero si hace varias y las une por las puntas obtendrá una manta liviana y llamativa.

DIFICULTAD

SÍMBOLOS Y ABREVIATURAS

◎ anillo mágico

○ cadeneta (**cad.**)

• punto raso (**p. r.**)

+ punto bajo (**p. b.**)

⊤ punto medio alto (**p. m. a.**)

† punto alto (**p. a.**)

⋏ 2 p. bajos cerrados juntos (**2 p. b. jun.**)

◍ piña de p. medios altos (**piña de p. m. a.**)

‡ punto alto doble (**p. a. d.**)

‡ punto alto triple (**p. a. t.**)

▶ inicio de hilera o vuelta

HERRAMIENTAS Y MATERIALES

Hilo: hilo ligero (DK)/8 cabos de algodón en estos colores: dorado (hilo A), amarillo solar (hilo B), aguamarina (hilo C), azul cerceta mayor (hilo D)

Aguja de ganchillo: 4 mm

PUNTOS ESPECIALES

2 puntos bajos cerrados juntos (2 p. b. jun.): [introduzca la aguja en el p. sig., e. h. y saque 1 laz.] 2 veces, e. h. y sáquela por las 3 laz. de la aguja.

piña de puntos medios altos (piña de p. m. a.): [e. h., introduzca la aguja en el p., e. h. y saque 1 laz.] 5 veces en el mismo p., e. h. y sáquela por las 11 laz. de la aguja.

INSTRUCCIONES DEL PATRÓN

A menos que se dé otra indicación, la cad. ini. no cuenta como 1 p.

V. 1: trabajando con A en el anillo mágico, haga 1 cad., 8 p. b., cierre con 1 p. r. en el p. inicial (8 p.).

V. 2: [1 piña de p. m. a., 1 cad.] 8 veces, cierre con 1 p. r. en el p. inicial (8 p.).

V. 3: 1 p. r. en el esp. 1 cad., 1 cad., [1 p. b. en el esp. 1 cad., 3 cad.] 8 veces, cierre con 1 p. r. en el p. inicial (8 p.).

V. 4: *[1 p. b., 1 p. m. a., 1 p. a., 3 cad., 1 p. a., 1 p. m. a., 1 p. b.] en el esp. 3 cad., 1 p. r. en el p. b., rep. desde * 8 veces (48 p.). Remate A.

V. 5: incorpore B en la 2.ª cad. del bucle de 3 cad., 1 cad., *1 p. b. en la 2.ª cad. del bucle de 3 cad., 2 cad., [1 p. a. d., 1 p. a. t., 2 cad., 1 p. a. t., 1 p. a. d.] en el p. r., 2 cad., rep. desde * 8 veces, cierre con 1 p. r. en el p. inicial (40 p.). Remate B. **V. 6:** incorpore C en el esp. 2 cad. situado entre 2 p. a. t., 1 cad., *4 p. b. en el esp. 2 cad., [2 p. m. a. en el sig. esp. 2 cad.] 2 veces, [2 p. m. a., 1 p. a., 1 cad., 1 p. a., 2 p. m. a.] en el sig. esp. 2 cad., [2 p. m. a. en el sig. esp. 2 cad.] 2 veces, rep. desde * 4 veces, cierre con 1 p. r. en el p. inicial (72 p.).

V. 7: 1 cad., 11 p. b., *[1 p. b., 1 p. m. a., 1 cad., 1 p. m. a., 1 p. b.] en el esp. 1 cad. de la esq., 18 p. b., rep. desde * 3 veces, [1 p. b., 1 p. m. a., 1 cad., 1 p. m. a., 1 p. b.] en el esp. 1 cad. de la esq., 7 p. b., cierre con 1 p. r. en el p. inicial (88 p.). Remate C.

V. 8: incorpore D en el esp. 1 cad. de cualquier esq., 1 cad., *[1 p. m. a., 1 p. a., 1 cad., 1 p. a., 1 p. m. a.] en el esp. 1 cad., sált. 1 p., 10 p. b., [1 p. b., 1 p. m. a., 1 p. b.]

en el p. sig., 10 p. b., rep. desde * 4 veces, cierre con 1 p. r. en p. inicial (108 p.).

V. 9: 1 cad., 2 p. b., *[2 p. m. a., 2 cad., 2 p. m. a.] en el esp. 1 cad. de la esq., 4 p. b., 2 p. b. jun., 1 p. b., 2 p. b. jun., 4 p. b., [1 p. b., 2 cad., 1 p. b.] en el p. sig., 4 p. b., 2 p. b. jun., 1 p. b., 2 p. b. jun., 4 p. b., rep. desde * 3 veces, [2 p. m. a., 2 cad., 2 p. m. a.] en el esp. 1 cad. de la esq., 4 p. b., 2 p. b. jun., 1 p. b., 2 p. b. jun., 4 p. b., [1 p. b., 2 cad., 1 p. b.] en el p. sig., 4 p. b., 2 p. b. jun., 1 p. b., 2 p. b. jun., 2 p. b., cierre con 1 p. r. en el p. inicial (112 p.). Remate la labor.

TRUCOS Y CONSEJOS

Si quiere unir estos motivos, hágalo por las cadenetas de cada punta. De este modo, se formará un hueco decorativo entre los cuadrados.

17

HELENIO

Este *granny square* lleva el nombre del robusto helenio,
que florece en los meses más cálidos. Está dispuesto sobre
un fondo de puntos abiertos y ligeros, ideales para el verano.

DIFICULTAD

SÍMBOLOS Y ABREVIATURAS

- ℂ anillo mágico
- ⊸ cadeneta (**cad.**)
- • punto raso (**p. r.**)
- + punto bajo (**p. b.**)
- ⊤ punto medio alto (**p. m. a.**)
- ⊤ punto alto (**p. a.**)
- ⊥ punto alto doble (**p. a. d.**)
- ⊥ punto alto triple (**p. a. t.**)
- ⬭ piña de p. medios altos (**piña de p. m. a.**)
- ▸ inicio de hilera o vuelta

HERRAMIENTAS Y MATERIALES

Hilo: hilo ligero (DK)/8 cabos de algodón
en estos colores: dorado (hilo A), rojo
amapola (hilo B), aguamarina (hilo C)

Aguja de ganchillo: 4 mm

TÉCNICAS UTILIZADAS

Trabajar por encima o en vueltas anteriores
(*véase la pág. 135*)

PUNTOS ESPECIALES

piña de puntos medios altos (piña de p. m. a.):
[e. h., introduzca la aguja en el p., e. h. y
saque 1 laz.] 4 veces, e. h. y sáquela por las
9 laz. de la aguja.

TRUCOS Y CONSEJOS

No apriete las cadenetas de detrás de los
pétalos o estos se amontonarán.

INSTRUCCIONES DEL PATRÓN

A menos que se dé otra indicación, la cad. ini. cuenta como 1 p.

V. 1: trabajando con A en el anillo mágico, haga [1 piña de p. m. a., 1 cad.] 12 veces, cierre con 1 p. r. en el 1.er p. (12 p.).

V. 2: 1 cad. (no cuenta como p.), [2 p. b. en el esp. 1 cad.] 12 veces, cierre con 1 p. r. en el p. inicial (24 p.). Remate A.

V. 3: con B, 1 cad. (no cuenta como p.), 1 p. b. en cada p., cierre con 1 p. r. en el p. inicial (24 p.).

V. 4: 4 cad. (cuentan como 1 p. b. y 3 cad.), sált. 1 p., [1 p. b., 3 cad., sált. 1 p.] 11 veces, cierre con 1 p. r. en la 1.ª cad. ini. (12 p.).

V. 5: *[1 p. m. a., 2 p. a., 1 p. a. d.] en el esp. 2 cad., [1 p. a. t., 1 p. a. d., 2 p. a., 1 p. m. a.] en el sig. esp. 3 cad., 1 p. r., rep. desde * 6 veces, cierre con 1 p. r. en la 1.ª cad. ini. de la V. 4 (54 p.).

V. 6 (se trabaja por detrás de los pétalos de la V. 5): 2 cad. (no cuentan como p.), [1 p. b. en el p. saltado de la V. 3, 4 cad.] 12 veces, cierre con 1 p. r. en el p. b. inicial (12 p.).

V. 7: *[1 p. m. a., 2 p. a., 2 p. a. d.] en el esp. 4 cad., [1 p. a. t., 2 p. a. d., 2 p. a., 1 p. m. a.] en el sig. esp. 4 cad., 1 p. r., rep. desde * 6 veces, cierre con 1 p. r. en el p. r. de la V. 6 (66 p.). Remate B.

V. 8: con C, 7 cad. (cuentan como 1 p. b. y 6 cad.), [1 p. b. en el p. r., 6 cad.] 5 veces, cierre con 1 p. r. en la 1.ª cad. ini. (6 p.).

V. 9: 2 cad., [7 p. m. a. en el esp. 6 cad., 1 p. m. a.] 5 veces, 7 p. m. a. en el esp. 6 cad., cierre con 1 p. r. en la 2.ª cad. ini. (48 p.).

V. 10: 4 cad. (cuentan como 1 p. b. y 3 cad.), sált. 1 p., [1 p. b., 3 cad., sált. 1 p.]

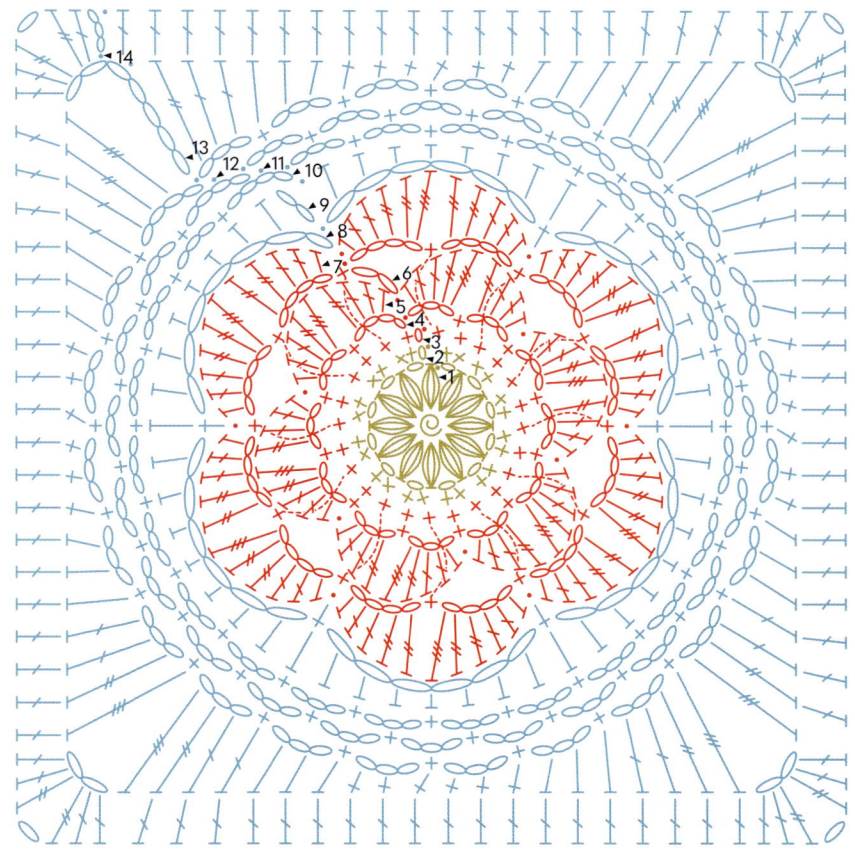

23 veces, cierre con 1 p. r. en la 1.ª cad. ini. (24 p.).

V. 11 y 12: 1 p. r. en el esp. 3 cad., 4 cad. (cuentan como 1 p. b. y 3 cad.), [1 p. b. en el esp. 3 cad., 3 cad.] 23 veces, cierre con 1 p. r. en la 1.ª cad. ini. (24 p.).

V. 13: 7 cad. (cuentan como 1 p. a. t. y 2 cad.), *[1 p. a. t., 1 p. a. d., 1 p. a.] en el sig. esp. 3 cad., 1 p. a., 2 p. m. a. en el sig. esp. 3 cad., 1 p. m. a., [2 p. b. en el sig. esp. 3 cad., 1 p. b.] 2 veces, 2 p. m. a. en el sig. esp. 3 cad., 1 p. m. a., [2 p. a., 1 p. a.] en el sig. esp. 3 cad., 1 p. a. t., 2 cad., rep. desde * 3 veces, [1 p. a. t., 1 p. a. d., 1 p. a.] en el

sig. esp. 3 cad., 1 p. a., 2 p. m. a. en el sig. esp. 3 cad., 1 p. m. a., [2 p. b. en el sig. esp. 3 cad., 1 p. b.] 2 veces, 2 p. m. a. en el sig. esp. 3 cad., 1 p. m. a., [2 p. a., 1 p. a. d.] en el sig. esp. 3 cad., cierre con 1 p. r. en la 5.ª cad. ini. (80 p.).

V. 14: 1 p. r. en el esp. 2 cad., [3 cad., 1 p. a., 1 p. a. d., 1 cad., 1 p. a. d., 2 p. a.] en el esp. 2 cad., *sált. 1 p., 19 p. a., [2 p. a., 1 p. a. d., 1 cad., 1 p. a. d., 2 p. a.] en el esp. 2 cad., rep. desde * 3 veces, sált. 1 p., 19 p. a., cierre con 1 p. r. en la 3.ª cad. ini. (100 p.). Remate la labor.

18

MOLINO HOLANDÉS

Con la combinación de cadenetas y puntos en relieve, este cuadrado evoca las aspas de un molino y, al unir varios, se crea un increíble efecto de movimiento.

DIFICULTAD

SÍMBOLOS Y ABREVIATURAS

⊙ anillo mágico

○ cadeneta (cad.)

• punto raso (p. r.)

+ punto bajo (p. b.)

T punto medio alto (p. m. a.)

↑ punto alto (p. a.)

‡ punto alto doble (p. a. d.)

↑ punto alto en relieve tomado por delante (p. a. rel. del.)

↑ punto alto doble en relieve tomado por delante (p. a. d. rel. del.)

► inicio de hilera o vuelta

HERRAMIENTAS Y MATERIALES

Hilo: hilo ligero (DK)/8 cabos de algodón en este color: rojo amapola (hilo A)

Aguja de ganchillo: 4 mm

TÉCNICAS UTILIZADAS

Trabajar por encima o en vueltas anteriores (*véase la pág. 135*)

PUNTOS ESPECIALES

p. a. en relieve tomado por delante (p. a. rel. del.): p. alto trabajado alrededor del cuerpo del p. indicado, introduciendo la aguja desde delante hacia atrás y de nuevo hacia delante.

p. a. d. en relieve tomado por delante (p. a. d. rel. del.): p. alto doble trabajado alrededor del cuerpo del p. indicado, introduciendo la aguja desde delante hacia atrás y de nuevo hacia delante.

TRUCOS Y CONSEJOS

Cuando bloquee los cuadrados, las secciones abiertas quedarán definidas.

INSTRUCCIONES DEL PATRÓN

A menos que se dé otra indicación, la cad. ini. cuenta como 1 p.

V. 1: trabajando con A en el anillo mágico, haga 2 cad., 7 p. m. a., cierre con 1 p. r. en la 2.ª cad. ini. (8 p.).

V. 2: 1 cad. (no cuenta como p.), 2 p. b. en cada p. hasta el final, cierre con 1 p. r. en el p. inicial (16 p.).

V. 3: 2 cad., [1 p. a. d. rel. del. alrededor de las 2 cad. del inicio de la V. 1, 2 cad., p. a. d. rel. del. alrededor del mismo p.], sált. 3 p. b. de la V. 2 contando desde las 2 cad. ini., 1 p. m. a., [1 p. a. d. rel. del. alrededor del 3.er p. de la V. 1, 2 cad., p. a. d. rel. del. alrededor del mismo p.], sált. 3 p. b. de la V. 2 contando desde el último p. m. a., 1 p. m. a., [1 p. a. d. rel. del. alrededor del 5.º p. de la V. 1, 2 cad., p. a. d. rel. del. alrededor del mismo p.], sált. 3 p. b. de la V. 2 contando desde el último p. m. a., 1 p. m. a., [1 p. a. d. rel. del. alrededor del 7.º p. de la V. 1, 2 cad., p. a. d. rel. del. alrededor del mismo p.], cierre con 1 p. r. en la 2.ª cad. ini. (12 p.).

V. 4: [2 cad., 2 p. m. a.] en el 1.er p., [1 p. a. rel. del. alrededor del p. a. d. rel. del., 3 cad., 1 p. a. rel. del. alrededor del p. a. d. rel. del., 3 p. m. a. en el p. sig.] 3 veces, 1 p. a. rel. del. alrededor del p. a. d. rel. del., 3 cad., 1 p. a. rel. del. alrededor del p. a. d. rel. del., cierre con 1 p. r. en la 2.ª cad. ini. (20 p.).

A partir de aquí, los p. a. rel. del se trabajan alrededor del cuerpo de los p. a. rel. del. de la V. anterior.

V. 5: [2 cad., 1 p. m. a.] en el 1.er p., [2 p. m. a., 1 p. a. rel. del., 4 cad., 1 p. a. rel. del., 2 p. m. a. en el p. sig.] 3 veces, 2 p. m. a., 1 p. a. rel. del., 4 cad., 1 p. a. rel. del., cierre con 1 p. r. en la 2.ª cad. ini. (24 p.).

V. 6: [2 cad., 1 p. m. a.] en el 1.er p., [3 p. m. a., 1 p. a. rel. del., 5 cad., 1 p. a. rel. del., 2 p. m. a. en el p. sig.] 3 veces, 3 p. m. a., 1 p. a. rel. del., 5 cad., 1 p. a. rel. del., cierre con 1 p. r. en la 2.ª cad. ini. (28 p.).

V. 7: [2 cad., 1 p. m. a.] en el 1.er p., [4 p. m. a., 1 p. a. rel. del., 6 cad., 1 p. a. rel. del., 2 p. m. a. en el p. sig.] 3 veces, 4 p. m. a., 1 p. a. rel. del., 6 cad., 1 p. a. rel. del., cierre con 1 p. r. en la 2.ª cad. ini. (32 p.).

V. 8: [2 cad., 1 p. m. a.] en el 1.er p., [5 p. m. a., 1 p. a. rel. del., 7 cad., 1 p. a. rel. del.,

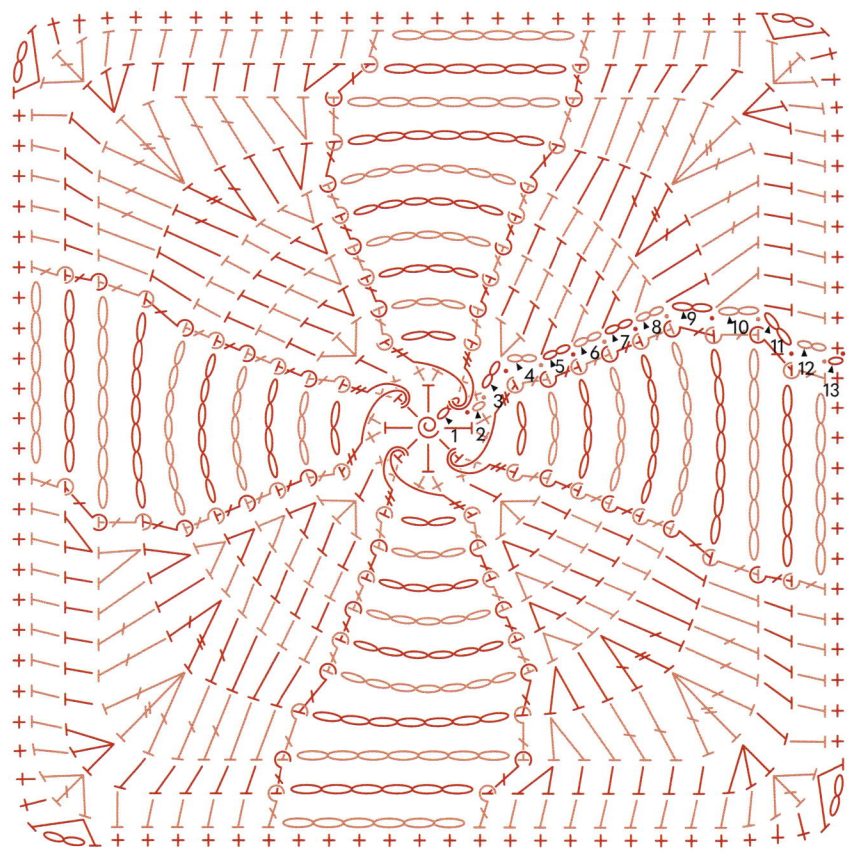

COMBINACIÓN

Helenio (*véase* la pág. 40)

2 p. m. a. en el p. sig.] 3 veces, 5 p. m. a.,
1 p. a. rel. del., 7 cad., 1 p. a. rel. del., cierre
con 1 p. r. en la 2.ª cad. ini. (36 p.).

V. 9: [2 cad., 1 p. m. a.] en el 1.er p., *1 p. m.
a., [1 p. a., 1 p. a. d.] en el p. sig., 1 p. a., 3 p.
m. a., 1 p. a. rel. del., 7 cad., 1 p. a. rel. del.,
2 p. m. a. en el p. sig., rep. desde * 3 veces,
1 p. m. a., [1 p. a., 1 p. a. d.] en el p. sig., 1 p.
a., 3 p. m. a., 1 p. a. rel. del., 7 cad., 1 p. a.
rel. del., cierre con 1 p. r. en la 2.ª cad. ini.
(44 p.).

V. 10: [2 cad., 1 p. m. a.] en el 1.er p., *1 p.
m. a., 2 p. a., [1 p. a., 1 p. a. d., 1 p. a.] en
el p. sig., 2 p. a., 2 p. m. a., 1 p. a. rel. del.,
7 cad., 1 p. a. rel. del., 2 p. m. a. en el p.
sig., rep. desde * 3 veces, 1 p. m. a., 2 p. a.,
[1 p. a., 1 p. a. d., 1 p. a.] en el p. sig., 2 p. a.,
2 p. m. a., 1 p. a. rel. del., 7 cad., 1 p. a.
rel. del., cierre con 1 p. r. en la 2.ª cad. ini.
(56 p.).

V. 11: [2 cad., 1 p. m. a.] en el 1.er p., *5 p. m.
a., 3 p. m. a. en el p. sig., 5 p. m. a., 1 p. a.
rel. del., 6 cad., 1 p. a. rel. del., 2 p. m. a.
en el p. sig., rep. desde * 3 veces, 5 p. m.
a., 3 p. m. a. en el p. sig., 5 p. m. a., 1 p. a.
rel. del., 6 cad., 1 p. a. rel. del., cierre con
1 p. r. en la 2.ª cad. ini. (68 p.).

V. 12: 2 cad., 8 p. m. a., *[1 p. m. a., 1 p. a.,
1 p. m. a.] en el p. sig., 5 p. m. a., 1 p. a. rel.
del., 6 cad., 1 p. a. rel. del., 9 p. m. a., rep.
desde * 3 veces, [1 p. m. a., 1 p. a., 1 p. m.
a.] en el p. sig., 5 p. m. a., 1 p. a. rel. del.,
6 cad., 1 p. a. rel. del., cierre con 1 p. r. en
la 2.ª cad. ini. (76 p.).

V. 13: 1 cad. (no cuenta como p.), 11 p. b.,
*[1 p. m. a., 2 cad., 1 p. m. a.] en el p. sig.,
6 p. b., 6 p. b. en las 6 cad., 12 p. b., rep.
desde * 3 veces, [1 p. m. a., 2 cad., 1 p. m.
a.] en el p. sig., 6 p. b., 6 p. b. en las 6 cad.,
1 p. b., cierre con 1 p. r. en el p. inicial
(104 p.).
Remate la labor.

COMBINACIÓN DE CUADRADOS

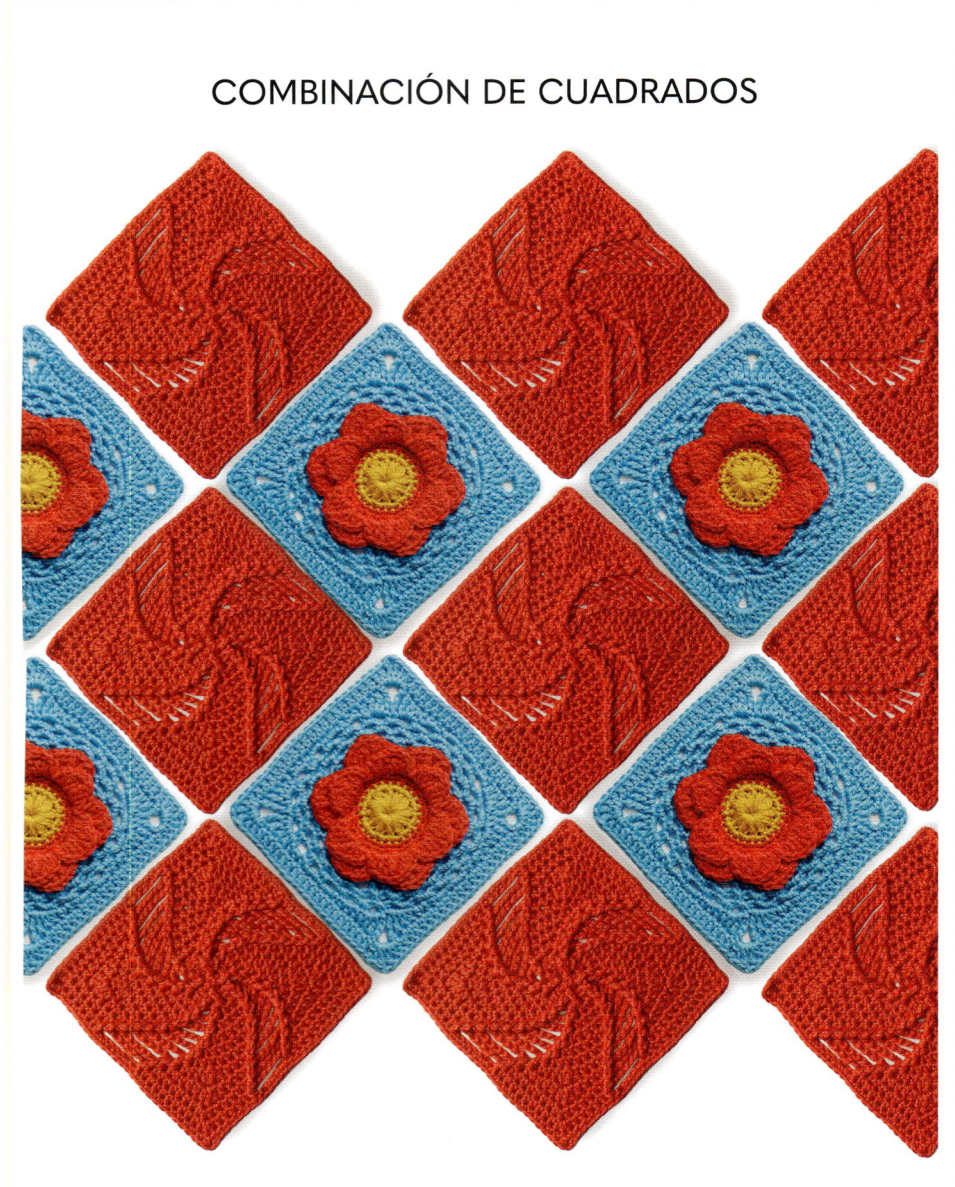

▲ Aquí puede observar otra manera de combinar
las piezas. Solo tiene que girarlas y unirlas de modo
que formen franjas diagonales. Este método suele
utilizarse para confeccionar mantas. Si lo desea,
puede personalizarlo aún más cosiendo las piezas
con un hilo de un color que contraste.

19

ESTRELLA CREPUSCULAR

Diseñado a modo de estrellita, este patrón puede transformarse fácilmente en una bonita flor si le cambia los colores.

DIFICULTAD

SÍMBOLOS Y ABREVIATURAS

◉ anillo mágico

o cadeneta (cad.)

· punto raso (p. r.)

+ punto bajo (p. b.)

T punto medio alto (p. m. a.)

┼ punto alto (p. a.)

‡ punto alto doble (p. a. d.)

‡ punto alto triple (p. a. t.)

⬮ piña de p. medios altos (piña de p. m. a.)

∩ solo en la lazada trasera (laz. tras.)

} punto largo (p. largo)

► inicio de hilera o vuelta

HERRAMIENTAS Y MATERIALES

Hilo: hilo ligero (DK)/8 cabos de algodón en estos colores: dorado (hilo A), amarillo solar (hilo B), aguamarina (hilo C), azul cerceta mayor (hilo D)

Aguja de ganchillo: 4 mm

TÉCNICAS UTILIZADAS

Trabajar por encima o en vueltas anteriores (*véase* la pág. 135)

PUNTOS ESPECIALES

piña de puntos medios altos (piña de p. m. a.): [e. h., introduzca la aguja en el p., e. h. y saque 1 laz.] 4 veces, e. h. y sáquela por las 9 laz. de la aguja.

punto largo (p. largo): introduzca la aguja en el p. indicado de una vuelta anterior, e. h. y saque 1 laz., alargue la laz. hasta que alcance la altura de los p. de la vuelta de trabajo, e. h. y sáquela a través de las 2 laz.

INSTRUCCIONES DEL PATRÓN

A menos que se dé otra indicación, la cad. ini. cuenta como 1 p.

V. 1: trabajando con A en el anillo mágico, haga 1 cad. (no cuenta como p.), 12 p. b., cierre con 1 p. r. en el p. inicial (12 p.).

V. 2: [1 piña de p. m. a., 2 cad., sált. 1 p.] 6 veces, cierre con 1 p. r. en el p. inicial (6 p.). Remate A.

V. 3: incorpore B en la piña, [2 cad., 2 p. m. a.] en el p., *[1 p. largo en el p. b. saltado de la V. 1, 3 p. m. a. en el p. sig.] 5 veces, 1 p. largo en el p. b. saltado de la V. 1, cierre con 1 p. r. en la 2.ª cad. ini. (24 p.).

V. 4: 1 cad. (no cuenta como p.), *1 p. b., [1 p. b., 1 p. m. a., 1 p. b.] en el p. sig., 1 p. b., 1 p. r., rep. desde * 6 veces, cierre con 1 p. r. en el p. inicial (30 p.).

V. 5: 1 cad. (no cuenta como p.), *2 p. b., [1 p. b., 1 p. m. a., 1 p. b.] en el p. sig., 2 p. b., 1 p. r., rep. desde * 6 veces, cierre con 1 p. r. en el p. inicial (42 p.). Remate B.

V. 6: incorpore C en el p. r. de la V. 5, 4 cad. (cuentan como 1 p. a. y 1 cad.), *sált. 3 p., [1 p. b., 1 cad., 1 p. b.] en la laz. tras del p. sig., 1 cad., sált. 3 p., 3 p. a. en el p. sig., 1 cad., rep. desde * 5 veces, sált. 3 p., [1 p. b., 1 cad., 1 p. b.] en la laz. tras. del p. sig., 1 cad., sált. 3 p., 2 p. a. en el mismo p. que la cad. ini., cierre con 1 p. r. en la 3.ª cad. ini. (30 p.).

V. 7: 1. r. en el esp. 1 cad., 6 cad. (cuentan como 1 p. b., 5 cad.), sált. 2 p. [1 p. b. en el sig. esp. 1 cad., 5 cad., sált. 3 p., 1 p. b. en el sig. esp. 1 cad., 5 cad., sált. 2 p.] 5 veces, 1 p. b. en el sig. esp. 1 cad., 5 cad., cierre con 1 p. r. en la 1.ª cad. ini. (12 p.). Remate C.

V. 8: incorpore D en el esp. 5 cad. anterior al p. r. de cierre de la V., 3 cad. (cuentan como 1 p. b. y 2 cad.), *7 p. a. en el sig. esp.

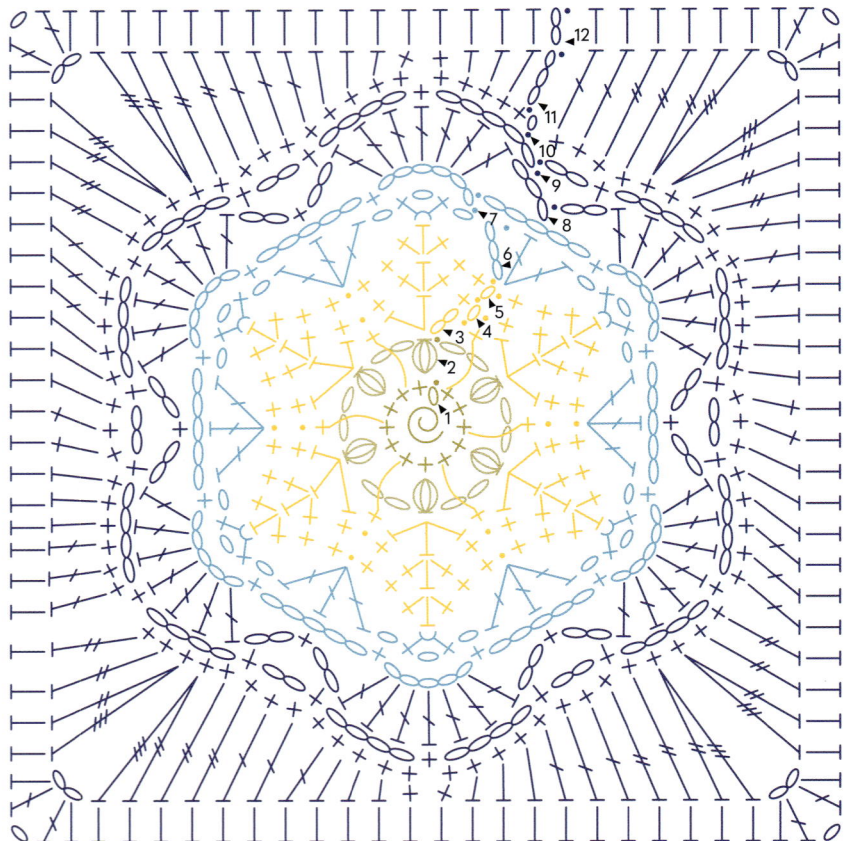

5 cad., 2 cad., 1 p. b. en el sig. esp. 5 cad., 2 cad., rep. desde * 5 veces, 7 p. a. en el sig. esp. 5 cad., 2 cad., cierre con 1 p. r. en la 1.ª cad. ini. (48 p.).

V. 9: 1 p. r. en el esp. 2 cad., 5 cad. (cuentan como 1 p. b., 4 cad.), sált. 3 p., *1 p. b., 4 cad., sált. 3 p., 1 p. b. en el sig. esp. 2 cad., 2 cad., sált. 1 p., 1 p. b. en el sig. esp. 2 cad., 4 cad., sált. 3 p., rep. desde * 5 veces, 1 p. b., 4 cad., sált. 3 p., 1 p. b. en el sig. esp. 2 cad., 2 cad., cierre con 1 p. r. en la 1.ª cad. ini. (18 p.).

V. 10: 1 p. r. en el esp. 4 cad., 1 cad. (no cuenta como p.), *[5 p. b. en el esp. 4 cad.] 2 veces, 3 p. b. en el esp. 2 cad., [5 p. b. en el esp. 4 cad.] 2 veces, 3 p. b. en el esp. 2 cad., 6 p. b. en el esp. 4 cad., 5 p. b. en el sig. esp. 4 cad., 3 p. b. en el esp. 2 cad., rep. desde * 2 veces, cierre con 1 p. r. en el p. inicial (80 p.).

V. 11: 3 cad., *3 p. m. a., 2 p. b., 3 p. m. a., 3 p. a., 2 p. a. d., [1 p. a. d., 1 p. a. t.] en el p. sig., 2 cad., [1 p. a. t., 1 p. a. d.] en el p. sig., 2 p. a. d., 3 p. a., rep. desde * 3 veces, 3 p. m. a., 2 p. b., 3 p. m. a., 3 p. a., 2 p. a. d., [1 p. a. d., 1 p. a. t.] en el p. sig., 2 cad., [1 p. a. t., 1 p. a. d.] en el p. sig., 2 p. a. d., 2 p. a., cierre con 1 p. r. en la 3.ª cad. ini. (88 p.).

V. 12: 2 cad., 15 p. m. a., *[1 p. m. a., 1 p. a., 1 cad., 1 p. a., 1 p. m. a.] en el esp. 2 cad., 22 p. m. a., rep. desde * 3 veces, [1 p. m. a., 1 p. a., 1 cad., 1 p. a., 1 p. m. a.] en el esp. 2 cad., 6 p. m. a., cierre con 1 p. r. en la 2.ª cad. ini. (104 p.). Remate D.

TRUCOS Y CONSEJOS

La primera piña no requiere una cadeneta de inicio; simplemente alargue el hilo hasta que alcance la altura de un p. m. a. y complete el punto.

◄Si le cuesta elegir la paleta de colores, limítese a unos pocos y, después, elija un tono más oscuro de los mismos colores para complementarla. Por ejemplo, en Verano, hay dos tonos de azul y dos de amarillo, lo que crea un suave contraste de luz y sombra al combinarlos.

20

LUZ DE FARO

Junte varios cuadrados de este tipo para crear rombos de punto red. ¡Simple pero efectivo!

DIFICULTAD

SÍMBOLOS Y ABREVIATURAS

- ℮ anillo mágico
- ᴑ cadeneta (cad.)
- • punto raso (p. r.)
- ╪ punto alto (p. a.)
- ╪ punto alto doble (p. a. d.)
- ► inicio de hilera o vuelta

HERRAMIENTAS Y MATERIALES

Hilo: hilo ligero (DK)/8 cabos de algodón en este color: naranja vivo (hilo A)

Aguja de ganchillo: 4 mm

TRUCOS Y CONSEJOS

- Comenzar la vuelta sin tejer todos los puntos que forman la esquina ayuda a esconder la cadeneta de inicio, siempre y cuando haga los últimos puntos en el mismo espacio.

- Con este patrón se obtienen rombos si se combinan varias piezas para confeccionar un proyecto más grande.

INSTRUCCIONES DEL PATRÓN

A menos que se dé otra indicación, la cad. ini. cuenta como 1 p.

V. 1: trabajando con A en el anillo mágico, haga 3 cad., 15 p. a., cierre con 1 p. r. en la 3.ª cad. ini. (16 p.).

V. 2: [4 cad., 2 p. a.] en el p., *1 p. a., 1 cad., sált. 1 p., 1 p. a., [2 p. a., 1 p. a. d., 2 p. a.] en el p. sig., rep. desde * 3 veces, 1 p. a., 1 cad., sált. 1 p., 1 p. a., 2 p. a. en el mismo p. que la cad. ini., cierre con 1 p. r. en la 4.ª cad. ini. (28 p.).

V. 3: [4 cad., 2 p. a.] en el 1.ᵉʳ p., *2 p. a., 1 cad., sált. 1 p., 1 p. a. en el esp. 1 cad., 1 cad., sált. 1 p., 2 p. a., [2 p. a., 1 p. a. d., 2 p. a.] en el p. sig., rep. desde * 3 veces, 2 p. a., 1 cad., sált. 1 p., 1 p. a. en el esp. 1 cad., 1 cad., sált. 1 p., 2 p. a., 2 p. a. en el mismo p. que la cad. ini., cierre con 1 p. r. en la 4.ª cad. ini. (40 p.).

V. 4: [4 cad., 2 p. a.] en el p., *3 p. a., [1 cad., sált. 1 p., 1 p. a. en el esp. 1 cad.] 2 veces, 1 cad., sált. 1 p., 3 p. a., [2 p. a., 1 p. a. d., 2 p. a.] en el p. sig., rep. desde * 3 veces, 3 p. a., [1 cad., sált. 1 p., 1 p. a. en el esp. 1 cad.] 2 veces, 1 cad., sált. 1 p., 3 p. a., 2 p. a. en el mismo p. que la cad. de ini., cierre con 1 p. r. en la 4.ª cad. ini. (52 p.).

V. 5: [4 cad., 2 p. a.] en el p., *4 p. a., [1 cad., sált. 1 p., 1 p. a. en el esp. 1 cad.] 3 veces, 1 cad., sált. 1 p., 4 p. a., [2 p. a., 1 p. a. d., 2 p. a.] en el p. sig., rep. desde * 3 veces, 4 p. a., [1 cad., sált. 1 p., 1 p. a. en el esp. 1 cad.] 3 veces, 1 cad., sált. 1 p., 4 p. a., 2 p. a. en el mismo p. que la cad. ini., cierre con 1 p. r. en la 4.ª cad. ini. (64 p.).

V. 6: [4 cad., 2 p. a.] en el 1.ᵉʳ p., *5 p. a., [1 cad., sált. 1 p., 1 p. a. en el esp. 1 cad.] 4 veces, 1 cad., sált. 1 p., 5 p. a., [2 p. a., 1 p. a. d., 2 p. a.] en el p. sig., rep. desde * 3 veces, 5 p. a., [1 cad., sált. 1 p., 1 p. a. en el esp. 1 cad.] 4 veces, 1 cad., sált. 1 p., 5 p. a., 2 p. a. en el mismo p. que la cad. de ini., cierre con 1 p. r. en la 4.ª cad. ini. (76 p.).

V. 7: [4 cad., 2 p. a.] en el 1.ᵉʳ p., *6 p. a., [1 cad., sált. 1 p., 1 p. a. en el esp. 1 cad.] 5 veces, 1 cad., sált. 1 p., 6 p. a., [2 p. a., 1 p. a. d., 2 p. a.] en el p. sig., rep. desde * 3 veces, 6 p. a., [1 cad., sált. 1 p., 1 p. a. en el esp. 1 cad.] 5 veces, 1 cad., sált. 1 p., 6 p. a., 2 p. a. en el mismo p. que la cad. de ini., cierre con 1 p. r. en la 4.ª cad. ini. (88 p.). Remate la labor.

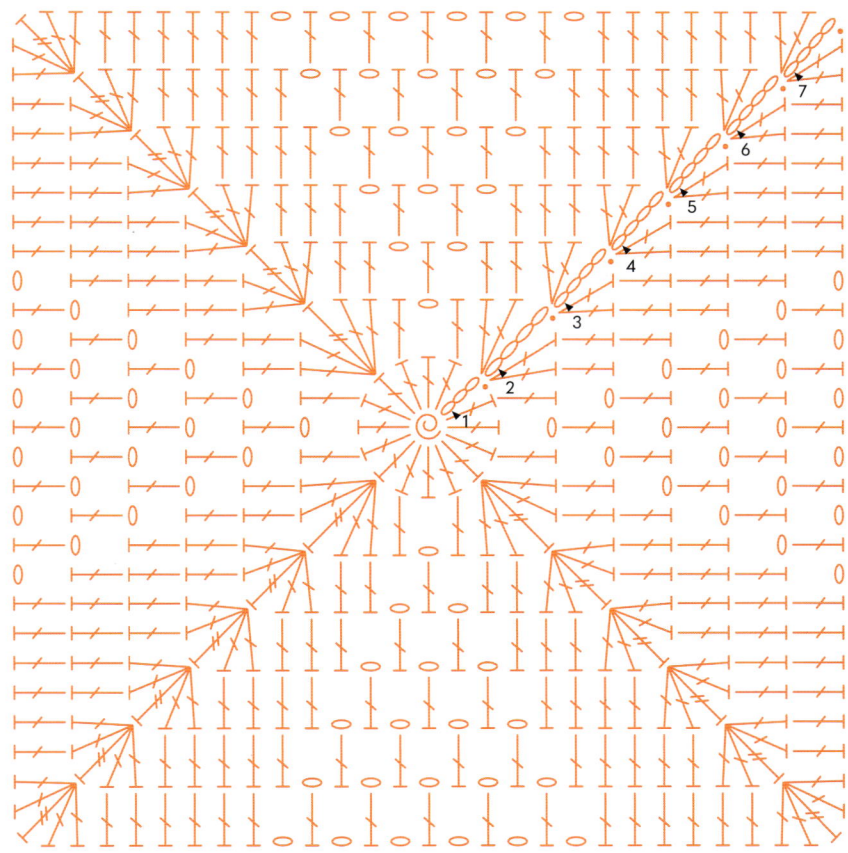

COMBINACIÓN

Joya de jardín (*véase* la pág. 54)

21

FULGURACIÓN SOLAR

Los espacios de cadeneta crean un círculo intrincado, pero es un patrón asequible incluso para tejedores principiantes.

DIFICULTAD

SÍMBOLOS Y ABREVIATURAS

@ anillo mágico

o cadeneta (**cad.**)

• punto raso (**p. r.**)

+ punto bajo (**p. b.**)

T punto medio alto (**p. m. a.**)

Λ 2 p. m. altos cerrados juntos (**2 p. m. a. jun.**)

† punto alto (**p. a.**)

‡ punto alto doble (**p. a. d.**)

‡ punto alto triple (**p. a. t.**)

► inicio de hilera o vuelta

HERRAMIENTAS Y MATERIALES

Hilo: hilo ligero (DK)/8 cabos de algodón en este color: dorado (hilo A)

Aguja de ganchillo: 4 mm

PUNTOS ESPECIALES

2 puntos medios altos cerrados juntos (2 p. m. a. jun.): [e. h., introduzca la aguja en el p. indicado, e. h. y saque 1 laz.] 2 veces, e. h. y sáquela por las 5 laz. de la aguja.

TRUCOS Y CONSEJOS

• Si le cuesta hacer el anillo mágico, teja 3 cad. y únalas haciendo 1 p. r. en la 1.ª cad. para formar un anillo.

• Si la cadeneta de inicio no cuenta como punto (como en la V. 6), entonces el primer punto se teje en el mismo punto que la cadeneta.

INSTRUCCIONES DEL PATRÓN

A menos que se dé otra indicación, la cad. ini. cuenta como 1 p.

V. 1: trabajando con A en el anillo mágico, haga 3 cad., 11 p. a., cierre con 1 p. r. en la 3.ª cad. ini. (12 p.).

V. 2: 3 cad. (cuentan como 1 p. b. y 2 cad.), [1 p. b. en el p. sig., 2 cad.] 11 veces, cierre con 1 p. r. en la 1.ª cad. (12 p.).

V. 3: 1 p. r. en el esp. 2 cad., 4 cad. (cuentan como 1 p. b. y 3 cad.), [sált. 1 p., 1 p. b. en el sig. esp. 2 cad., 3 cad.] 11 veces, sált. 1 p., cierre con 1 p. r. en la 1.ª cad. (12 p.).

V. 4: 1 p. r. en el esp. 3 cad., 5 cad. (cuentan como p. b. y 4 cad.), [sált. 1 p., 1 p. b. en el sig. esp. 3 cad., 4 cad.] 11 veces, sált. 1 p., cierre con 1 p. r. en la 1.ª cad. (12 p.).

V. 5: 1 p. r. en el esp. 4 cad., [2 cad., 2 p. b., 1 p. m. a.] en el esp. 4 cad., *[1 p. m. a., 2 p. b., 1 p. m. a.] en el sig. esp. 4 cad., rep. desde * 11 veces, cierre con 1 p. r. en la 2.ª cad. ini. (48 p.).

V. 6: 1 cad. (no cuenta como p.), [5 p. b., 2 p. b. en el p. sig.] 8 veces, cierre con 1 p. r. en el p. inicial (56 p.).

V. 7: 4 cad. (cuentan como 1 p. b. y 3 cad.), [sált. 1 p., 1 p. b. en el p. sig., 3 cad.] 27 veces, sált. 1 p., cierre con 1 p. r. en la 1.ª cad. (28 p.).

V. 8: 1 p. r. en el esp. 3 cad., 5 cad. (cuentan como p. b. y 4 cad.), [sált. 1 p., 1 p. b. en el sig. esp. cad., 4 cad.] 27 veces, sált. 1 p., cierre con 1 p. r. en la 1.ª cad. (28 p.).

V. 9: 1 p. r. en el esp. 4 cad., 1 cad. (no cuenta como p.), *2 p. b. en el esp. 4 cad., 2 p. m. a. jun. trabajando el 1.er p. en el mismo esp. 4 cad. y el 2.º p. en el sig. esp. 4 cad., rep. desde * 28 veces, cierre con 1 p. r. en el p. inicial (84 p.).

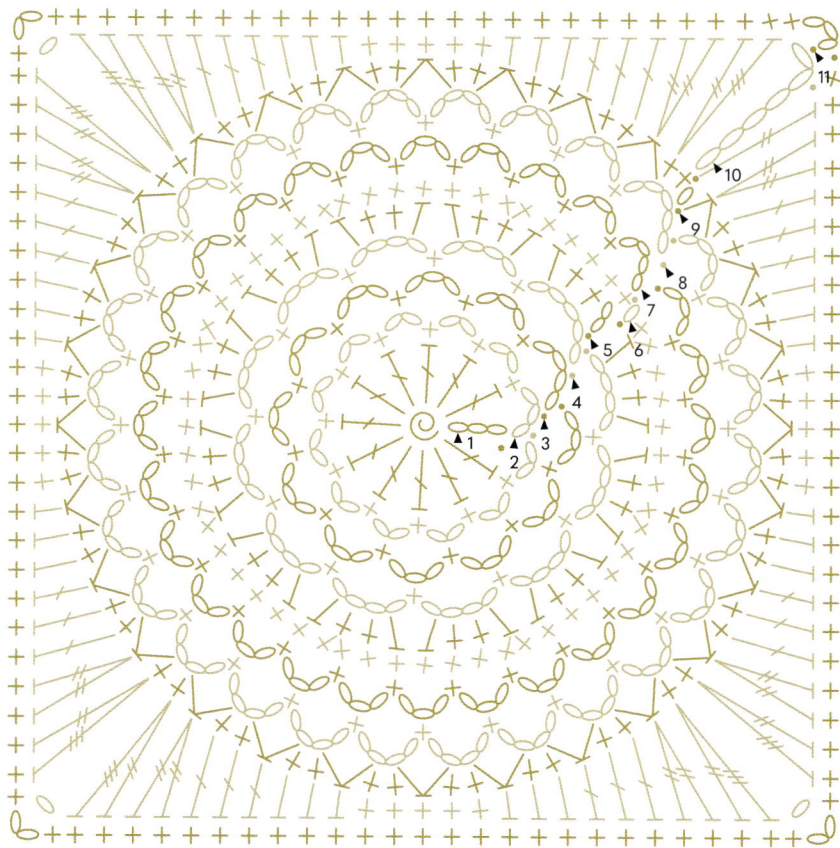

V. 10: 6 cad. (cuentan como 1 p. a. t. y 1 cad.), *[1 p. a. t., 1 p. a. d.] en el p. sig., 2 p. a. d. en el p. sig., 3 p. a., 3 p. m. a., 5 p. b., 3 p. m. a., 3 p. a., 2 p. a. d. en el p. sig., [1 p. a. d., 1 p. a. t.] en el p. sig., 1 cad., rep. desde * 3 veces, [1 p. a. t., 1 p. a. d.] en el p. sig., 2 p. a. d. en el p. sig., 3 p. a., 3 p. m. a., 5 p. b., 3 p. m. a., 3 p. a., 2 p. a. d. en el p. sig., 1 p. a. d. en el mismo p. que las cad. ini., cierre con 1 p. r. en la 5.ª cad. (100 p.).

V. 11: 1 p. r. en el esp. 1 cad., [3 cad. (cuentan como 1 p. b. y 2 cad.), 1 p. b.] en el esp. 1 cad., *25 p. b., [1 p. b., 2 cad., 1 p. b.] en el esp. 1 cad., rep. desde * 3 veces, 25 p. b., cierre con 1 p. r. en la 1.ª cad. (108 p.). Remate la labor.

COMBINACIÓN

Daylight (*véase* la pág. 60)

22

FLORECILLA FLOTANTE

Este cuadrado de puntos prietos es ideal para proyectos veraniegos que requieran un tejido firme, como la bolsa de la página 122.

DIFICULTAD

SÍMBOLOS Y ABREVIATURAS

- ℮ anillo mágico
- ⌒ cadeneta (cad.)
- • punto raso (p. r.)
- + punto bajo (p. b.)
- ⊤ punto medio alto (p. m. a.)
- ⊤ punto alto (p. a.)
- ⊤ punto alto doble (p. a. d.)
- bodoque (bod.)
- piña de p. m. altos (piña de p. m. a.)
- ⋀ 2 p. m. altos cerrados juntos (2 p. m. a. jun.)
- ► inicio de hilera o vuelta

HERRAMIENTAS Y MATERIALES

Hilo: hilo ligero (DK)/8 cabos de algodón en estos colores: azul cerceta mayor (hilo A), aguamarina (hilo B), amarillo solar (hilo C), dorado (hilo D)

Aguja de ganchillo: 4 mm

PUNTOS ESPECIALES

bodoque (bod.): 4 p. a. en el p. sig., retire la aguja e introdúzcala en el 1.ᵉʳ p. a. hecho, retome la laz. de trabajo, e. h. y sáquela a través de la laz. y del p. de la aguja, apretando bien.

piña de puntos medios altos (piña de p. m. a.): [e. h., introduzca la aguja en el p., e. h. y saque 1 laz.] 3 veces, e. h. y sáquela por las 7 laz. de la aguja.

2 puntos medios altos cerrados juntos (2 p. m. a. jun.): [e. h., introduzca la aguja en el p. indicado, e. h. y saque 1 laz.] 2 veces, e. h. y sáquela por las 5 laz. de la aguja.

INSTRUCCIONES DEL PATRÓN

A menos que se dé otra indicación, la cad. ini. cuenta como 1 p.

V. 1: trabajando con A en el anillo mágico, haga 2 cad., 11 p. m. a., cierre con 1 p. r. en la 2.ª cad. ini. (12 p.). Remate A.

V. 2: con B, haga 3 cad., 3 p. a. en el mismo p., retire la aguja e introdúzcala en la 3.ª cad., retome la laz. de trabajo, e. h. y sáquela a través de la laz. y del p. de la aguja apretando bien (cuenta como el 1.er bod.), 1 cad., [1 bod., 1 cad.] 11 veces, cierre con 1 p. r. en el p. inicial (12 p.). Remate B.

V. 3: incorpore C en cualquier esp. 1 cad., [1 bod., 1 cad., 1 bod.] en cada esp. 1 cad., cierre con 1 p. r. en el p. inicial (24 p.). Remate C.

V. 4: incorpore D en cualquier esp. 1 cad., 1 cad. (no cuenta como p.), [2 p. m. a. jun. trabajando el 1.er p. en el esp. 1 cad. y el 2.º p. entre 2 bod., 1 cad., 2 p. m. a. jun. trabajando el 1.er p. en el mismo lugar que el 2.º p. anterior y el 2.º p. en el sig. esp. 1 cad., 1 cad.] 12 veces, cierre con 1 p. r. en el p. inicial (24 p.). Remate D.

V. 5: incorpore A en cualquier esp. 1 cad., [3 cad., 1 p. a.] en el mismo esp. 1 cad., [3 p. a. en el sig. esp. 1 cad., 2 p. a. en el sig. esp. 1 cad.] 11 veces, 3 p. a. en el sig. esp. 1 cad., cierre con 1 p. r. en la 3.ª cad. ini. (60 p.).

V. 6: 1 p. r., 5 cad. (cuentan como 1 p. a. d., 1 cad.), *2 p. a. d. en el p. sig., 2 p. a. en el p. sig., 1 p. a., 3 p. m. a., 3 p. b., 3 p. m. a., 1 p. a., 2 p. a. en el p. sig., 2 p. a. d. en el p. sig., 1 cad., rep. desde * 3 veces, 2 p. a. d. en el p. sig., 2 p. a. en el p. sig., 1 p. a., 3 p. m. a., 3 p. b., 3 p. m. a., 1 p. a., 2 p. a. en el p. sig., 1 p. a. d. en el mismo p. que la cad.

ini., cierre con 1 p. r. en la 4.ª cad. ini. (76 p.).

V. 7: 1 p. r. en el esp. 1 cad., [4 cad. (cuentan como 1 p. a. y 1 cad.), 2 p. a.] en el esp. 1 cad., *19 p. a., [2 p. a., 1 cad., 2 p. a.] en el esp. 1 cad., rep. desde * 3 veces, 19 p. a., 1 p. a. en el mismo esp. 1 cad. que la cad. ini., cierre con 1 p. r. en la 3.ª cad. ini. (92 p.).

V. 8: 1 p. r. en el esp. 1 cad., [4 cad. (cuentan como 1 p. m. a. y 2 cad.), 1 p. m. a.] en el 1.er p., *[1 cad., 2 p. m. a. jun.] 11 veces, 1cad., 2 p. m. a. jun., 1 cad., [1 p. m. a., 2 cad., 1 p. m. a.] en el esp. 1 cad., rep. desde * 3 veces, [1 cad., 2 p. m. a. jun.] 11 veces, 1 cad., 2 p. m. a. jun., 1 cad., cierre con 1 p. r. en la 2.ª cad. ini. (56 p.). Remate la labor.

TRUCOS Y CONSEJOS

El círculo puede enroscarse después de la segunda vuelta, pero volverá a aplanarse al tejer más vueltas.

23

JOYA DE JARDÍN

Las conchas dispuestas en vueltas sucesivas se combinan con gracia en un diseño que funciona bien si se teje con colores atrevidos.

DIFICULTAD

SÍMBOLOS Y ABREVIATURAS
○ cadeneta (**cad.**)
• punto raso (**p. r.**)
+ punto bajo (**p. b.**)
┰ punto medio alto (**p. m. a.**)
┆ punto alto (**p. a.**)
$ punto alto doble (**p. a. d.**)
► inicio de hilera o vuelta

HERRAMIENTAS Y MATERIALES
Hilo: hilo ligero (DK)/8 cabos de algodón en estos colores: dorado (hilo A), naranja vivo (hilo B), rojo amapola (hilo C), azul cerceta mayor (hilo D)

Aguja de ganchillo: 4 mm

TRUCOS Y CONSEJOS
Cuando bloquee los cuadrados, las secciones abiertas quedarán definidas.

INSTRUCCIONES DEL PATRÓN

A menos que se dé otra indicación, la cad. ini. cuenta como 1 p.

Teja 6 cad. y cierre el anillo haciendo 1 p. r. en la 1.ª cad.

V. 1: trabajando con A en el anillo, haga 6 cad. (cuentan como 1 p. a. d. y 2 cad.), [1 p. a. d., 2 cad.] 11 veces, cierre con 1 p. r. en la 4.ª cad. ini. (12 p.).

V. 2: 1 p. r. en el esp. 2 cad., [2 cad., 2 p. a., 1 p. a. d., 1 cad., 1 p. a. d., 2 p. a., 1 p. m. a.] en el esp. 2 cad., *1 p. b. en el sig. esp. 2 cad., 3 cad., 1 p. b. en el sig. esp. 2 cad., [1 p. m. a., 2 p. a., 1 p. a. d., 1 cad., 1 p. a. d., 2 p. a., 1 p. m. a.] en el sig. esp. 2 cad., rep. desde * 3 veces, 1 p. b. en el sig. esp. 2 cad., 3 cad., 1 p. b. en el sig. esp. 2 cad., cierre con 1 p. r. en la 2.ª cad. ini. (40 p.). Remate A.

V. 3: incorpore B en el esp. 3 cad., 1 cad. (no cuenta como p.), *3 p. b. en el esp. 3 cad., sált. 1 p., 4 p. r., 3 p. b. en el esp. 1 cad., sált. 1 p., 4 p. r., rep. desde * 4 veces, cierre con 1 p. r. en el p. inicial (24 p.).

V. 4: 1 p. r., [4 cad., 3 p. a., 1 cad., 3 p. a., 1 p. a. d.] en el 1.ᵉʳ p., *sált. 2 p., [1 p. a. d., 3 p. a., 3 cad., 3 p. a., 1 p. a. d.] en el p. sig., sált. 2 p., [1 p. a. d., 3 p. a., 1 cad., 3 p. a., 1 p. a. d.] en el p. sig., rep. desde * 3 veces, sált. 2 p., [1 p. a. d., 3 p. a., 3 cad., 3 p. a., 1 p. a. d.] en el p. sig., sált. 2 p., cierre con 1 p. r. en la 4.ª cad. ini. (64 p.). Remate B.

V. 5: incorpore C en el esp. 1 cad., 1 cad. (no cuenta como p.), *3 p. b. en el esp. 1 cad., sált. 1 p., 3 p. r., 3 p. b. en el esp. entre abanicos, sált. 1 p., 3 p. r., 4 p. b. en el esp. 3 cad., sált. 1 p., 3 p. r., 3 p. b. en el esp. entre abanicos, sált. 1 p., 3 p. r., rep. desde * 4 veces, cierre con 1 p. r. en el p. inicial (52 p.).

V. 6: 1 cad. (no cuenta como p.), *1 p. b., sált. 2 p., [1 p. a. d., 3 p. a., 1 cad., 4 p. a.] en el p. sig., sált. 3 p., [1 p. a. d., 3 p. a., 2 cad., 3 p. a., 1 p. a. d.] en el p. sig., sált. 2 p., [4 p. a., 1 cad., 3 p. a., 1 p. a. d.] en el p. sig., sált. 2 p., rep. desde * 4 veces, cierre con 1 p. r. en el p. inicial (100 p.). Remate C.

V 7: incorpore D en el p. b., 1 cad. (no cuenta como p.), *1 p. b., sált. 1 p., 3 p. r., 2 p. b. en el esp. 1 cad., sált. 1 p., 3 p. r., 1 p. b. en el esp. entre abanicos, sált. 1 p., 3 p. r., 4 p. b. en el esp. 2 cad., sált. 1 p., 3 p. r., 1 p. b. en el esp. entre abanicos, sált. 1 p., 3 p. r., 2 p. b. en el esp. 1 cad., sált. 1 p., 3 p. r., rep. desde * 4 veces, cierre con 1 p. r. en el p. inicial (36 p.).

V. 8: [3 cad., 2 p. a.] en el 1.ᵉʳ p., *1 cad., 2 p. b., 1 cad., 3 p. a. en el p. sig., 1 cad., 1 p. m. a., 2 p. m. a. en el p. sig., 2 cad., 2 p. m. a. en el p. sig., 1 p.m. a., 1 cad., 3 p. a. en el p. sig., 1 cad., 2 p. b., 1 cad., 3 p. a. en el p. sig., rep. desde * 3 veces, 1 cad., 2 p. b., 1 cad., 3 p. a. en el p. sig., 1 cad., 1 p. m. a., 2 p. m. a. en el p. sig., 2 cad., 2 p. m. a. en el p. sig., 1 p. m. a., 1 cad., 3 p. a. en el p. sig., 1 cad., 2 p. b., 1 cad., cierre con 1 p. r. en la 3.ª cad. ini. (76 p.). Remate la labor.

24

SOL DE VERANO

El hecho de que los espacios de cadeneta crezcan a la par que el círculo crea un efecto llamativo. Experimente con varios colores para conseguir un cuadrado que destaque.

DIFICULTAD

SÍMBOLOS Y ABREVIATURAS

- ⊙ anillo mágico
- ⚬ cadeneta (cad.)
- • punto raso (p. r.)
- + punto bajo (p. b.)
- ⊤ punto medio alto (p. m. a.)
- ⊺ punto alto (p. a.)
- ⟊ punto alto doble (p. a. d.)
- ⟊ punto alto triple (p. a. t.)
- ► inicio de hilera o vuelta

HERRAMIENTAS Y MATERIALES

Hilo: hilo ligero (DK)/8 cabos de algodón en estos colores: rojo amapola (hilo A), naranja vivo (hilo B), dorado (hilo C), aguamarina (hilo D)

Aguja de ganchillo: 4 mm

TRUCOS Y CONSEJOS

Cuando bloquee el cuadrado, los puntos se abrirán y el borde quedará recto.

INSTRUCCIONES DEL PATRÓN

A menos que se dé otra indicación, la cad. ini. cuenta como 1 p.

V. 1: trabajando con A en el anillo mágico, haga 3 cad., 11 p. a., cierre con 1 p. r. en la 3.ª cad. ini. (12 p.).

V. 2: [3 cad., 1 p. a.] en el 1.er p., [2 p. a. en el p. sig.] 11 veces, cierre con 1 p. r. en la 3.ª cad. ini. (24 p.).

V. 3: [3 cad., 1 p. a.] en el 1.er p., [1 p. a., 2 p. a. en el p. sig.] 11 veces, 1 p. a., cierre con 1 p. r. en la 3.ª cad. ini. (36 p.). Remate A.

V. 4: con B, [3 cad., 1 p. a., 1 cad., 2 p. a.] en el 1.er p., *sált. 2 p., [2 p. a., 1 cad., 2 p. a.] en el p. sig., rep. desde * 11 veces, sált. 2 p., cierre con 1 p. r. en la 3.ª cad. ini. (48 p.). Remate B.

V. 5: incorpore C en el esp. 1 cad., [3 cad., 1 p. a., 1 cad., 2 p. a.] en el esp. 1 cad., *1 cad., [2 p. a., 1 cad., 2 p. a.] en el sig. esp. 1 cad., rep. desde * 11 veces, 1 cad., cierre con 1 p. r. en la 3.ª cad. ini. (48 p.). Remate C.

V. 6: incorpore D al esp. 1 cad. del abanico, [3 cad., 1 p. a., 1 cad., 2 p. a.] en el 1.er p., *2 cad., sált. 4 p., [2 p. a., 1 cad., 2 p. a.] en el esp. 1 cad. del abanico, rep. desde * 11 veces, 2 ad.h, sált. 4 p., cierre con 1 p. r. en la 3.ª cad. ini. (48 p.). Remate D.

V. 7: incorpore E en el esp. 1 cad., 1 cad. (no cuenta como p.), *2 p. b. nen el esp. 1 cad., 1 cad., 3 p. m. a. en el esp. 2 cad., 1 cad., 2 p. a. en el esp. 1 cad., 1 cad., [2 p. a. d., 1 p. a. t., 3 cad., 1 p. a. t., 2 p. a. d.] en el esp. 2 cad., 1 cad., 2 p. a. en el esp. 1 cad., 1 cad., 3 p. m. a. en el esp. 2 cad., 1 cad., rep. desde * 4 veces, cierre con 1 p. r. en el p. inicial (72 p.).

V. 8: 1 cad. (no cuenta como p.), *sált. 1 p., 1 p. b., 2 p. b. en el esp. 1 cad., sált. 1 p., 2 p. b., 2 p. b. en el esp. 1 cad., sált. 1 p., 1 p. b., 2 p. b. en el esp. 1 cad., sált. 1 p., 2 p. b., [2 p. b., 1 cad., 2 p. b.] en el esp. 3 cad., sált. 1 p., 2 p. b., 2 p. b. en el esp. 1 cad., sált. 1 p., 1 p. b., 2 p. b. en el esp. 1 cad., sált. 1 p., 2 p. b., 2 p. b. en el esp. 1 cad., rep. desde * 4 veces, cierre con 1 p. r. en el p. inicial (108 p.). Remate E.

COMBINACIÓN

Luz de faro (*véase* la pág. 48)

25

TEQUILA SUNRISE

Esta labor calada, con grandes huecos, es ideal para proyectos veraniegos livianos y frescos, como una chal ligero o un camino de mesa.

DIFICULTAD

SÍMBOLOS Y ABREVIATURAS
- ○ cadeneta (**cad.**)
- • punto raso (**p. r.**)
- + punto bajo (**p. b.**)
- ⊤ punto medio alto (**p. m. a.**)
- † punto alto (**p. a.**)
- ‡ punto alto doble (**p. a. d.**)
- ► inicio de hilera o vuelta

HERRAMIENTAS Y MATERIALES
Hilo: hilo ligero (DK)/8 cabos de algodón en estos colores: rojo amapola (hilo A), naranja vivo (hilo B), amarillo solar (hilo C), dorado (hilo D)

Aguja de ganchillo: 4 mm

TRUCOS Y CONSEJOS
Cuando bloquee la labor, se abrirán los puntos.

INSTRUCCIONES DEL PATRÓN

A menos que se dé otra indicación, la cad. ini. cuenta como 1 p.

Con hilo A, teja 6 cad. y cierre el anillo con 1 p. r. en la 1.ª cad. hecha.

V. 1: trabajando en el anillo, haga 3 cad. (cuentan como 1 p. a.), 15 p. a., cierre con 1 p. r. en la 3.ª cad. ini. (16 p.).

V. 2: 5 cad. (cuentan como 1 p. b. y 4 cad.), sált. 1 p., [1 p. b. en el p. sig., 4 cad., sált. 1 p.] 7 veces, cierre con 1 p. r. en la 1.ª cad. ini. (8 p.).

V. 3: 1 cad., 1 p. r. en el esp. 4 cad., 6 cad. (cuentan como 1 p. b. y 5 cad.), [1 p. b. en el esp. 4 cad., 5 cad.] 7 veces, cierre con 1 p. r. en la 1.ª cad. ini. (8 p.). Remate A.

V. 4: con B, [4 cad. (cuentan como 1 p. m. a. y 2 cad.), 1 p. m. a.] en el 1.er p., 3 cad., *[1 p. m. a., 2 cad., 1 p. m. a.] en el sig. p. b., 3 cad., rep. desde * 7 veces, cierre con 1 p. r. en la 2.ª cad. ini. (16 p.).

V. 5: 1 p. r. en el esp. 2 cad., [4 cad. (cuentan como 1 p. m. a. y 2 cad.), 1 p. m. a.] en el esp. 2 cad., *2 cad., ([1 p. a. d., 1 cad.] 2 veces, 1 p. a. d., 2 cad., [1 p. a. d., 1 cad.] 2 veces, 1 p. a. d.) en el esp. 2 cad., 2 cad., [1 p. m. a., 2 cad., 1 p. m. a.] en el esp. 2 cad., rep. desde * 3 veces, 2 cad., ([1 p. a. d., 1 cad.] 2 veces, 1 p. a. d., 2 cad., [1 p. a. d., 1 cad.] 2 veces, 1 p. a. d.) en el esp. 2 cad., 2 cad., cierre con 1 p. r. en la 2.ª cad. ini. (32 p.). Remate B.

V. 6: incorpore C en el esp. 2 cad. entre dos p. m. a., [5 cad. (cuentan como 1 p. a. y 2 cad.), 1 p. a.] en el esp. 2 cad., *3 cad., 1 p. a. en el esp. 1 cad., 2 p. a. en el sig. esp. q cad., [2 p. a., 3 cad., 2 p. a.] en el esp. 2 cad., 2 p. a. en el esp. 1 cad., 1 p. a. en el

sig. esp. 1 cad., 3 cad., [1 p. a., 2 cad., 1 p. a.] en el esp. 2 cad., rep. desde * 3 veces, 3 cad., 1 p. a. en el esp. 1 cad., 2 p. a. en el sig. esp. 1 cad., [2 p. a., 3 cad., 2 p. a.] en el esp. 2 cad., 2 p. a. en el esp. 1 cad., 1 p. a. en el sig. esp. 1 cad., 3 cad., cierre con 1 p. r, en la 3.ª cad. ini. (48 p.).

V. 7: 1 p. r. en el esp. 2 cad., [5 cad., 1 p. a.] en el esp. 2 cad., *2 cad., 2 p. a. en el p. sig., 4 p. a., [2 p. a., 2 cad., 2 p. a.] en el esp. 3 cad., 4 p. a., 2 p. a. en el p. sig., 2 cad., [1 p. a., 2 cad., 1 p. a.] en el esp. 2 cad., rep. desde * 3 veces, 2 cad., 2 p. a. en el p. sig.,

4 p. a., [2 p. a., 2 cad., 2 p. a.] en el esp. 3 cad., 4 p. a., 2 p. a. en el p. sig., 2 cad., cierre con 1 p. r. en la 3.ª cad. ini. (72 p.). Remate C.

V. 8: incorpore D en el esp. 2 cad. entre dos p. a., 1 cad. (no cuenta como p.), *2 p. b. en el esp. 2 cad., 3 p. b. en el sig. esp. 2 cad., sált. 1 p., 7 p. b., [2 p. b., 2 cad., 2 p. b.] en el esp. 2 cad., sált. 1 p., 7 p. b., 3 p. b. en el esp. 2 cad., rep. desde * 4 veces, cierre con 1 p. r. en el p. inicial (104 p.). Remate D.

26

DAYLIGHT

Mi hija denominó este cuadrado como el título de una canción de uno de sus cantantes favoritos, ¡y le queda como un guante!

DIFICULTAD

SÍMBOLOS Y ABREVIATURAS

- ℮ anillo mágico
- ○ cadeneta **(cad.)**
- • punto raso **(p. r.)**
- + punto bajo **(p. b.)**
- ⊤ punto medio alto **(p. m. a.)**
- ⊤ punto alto **(p. a.)**
- ◐ piña de puntos medios altos **(piña de p. m. a.)**
- ► inicio de hilera o vuelta

HERRAMIENTAS Y MATERIALES

Hilo: hilo ligero (DK)/8 cabos de algodón en estos colores: dorado (hilo A), amarillo solar (hilo B)

Aguja de ganchillo: 4 mm

TÉCNICAS UTILIZADAS

Trabajar por encima o en vueltas anteriores (*véase la pág. 135*)

PUNTOS ESPECIALES

piña de puntos medios altos (piña de p. m. a.): [e. h., introduzca la aguja en el p., e. h. y saque 1 laz.] 3 veces, e. h. y sáquela por las 7 laz. de la aguja.

TRUCOS Y CONSEJOS

- Como este cuadrado tiene muchos puntos muy juntos, puede ser complicado distinguirlos. Puede serle de ayuda utilizar marcadores de puntos, sobre todo en los puntos de las esquinas.

- Al tejer dos puntos en un punto situado dos vueltas más abajo, puede trabajar por delante de las cadenetas o por encima, como prefiera.

INSTRUCCIONES DEL PATRÓN

V. 1: trabajando con A en el anillo mágico, haga 1 cad. (no cuenta como p.), 12 p. b., cierre con 1 p. r. en el p. inicial (12 p.).

V. 2: 4 cad. (cuentan como 1 p. a. y 1 cad.), [1 p. a., 1 cad.] 11 veces, cierre con 1 p. r. en la 3.ª cad. ini. (12 p.).

V. 3: 1 p. r. en el esp. 1 cad., 1 cad. (no cuenta como p.), 3 p. b. en el esp. 1 cad., cierre con 1 p. r. en el p. inicial (36 p.). Remate A.

V. 4: con B, 1 cad. (no cuenta como p.), [8 p. b., 2 p. b. en el p. sig.] 4 veces, cierre con 1 p. r. en el p. inicial (40 p.).

V. 5: *[1 piña de p. m. a., 1 cad., sált. 1 p.] 4 veces, 1 piña de p. m. a., 3 cad., sált. 1 p., rep. desde * 4 veces, cierre con 1 p. r. en el p. inicial (20 p.). Remate B.

V. 6: con A, 1 cad. (no cuenta como p.), *[1 p. b., 1 p. a. en el p. b. saltado en la V. 4] 4 veces, 1 p. b., (1 p. a. en el p. b. saltado en la V. 4, [1 p. m. a., 1 p. a., 1 p. m. a.] en el esp. 3 cad. de la V. 5, 1 p. a. en el p. b. saltado en la V. 4) para completar la esq., rep. desde * 4 veces, cierre con 1 p. r. en el p. inicial (56 p.).

V. 7: 1 p. r., 4 cad. [cuentan como 1 p. a., 1 cad.], sált. 1 p., [1 p. a., 1 cad., sált. 1 p.] 4 veces, *[1 p. a., 3 cad., 1 p. a.] en el p. sig., [1 cad., sált. 1 p., 1 p. a.] 6 veces, 1 cad., sált. 1 p., rep. desde * 3 veces, [1 p. a., 3 cad., 1 p. a.] en el p. sig., 1 cad., sált. 1 p., 1 p. a., 1 cad., sált. 1 p., cierre con 1 p. r. en la 3.ª cad. ini. (32 p.).

V. 8: 1 p. r. en el esp. 1 cad., 1 cad. (no cuenta como p.), [2 p. b. en el esp. 1 cad.] 5 veces, *[1 p. b., 1 p. m. a., 1 cad., 1 p. m. a., 1 p. b.] en el esp. 3 cad., [2 p. b. en el esp. 1 cad.] 7 veces, rep. desde * 3 veces, [1 p. b., 1 p. m. a., 1 cad., 1 p. m. a., 1 p. b.]

en el esp. 3 cad., [2 p. b. en el esp. 1 cad.] 2 veces, cierre con 1 p. r. en el p. inicial (72 p.). Remate A.

V. 9: incorpore B en el 1.er p. m. a. de después del esp. 1 cad. de la esq., 1 cad. (no cuenta como p.), *18 p. b., [2 p. b., 1 cad., 2 p. b.] en el esp. 1 cad., rep. desde * 4 veces, cierre con 1 p. r. en el p. inicial (88 p.).

V. 10: 1 p. r., *[1 piña de p. m. a., 1 cad., sált. 1 p.] 9 veces, 1 piña de p. m. a., 3 cad., sált. el esp. 1 cad. y el p. sig., 1 piña de p. m. a., 1 cad., sált. 1 p., rep. desde * 4 veces, cierre con 1 p. r. en el p. inicial (44 p.). Remate B.

V. 11: incorpore A en la 1.ª piña de después

del esp. 3 cad., 1 cad. (no cuenta como p.), *[1 p. b., 1 p. a. en el p. b. saltado en la V. 9] 10 veces, 1 p. b., (1 p. a. en el esp. 1 cad. saltado en la V. 9, [1 p. m. a., 1 p. a., 1 p. m. a.] en el esp. 3 cad. de la V. 10, 1 p. a. en el mismo esp. 1 cad. saltado en la V. 9) para completar la esq., rep. desde * 4 veces, cierre con 1 p. r. en el p. inicial (104 p.).

V. 12: 1 cad. (no cuenta como p.), 23 p. b., *[1 p. b., 1 cad., 1 p. b.] en el p. sig., 25 p. b., rep. desde * 3 veces, 1 p. b., 1 cad., 1 p. b. en el p. sig., 2 p. b., cierre con 1 p. r. en el p. inicial (108 p.).

Remate la labor.

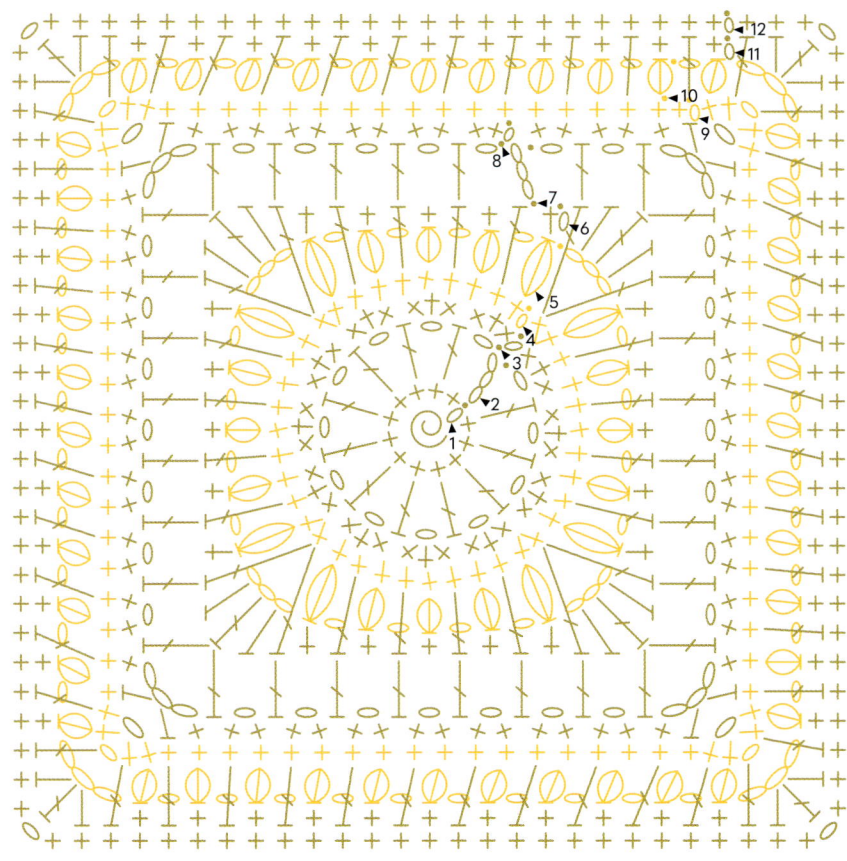

27

HOJAS CAMBIANTES

La textura de las piñas, cuyos colores van del verde oscuro al rojo vivo, evocan los cambios de las estaciones del año.

DIFICULTAD

SÍMBOLOS Y ABREVIATURAS

- ⌒ cadeneta (**cad.**)
- + punto bajo (**p. b.**)
- ⊤ punto medio alto (**p. m. a.**)
- ⯭ punto alto doble (**p. a. d.**)
- piña de 4 puntos altos dobles (**piña de 4 p. a. d.**)
- ► inicio de hilera o vuelta
- – derecho de la labor (**D.**)

HERRAMIENTAS Y MATERIALES

Hilo: hilo ligero (DK)/8 cabos de algodón en estos colores: rojo vino (hilo A), mandarina (hilo B), dorado intenso (hilo C), verde primavera (hilo D), verde enebro (hilo E)

Aguja de ganchillo: 4 mm

TÉCNICAS UTILIZADAS

Trabajar en los extremos de las hileras (*véase la pág. 141*)

PUNTOS ESPECIALES

piña de 4 puntos altos dobles (piña de 4 p. a. d.): *e. h. 2 veces, introduzca la aguja en el p., e. h. y saque 1 laz., [e. h. y sáquela por 2 laz.] 2 veces, rep. desde * 4 veces en el mismo p., e. h. y sáquela por las 5 laz. de la aguja.

TRUCOS Y CONSEJOS

Para añadir un borde (opcional): teja 27 p. a. en cada lado, distribuidos uniformemente, con 2 cad. en cada esquina.

INSTRUCCIONES DEL PATRÓN

A menos que se dé otra indicación, la cad. ini. cuenta como 1 p.

Con hilo A, teja 28 cad.

H. 1 (D.): empezando en la 3.ª cad. desde la aguja (las primeras 2 cad. cuentan como el 1.er p. m. a.), haga 26 p. m. a., dele la vuelta (27 p.).

H. 2: 5 cad. (cuentan como 1 p. a. d. y 1 cad.), sált. 1 p., [1 piña de 4 p. a. d., 1 cad., sált. 1 p.] 12 veces, 1 p. a. d. en la última cad. base, dele la vuelta (14 p.).

H. 3: 1 cad. (no cuenta como p.), [2 p. b. en el esp. 1 cad.] 13 veces, 1 p. b. en la 4.ª cad. vta., dele la vuelta (27 p.). Remate A.

H. 4 y 5: incorpore B en el 1.er p. b., 1 cad. (no cuenta como p.), 27 p. b., dele la vuelta (27 p.).

H. 6: como la H. 2.

H. 7: como la H. 3. Remate B.

H. 8 y 9: incorpore C en el 1.er p. b. y rep. las H. 4 y 5.

H. 10: como la H. 2.

H. 11: como la H. 3. Remate C.

H. 12 y 13: incorpore D en el 1.er p. b. y rep. las H. 4 y 5.

H. 14: como la H. 2.

H. 15: como la H. 3. Remate D.

H. 16 y 17: incorpore E en el 1.er p. b. y rep. las H. 4 y 5.

H. 18: como la H. 2.

H. 19: 2 cad., 1 p. m. a. en el esp. 1 cad., [2 p. m. a. en el esp. 1 cad.] 12 veces, 1 p. m. a. en la 4.ª cad. vta. (27 p.). Remate E.

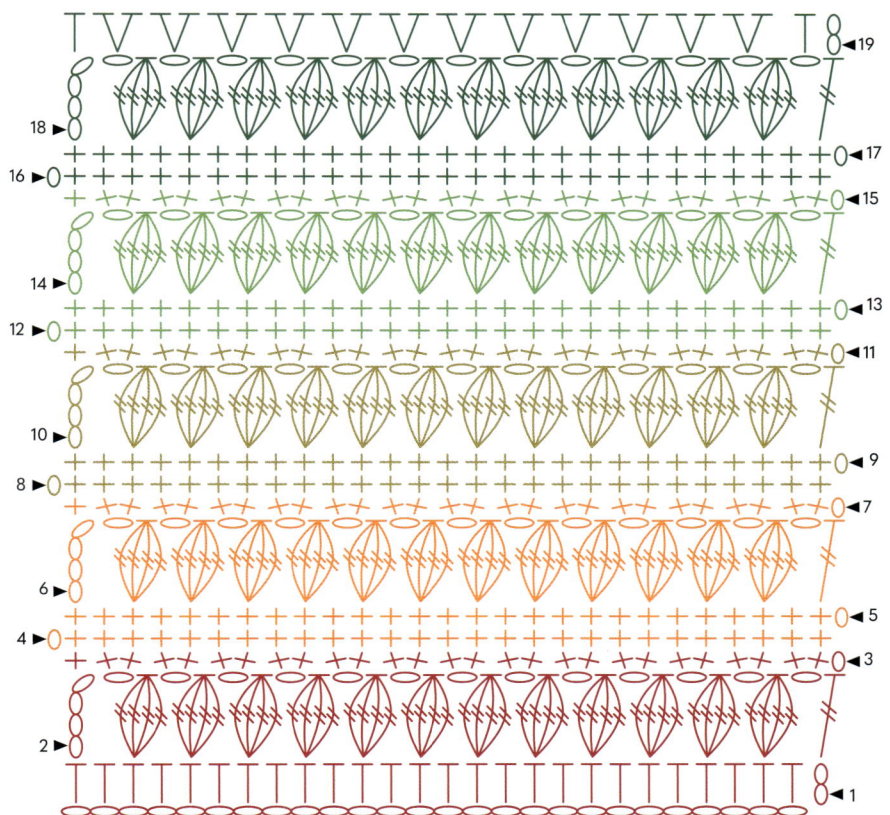

COMBINACIÓN

Bayas silvestres (*véase* la pág. 84)

28

CORONA OTOÑAL

Un cuadrado muy versátil que funciona igual de bien en tonos primaverales a modo de versión floral, o tejido en colores navideños para crear una corona festiva.

DIFICULTAD

SÍMBOLOS Y ABREVIATURAS

◎ anillo mágico

⌒ cadeneta (**cad.**)

• punto raso (**p. r.**)

+ punto bajo (**p. b.**)

T punto medio alto (**p. m. a.**)

† punto alto (**p. a.**)

‡ punto alto doble (**p. a. d.**)

piña de puntos medios altos (**piña de p. m. a.**)

piña de 2 puntos altos (**piña de 2 p. a.**)

piña de 3 puntos altos (**piña de 3 p. a.**)

piña de 4 puntos altos (**piña de 4 p. a.**)

► inicio de hilera o vuelta

HERRAMIENTAS Y MATERIALES

Hilo: hilo ligero (DK)/8 cabos de algodón en estos colores: verde enebro (hilo A), dorado intenso (hilo B), mandarina (hilo C), rojo vino (hilo D)

Aguja de ganchillo: 4 mm

PUNTOS ESPECIALES

piña de puntos medios altos (piña de p. m. a.): [e. h., introduzca la aguja en el p., e. h. y saque 1 laz.] 2 veces en el mismo p., e. h. y sáquela por las 5 laz. de la aguja.

piña de 2/3/4 puntos altos (piña de 2/3/4 p. a.): [e. h., introduzca la aguja en el p. sig., e. h. y saque 1 laz., e. h y sáquela por 2 laz.] 2/3/4 veces, e. h. y sáquela por las 3/4/5 laz. de la aguja.

INSTRUCCIONES DEL PATRÓN

A menos que se dé otra indicación, la cad. ini. cuenta como 1 p.

V. 1: trabajando con A en el anillo mágico, haga 4 cad. (cuentan como 1 p. a. y 1 cad.), [2 p. a., 1 cad.] 5 veces, 1 p. a., cierre con 1 p. r. en la 3.ª cad. ini. (12 p.).

V. 2: [2 cad., 1 piña de 3 p. a.] (cuentan como la 1.ª piña de 4 p. a.), 1 cad., [1 piña de 4 p. a., 1 cad.] 11 veces, cierre con 1 p. r. en el p. inicial (12 p.). Remate A.

V. 3: incorpore B en el esp. 1 cad., [2 cad., 1 piña de 2 p. a.] (cuentan como la 1.ª piña de 3 p. a.), 2.ª piña de 3 p. a. en el 1.ᵉʳ esp. 1 cad., 1 cad., [2 piñas de 3 p. a. en el esp. 1 cad., 1 cad.] 11 veces, cierre con 1 p. r. en el p. inicial (24 p.). Remate B.

V. 4: incorpore C en el esp. 1 cad., [2 cad., 1 p. a.] (cuentan como la 1.ª piña de 2 p. a.), 2.ª piña de 2 p. a. en el 1.ᵉʳ esp. 1 cad., *2 piñas de 2 p. a. en el esp. situado entre las 2 piñas de 3 p. a., 2 piñas de 2 p. a. en el esp. 1 cad., rep. desde * 11 veces, 2 piñas de 2 p. a. en el esp. situado entre las sig. 2 piñas de 3 p. a., cierre con 1 p. r. en el p. inicial (48 p.). Remate C.

V. 5: incorpore D entre 2 piñas de 2 p. a., [1 cad., 1 p. m. a.] (cuentan como la 1.ª piña de p. m. a.), 1 piña de p. m. a. en cada p. hasta el final, cierre con 1 p. r. en el p. inicial (48 p.). Remate D.

V. 6: incorpore A entre 2 piñas de p. m. a., 6 cad. (cuentan como 1 p. a. d. y 2 cad.), *3 p. a. d. en el p. sig., 2 p. a. en el p. sig., 1 p. a., 2 p. m. a., 2 p. b., 2 p. m. a., 1 p. a., 2 p. a. en el p. sig., 3 p. a. d. en el p. sig., 2 cad., rep. desde * 3 veces, 3 p. a. d. en el p. sig., 2 p. a. en el p. sig., 1 p. a., 2 p. m. a., 2 p. b., 2 p. m. a., 1 p. a., 2 p. a. en el p. sig., 2 p. a.

d. en el mismo p. que la cad. ini., cierre con 1 p. r. en la 4.ª cad. ini. (72 p.).

V. 7: 1 p. r. en el esp. 2 cad., 5 cad. (cuentan como 1 p. a. y 2 cad.), 2 p. a. en el esp. 2 cad., *18 p. a., [2 p. a., 2 cad., 2 p. a.] en el esp. 2 cad., rep. desde * 3 veces, 18 p. a., 1 p. a. en el mismo esp. 2 cad. que la cad. ini., cierre con 1 p. r. en la 3.ª cad. ini. (88 p.).

V. 8: 1 p. r. en el esp. 2 cad., 4 cad. (cuentan como 1 p. m. a. y 2 cad.), 2 p. m. a. en el esp. 2 cad., *sált. 1 p., 21 p. m. a., [2 p. m. a., 2 cad., 2 p. m. a.] en el esp. 2 cad., rep. desde * 3 veces, sált. 1 p.,

21 p. m. a., 1 p. m. a. en el mismo esp. 2 cad. que la cad. ini., cierre con 1 p. r. en la 2.ª cad. ini. (100 p.). Remate la labor.

TRUCOS Y CONSEJOS

No se preocupe si el círculo se ondula un poco cuando haga la última vuelta con piñas: se aplanará cuando transforme el círculo en un cuadrado.

29

CHISPAS

Este cuadrado se trabaja bocabajo y luego se le da la vuelta para que las «chispas» apunten hacia arriba. Pero también queda bien sin darle la vuelta, ya que entonces parecen hojas que caen.

DIFICULTAD

SÍMBOLOS Y ABREVIATURAS
- ⌒ cadeneta (**cad.**)
- • punto raso (**p. r.**)
- + punto bajo (**p. b.**)
- T punto medio alto (**p. m. a.**)
- racimo largo (**rac. largo**)

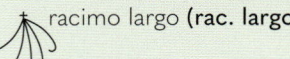

- ► inicio de hilera o vuelta
- ─ revés de la labor (**R.**)

HERRAMIENTAS Y MATERIALES

Hilo: hilo ligero (DK)/8 cabos de algodón en estos colores: marrón ardilla (hilo A), rojo vino (hilo B), mandarina (hilo C), dorado intenso (hilo D)

Aguja de ganchillo: 4 mm

TÉCNICAS UTILIZADAS
- Trabajar por encima o en hileras anteriores (*véase la pág. 135*)
- Trabajar con varios colores al mismo tiempo (*véase la pág. 137*)

PUNTOS ESPECIALES

racimo largo (rac. largo): introduzca la aguja en el p. m. a. situado 2 p. atrás en la H. anterior, e. h. y alargue la laz. hasta que alcance la altura del p. de la aguja, teja 4 p. largos en estos puntos: 1 p. atrás en 2 H. más abajo, 3 H. más abajo, 1 p. adelante en 2 H. más abajo, 2 p. adelante en la H. anterior (6 laz. en la aguja), e. h. y sáquela por todas las laz. de la aguja.

INSTRUCCIONES DEL PATRÓN

A menos que se dé otra indicación, la cad. ini. no cuenta como 1 p.

Con hilo A, teja 24 cad.

H. 1 (R.): empezando en la 2.ª cad. desde la aguja, haga 23 p. m. a., dele la vuelta (23 p.).

H. 2-5: 1 cad., 23 p. m. a., dele la vuelta (23 p.).

H. 6: 1 cad., 3 p. b., [1 rac. largo con B, 7 p. b. con A] 2 veces, 1 rac. largo con B, 3 p. b. con A, dele la vuelta (23 p.).

H. 7-11: como la H. 2.

H. 12: 1 cad., [7 p. b., 1 rac. largo con C] 2 veces, 7 p. b. con A, dele la vuelta (23 p.).

H. 13-17: como la H. 2.

H. 18: 1 cad., 3 p. b., [1 rac. largo con D, 7 p. b. con A] 2 veces, 1 rac. largo con D, 3 p. b. con A, dele la vuelta (23 p.).

H. 19 y 20: como la H. 2.

BORDE

V. 1: 1 cad., [23 p. b. distribuidos uniformemente a lo largo del borde, 2 cad., 23 p. b., 2 cad.] 2 veces, cierre con 1 p. r. en el p. inicial (92 p.).

V. 2: 1 cad., *23 p. m. a., [1 p. m. a., 2 cad., 1 p. m. a.] en el esp. 2 cad., rep. desde * 4 veces, cierre con 1 p. r. en el p. inicial (100 p.).

Remate la labor.

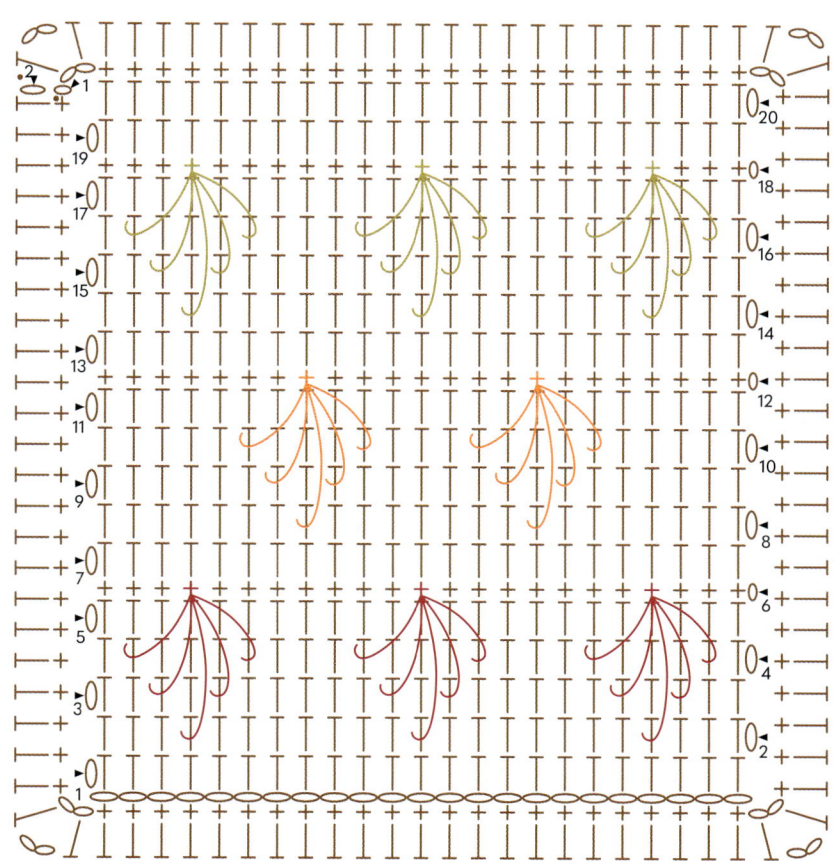

TRUCOS Y CONSEJOS

- No tense demasiado las lazadas al trabajar las chispas o los puntos se amontonarán.
- No se olvide de tejer el punto bajo que va después del racimo largo.
- El cuadrado se trabaja bocabajo, así que luego tendrá que girarlo para que las chispas apunten hacia arriba.

COMBINACIÓN

Rumbo al norte (*véase* la pág. 72)

30

CAMPO DE HENO

Si experimenta con el orden de las hileras de colores, obtendrá
una gran variedad de patrones y efectos diferentes.

DIFICULTAD

SÍMBOLOS Y ABREVIATURAS
- ○ cadeneta (**cad.**)
- • punto raso (**p. r.**)
- + punto bajo (**p. b.**)
- ┃ punto alto (**p. a.**)
- ⌡ punto bajo largo (**p. b. largo**)
- ⌡ punto alto largo (**p. a. largo**)
- ▶ inicio de hilera o vuelta
- ▬ revés de la labor (**R.**)

HERRAMIENTAS Y MATERIALES
Hilo: hilo ligero (DK)/8 cabos de algodón
en estos colores: verde enebro (hilo A),
verde primavera (hilo B), dorado intenso
(hilo C)

Aguja de ganchillo: 4 mm

TÉCNICAS UTILIZADAS
Trabajar en los extremos de las hileras
(*véase* la pág. 141)

PUNTOS ESPECIALES
punto bajo largo (p. b. largo): introduzca
la aguja en el p. de 2 H. más abajo, e. h. y
saque 1 laz., alargue la laz. hasta que
alcance la altura de los p. b. de la H. de
trabajo, e. h. y sáquela a través de 2 laz.

punto alto largo (p. a. largo): e. h., introduzca la aguja en el p. de 2 H. más abajo,
e. h. y saque 1 laz., alargue la laz. hasta que
alcance la altura de los p. a. de la H. de
trabajo, [e. h. y sáquela a través de 2 laz.]
2 veces.

INSTRUCCIONES DEL PATRÓN

A menos que se dé otra indicación, la cad. ini. cuenta como 1 p.

Este cuadrado se teje en hileras y luego se añade el borde trabajando en redondo.

Con hilo A, teja 23 cad.

H. 1 (R.): 3 p. b. en la 3.ª cad. desde la aguja, *1 cad., sált. 3 p., 3 p. b. en la cad. sig., rep. desde * 4 veces, 1 cad., sált. 3 p., 2 p. b. en la última cad., dele la vuelta (17 p.).

H. 2: 2 cad., *[1 p. a., 1 p. a. largo, 1 p. a.] en el sig. esp. 1 cad., 1 cad., rep. desde * 5 veces, 2 p. a. en el esp. cad. inicial, dele la vuelta (18 p.). Remate A.

H. 3 y 4: con hilo B, como la H. 2.

H. 5 y 6: con hilo C, como la H. 2.

H. 7 y 8: con hilo B, como la H. 2.

H. 9 y 10: con hilo A, como la H. 2.

H. 11 y 12: con hilo B, como la H. 2.

H. 13 y 14: con C, como la H. 2.

H. 15 y 16: con B, como la H. 2.

H. 17: con A, como la H. 2.

H. 18: 2 cad., *[1 p. b., 1 p. b. largo, 1 p. b.] en el sig. esp. 1 cad., 1 cad., rep. desde * 5 veces, 2 p. b. en el esp. cad. inicial (18 p.). No cierre la labor; a continuación, teja el borde.

BORDE

V. 1: 1 cad. (no cuenta como p.), *22 p. b. tejidos en los extremos de las H. de manera que queden bien distribuidos por el borde, 2 cad. en la esq., 22 p. b. trabajados en los p. del borde sig., 2 cad. en la esq., rep. desde * 2 veces, cierre con 1 p. r. en el p. inicial (88 p.).

V. 2: 1 cad. (no cuenta como p.), *22 p. b., [2 p. b., 1 cad., 2 p. b.] en el esp. 2 cad., rep. desde * 4 veces, cierre con 1 p. r. en el p. inicial (104 p.). Remate la labor.

TRUCOS Y CONSEJOS

- Las dos primeras hileras pueden resultan difíciles, pero luego el trabajo se vuelve más fácil y fluido.

- Si desplaza el hilo por el borde del cuadrado cada vez que cambia de color y luego trabaja por encima de este hilo al tejer el borde, no tendrá que rematar tantos cabos.

BAYAS

Los racimos de bayas están formados por grupos de piñas, lo que produce un diseño con una preciosa y cálida textura.

DIFICULTAD

SÍMBOLOS Y ABREVIATURAS

- ○ cadeneta (**cad.**)
- • punto raso (**p. r.**)
- ⌒ solo en la lazada trasera (**laz. tras.**)
- + punto bajo (**p. b.**)
- ⊤ punto medio alto (**p. m. a.**)
- piña
- ▶ inicio de hilera o vuelta
- – derecho de la labor (**D.**)

HERRAMIENTAS Y MATERIALES

Hilo: hilo ligero (DK)/8 cabos de algodón en este color: rojo vino (hilo A)

Aguja de ganchillo: 4 mm

PUNTOS ESPECIALES

piña: [e. h., introduzca la aguja en el p., e. h. y saque 1 laz., e. h. y sáquela por 2 laz.] 5 veces en el mismo p., e. h. y sáquela por las 6 laz. de la aguja.

TRUCOS Y CONSEJOS

Las piñas se trabajan en el revés de la labor pero sobresalen por el derecho.

INSTRUCCIONES DEL PATRÓN

A menos que se dé otra indicación, la cad. ini. no cuenta como 1 p.

Con hilo A, teja 25 cad.

H. 1 (D.): empezando en la 2.ª cad. desde la aguja, haga 24 p. b., dele la vuelta (24 p.).

H. 2: 1 cad., 1 p. b., 1 piña, 22 p. b., dele la vuelta (24 p.).

H. 3: 1 cad., 24 p. b., dele la vuelta (24 p.).

H. 4: 1 cad., 3 p. b., 1 piña, 20 p. b., dele la vuelta (24 p.).

H. 5: como la H. 3.

H. 6: 1 cad., 1 p. b., 1 piña, 3 p. b., 1 piña, 18 p. b., dele la vuelta (24 p.).

H. 7: como la H. 3.

H. 8: 1 cad., [3 p. b., 1 piña] 2 veces, 16 p. b., dele la vuelta (24 p.).

H. 9: como la H. 3.

H. 10: 1 cad., 1 p. b., [1 piña, 3 p. b.] 2 veces, 1 piña, 14 p. b., dele la vuelta (24 p.).

H. 11: como la H. 3.

H. 12: 1 cad., [3 p. b., 1 piña] 2 veces, 14 p. b., 1 piña, 1 p. b., dele la vuelta (24 p.).

H. 13: como la H. 3.

H. 14: 1 cad., 1 p. b., 1 piña, 3 p. b., 1 piña, 14 p. b., 1 piña, 3 p. b., dele la vuelta (24 p.).

H. 15: como la H. 3.

H. 16: 1 cad., 3 p. b., 1 piña, 14 p. b., 1 piña, 3 p. b., 1 piña, 1 p. b., dele la vuelta (24 p.).

H. 17: como la H. 3.

H. 18: 1 cad., 1 p. b., 1 piña, 14 p. b., [1 piña, 3 p. b.] 2 veces, dele al vuelta (24 p.).

H. 19: como la H. 3.

H. 20: 1 cad., 14 p. b., [1 piña, 3 p. b.] 2 veces, 1 piña, 1 p. b., dele la vuelta (24 p.).

H. 21: como la H. 3.

H. 22: 1 cad., 16 p. b., [1 piña, 3 p. b.] 2 veces, dele la vuelta (24 p.).

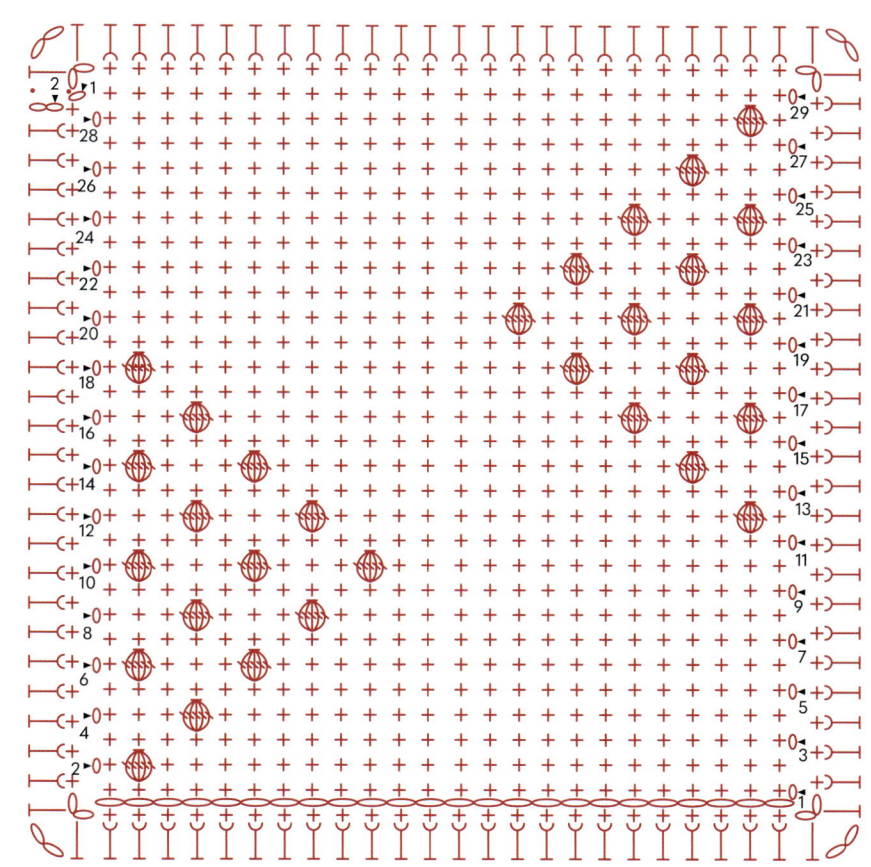

H. 23: como la H. 3.

H. 24: 1 cad., 18 p. b., 1 piña, 3 p. b., 1 piña, 1 p. b., dele la vuelta (24 p.).

H. 25: como la H. 3.

H. 26: 1 cad., 20 p. b., 1 piña, 3 p. b., dele la vuelta (24 p.).

H. 27: como la H. 3.

H. 28: 1 cad., 22 p. b., 1 piña, 1 p. b., dele la vuelta (24 p.).

H. 29: como la H. 3 a. No le dé la vuelta.

BORDE

V. 1: 1 cad., [24 p. b. bien distribuidos por el borde, 2 cad., 24 p. b., 2 cad.] 2 veces, cierre con 1 p. r. en el p. inicial (96 p.).

V. 2 (laz. tras.): 2 cad. (cuentan como 1 p. m. a.), 23 p. m. a., *[1 p. m. a., 2 cad., 1 p. m. a.] en el esp. 2 cad., 24 p. m. a., rep. desde * 3 veces, [1 p. m. a., 2 cad., 1 p. m. a.] en el esp. 2 cad., cierre con 1 p. r. en la 2.ª cad. ini. (104 p.).

Remate la labor.

32

RUMBO AL NORTE

Este *granny square*, que se crea con el patrón apuntando al norte, puede girarse o unirse a otros cuadrados iguales para formar un diseño con rombos en relieve.

DIFICULTAD

SÍMBOLOS Y ABREVIATURAS

○ cadeneta (**cad.**)

• punto raso (**p. r.**)

+ punto bajo (**p. b.**)

┃ punto alto (**p. a.**)

┃ punto alto doble en relieve tomado por delante (**p. a. d. rel. del.**)

⋀ 2 puntos altos dobles en relieve tomados por delante cerrados juntos (**2 p. a. d. rel. del. jun.**)

► inicio de hilera o vuelta

– derecho de la labor (**D.**)

HERRAMIENTAS Y MATERIALES

Hilo: hilo ligero (DK)/8 cabos de algodón en este color: dorado intenso (hilo A)

Aguja de ganchillo: 4 mm

TÉCNICAS UTILIZADAS

Trabajar por encima o en hileras anteriores (*véase la pág. 135*)

PUNTOS ESPECIALES

2 puntos altos dobles en relieve tomados por delante cerrados juntos (2 p. a. d. rel. del. jun.): en este cuadrado, el 1.er p. se teje 3 p. atrás en 2 H. más abajo; el 2.° p. se hace 1 p. adelante en 2 H. más abajo. *e. h. 2 veces, introduzca la aguja por delante del cuerpo del p. indicado, e. h. y saque 1 laz., [e. h. y sáquela por 2 laz.] 2 veces], rep. desde * en el p. sig., e. h. y sáquela por 3 laz. de la aguja.

INSTRUCCIONES DEL PATRÓN

A menos que se dé otra indicación, la cad. ini. no cuenta como 1 p.

Con hilo A, teja 26 cad.

H. 1 (D.): empezando en la 2.ª cad. desde la aguja, haga 25 p. b., dele la vuelta (25 p.).

H. 2: 2 cad., 25 p. a., dele la vuelta (25 p.).

H. 3: 1 cad., 1 p. a. d. rel. del. en el 2.º p. de la H. 1, [3 p. b., 2 p. a. d. rel. del. jun.] 5 veces, 3 p. b., 1 p. a. d. rel. del. en 3 p. atrás de 2 H. más abajo dejando las últimas 2 laz. en la aguja, introduzca la aguja en el último p. de la H. 2, e. h. y saque 1 laz., e. h. y sáquela por 3 laz. de la aguja, dele la vuelta (25 p.).

H. 4: como la H. 2.

H. 5: 1 cad., 2 p. b., [2 p. a. d. rel. del. jun., 3 p. b.] 5 veces, 2 p. a. d. rel. del. jun., 2 p. b., dele la vuelta (25 p.).

H. 6: como la H. 2.

H. 7: 1 cad., 4 p. b., [2 p. a. d. rel. del. jun., 3 p. b.] 5 veces, 1 p. b., dele la vuelta (25 p.).

H. 8: como la H. 2.

H. 9: 1 cad., 6 p. b., [2 p. a. d. rel. del. jun., 3 p. b.] 4 veces, 1 p. b., dele la vuelta (25 p.).

H. 10: como la H. 2.

H. 11: 1 cad., 8 p. b., [2 p. a. d. rel. del. jun., 3 p. b.] 3 veces, 5 p. b., dele la vuelta (25 p.).

H. 12: como la H. 2.

H. 13: 1 cad., 10 p. b., [2 p. a. d. rel. del. jun., 3 p. b.] 2 veces, 7 p. b., dele la vuelta (25 p.).

H. 14: como la H. 2.

H. 15: 1 cad., 12 p. b., 2 p. a. d. rel. del. jun., 12 p. b., dele la vuelta (25 p.).

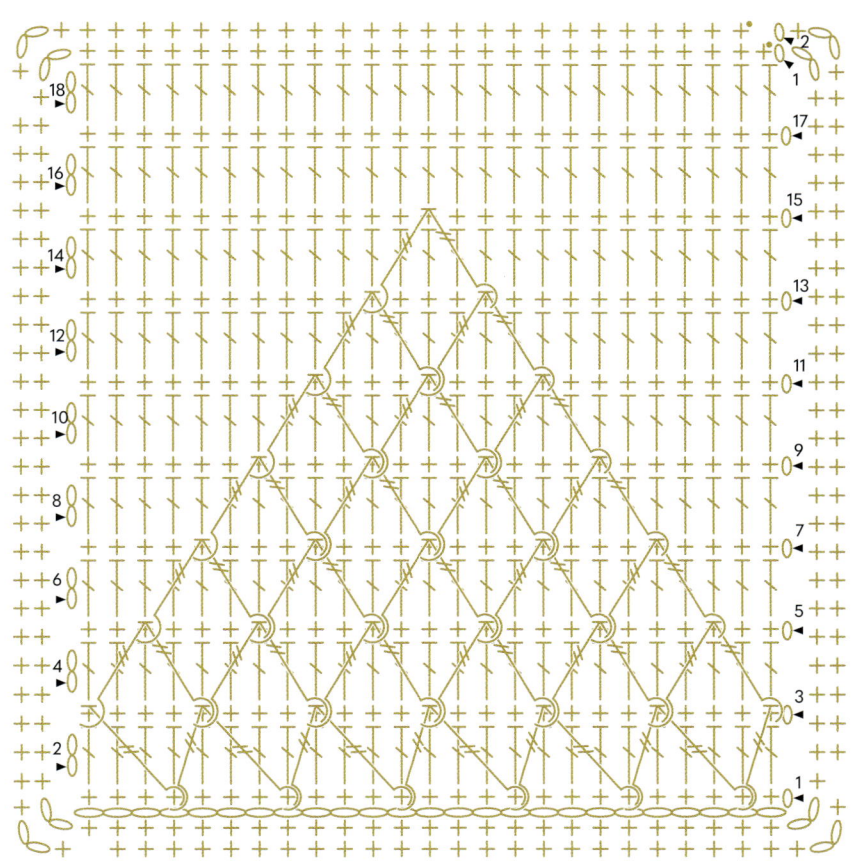

H. 16: como la H. 2.

H. 17: 1 cad., 25 p. b., dele la vuelta (25 p.).

H. 18: como la H. 2.

BORDE

V. 1: 1 cad., [25 p. b., 2 cad., 25 p. b. bien distribuidos por el borde, 2 cad.] 2 veces, cierre con 1 p. r. en el p. inicial (100 p.).

V. 2: 1 cad., *sált. 1 p., 24 p. b., [1 p. b., 2 cad., 1 p. b.] en el esp. 2 cad., rep. desde * 4 veces, cierre con 1 p. r. en el p. inicial (104 p.).

Remate la labor.

TRUCOS Y CONSEJOS

No tense demasiado las lazadas cuando haga los puntos en relieve o los puntos se amontonarán.

33

HOGUERA

Estos tonos me recuerdan las agradables noches junto a la hoguera,
pero el diseño también queda bien trabajado con solo dos colores.
En tal caso, al unir varios cuadrados se forma un bonito diseño decorativo.

DIFICULTAD

SÍMBOLOS Y ABREVIATURAS

- ℮ anillo mágico
- ⌒ cadeneta (cad.)
- • punto raso (p. r.)
- + punto bajo (p. b.)
- ⊤ punto medio alto (p. m. a.)
- ⊤ punto alto (p. a.)
- ⊤ punto alto doble (p. a. d.)
- ▶ inicio de hilera o vuelta

HERRAMIENTAS Y MATERIALES

Hilo: hilo ligero (DK)/8 cabos de algodón
en estos colores: rojo vino (hilo A), marrón
ardilla (hilo B), mandarina (hilo C), dorado
intenso (hilo D)

Aguja de ganchillo: 3,5 mm

TÉCNICAS UTILIZADAS

- Cambiar de color en medio de una
  vuelta (*véase* la pág. 137)

- Trabajar con varios colores al mismo
  tiempo (*véase* la pág. 137)

TRUCOS Y CONSEJOS

- Si utiliza un ganchillo más pequeño que
  el recomendado para el hilo, le será más
  fácil esconder la hebra que se desplaza
  por detrás de los puntos porque le
  quedarán más apretados.

- Al unir varias piezas, se forma un bonito
  patrón.

INSTRUCCIONES DEL PATRÓN

A menos que se dé otra indicación, la cad. ini. cuenta como 1 p.

V. 1: trabajando con A en el anillo mágico, haga 3 cad., 15 p. a., cierre con 1 p. r. en la 3.ª cad. ini. (16 p.).
Remate A.

V. 2: con B, [4 cad., 2 p. a.] en el p., *3 p. a., [2 p. a., 1 p. a. d., 2 p. a.] en el p. sig., rep. desde * 3 veces, 3 p. a., 2 p. a. en el mismo p. que la cad. ini., cierre con 1 p. r. en la 4.ª cad. ini. (32 p.).

V. 3: [4 cad., 2 p. a.] en el p., *3 p. a., 1 p. a. con A, siga con B, 3 p. a., [2 p. a., 1 p. a. d., 2 p. a.] en el p. sig., rep. desde * 3 veces, 3 p. a., 1 p. a. con A, siga con B, 3 p. a., 2 p. a. en el mismo p. que la cad. ini., cierre con 1 p. r. en la 4.ª cad. ini. (48 p.).

V. 4: [4 cad., 2 p. a.] en el p., *4 p. a., 3 p. a. con A, siga con B, 4 p. a., [2 p. a., 1 p. a. d., 2 p. a.] en el p. sig., rep. desde * 3 veces, 4 p. a., 3 p. a. con A, siga con B, 4 p. a., 2 p. a. en el mismo p. que la cad. ini., cierre con 1 p. r. en la 4.ª cad. ini. (64 p.).
Remate A.

V. 5: [4 cad., 2 p. a.] en el p., *5 p. a., 5 p. a. con C, siga con B, 5 p. a., [2 p. a., 1 p. a. d., 2 p. a.] en el p. sig., rep. desde * 3 veces, 5 p. a., 5 p. a. con C, siga con B, 5 p. a., 2 p. a. en el mismo p. que la cad. ini., cierre con 1 p. r. en la 4.ª cad. ini. (80 p.).

V. 6: [3 cad., 1 p. a. d., 1 p. a.] con C, siga con B, 1 p. a. en el mismo 1.er p., *6 p. a., 7 p. a. con C, siga con B, 6 p. a., [1 p. a., siga con C, 1 p. a., 1 p. a. d., 1 p. a., siga con B, 1 p. a.] en el p. sig., rep. desde * 3 veces, 6 p. a., 7 p. a. con C, siga con B, 6 p. a.,

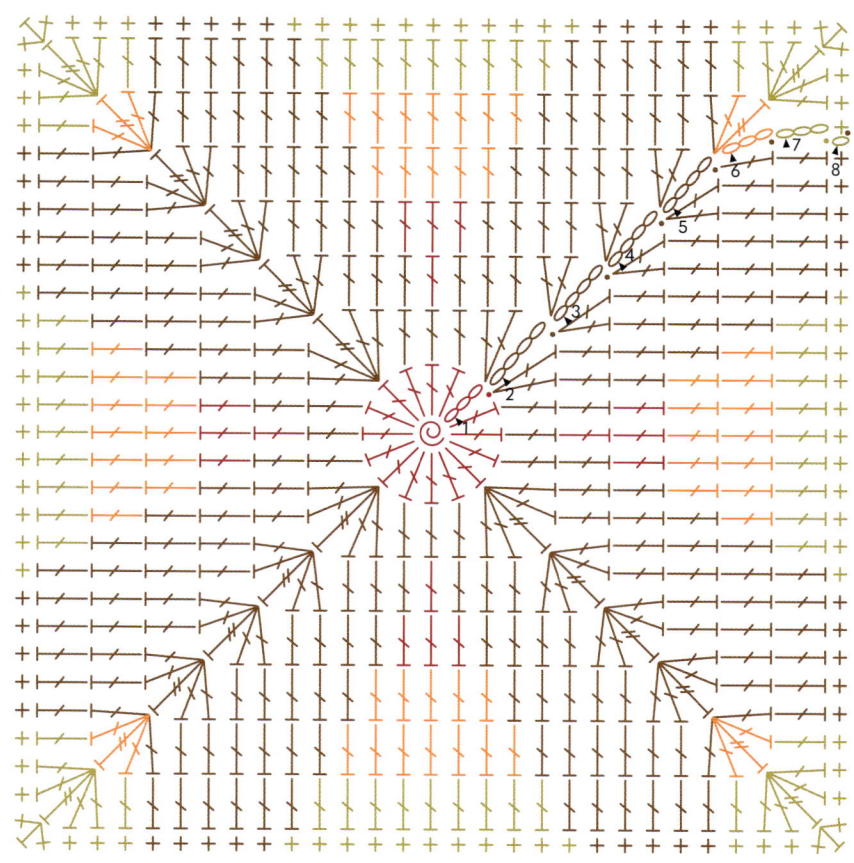

1 p. a. en el mismo p. que la cad. ini., cierre con 1 p. r. en la 3.ª cad. ini. (96 p.).
Remate C.

V. 7: con D, 3 cad., *[2 p. a., 1 p. a. d., 2 p. a.] en el p. sig., 1 p. a., 6 p. a. con B, 9 p. a. con D, 6 p. a. con B, siga con D, 1 p. a., rep. desde * 3 veces, [2 p. a., 1 p. a. d., 2 p. a.] en el p. sig., 1 p. a., 6 p. a. con B, 9 p. a. con D, 6 p. a. con B, cierre con D con 1 p. r. en la 3.ª cad. ini. (112 p.).

V. 8: 1 cad. (no cuenta como p.), *3 p. b., [1 p. b., 1 p. m. a., 1 p. b.] en el p. sig., 3 p. b., 5 p. b. con B, 11 p. b. con D, siga con B, 5 p. b., rep. desde * 4 veces, cierre con 1 p. r. en la cad. ini. (120 p.).
Remate la labor.

34

ESPIRAL DE ALOE VERA

El nombre de este cuadrado se lo puso mi hijo. El ceñido espiral de puntos en relieve le recordaba una planta de aloe vera.

SÍMBOLOS Y ABREVIATURAS

- ⊙ anillo mágico
- ⌒ cadeneta (cad.)
- • punto raso (p. r.)
- + punto bajo (p. b.)
- ⊤ punto medio alto (p. m. a.)
- ⊤ punto alto (p. a.)
- ⊤ punto alto doble (p. a. d.)
- ⌒ tercera lazada (3.ª laz.)
- ► inicio de hilera o vuelta

HERRAMIENTAS Y MATERIALES

Hilo: hilo ligero (DK)/8 cabos de algodón en estos colores: verde enebro (hilo A), verde primavera (hilo B), marrón ardilla (hilo C)

Aguja de ganchillo: 4 mm

PUNTOS ESPECIALES

tercera lazada (3.ª laz.): introduzca el ganchillo hacia abajo por la tercera lazada de detrás del punto, situada por debajo de la lazada trasera.

TRUCOS Y CONSEJOS

Para evitar confusiones cuando teja una espiral, ponga marcadores de puntos en las vueltas 1-7 para indicar dónde empiezan.

INSTRUCCIONES DEL PATRÓN

A menos que se dé otra indicación, la cad. ini. cuenta como 1 p. El círculo se trabaja en espiral, así que no cierre las vueltas hasta que llegue a la V. 6.

V. 1: trabajando con A en el anillo mágico, haga 2 cad. (no cuentan como p.), 12 p. a. (12 p.).

Las V. 2-7 se trabajan en la 3.ª laz.

V. 2: 2 p. a. en cada p. (24 p.).

V. 3: [2 p. a. en el p. sig., 1 p. a.] 12 veces (36 p.).

V. 4: [2 p. a. en el p. sig., 2 p. a.] 12 veces (48 p.).

V. 5: [2 p. a. en el p. sig., 3 p. a.] 12 veces (60 p.).

V. 6: [2 p. a. en el p. sig., 9 p. a.] 4 veces, 2 p. a. en el p. sig., 4 p. a., 5 p. m. a., 2 p. m. a. en el p. sig., 7 p. m. a., 2 p. b., cierre con 1 p. r. en la 3.ª laz. del p. inicial (66 p.). Remate A.

V 7: con B, [2 p. m. a. en el p. sig., 10 p. m. a.] 6 veces, cierre con 1 p. r. en la laz. tras. del p. ini. (72 p.). Remate B.

V. 8: con C, 6 cad. (cuentan como 1 p. a. d. y 2 cad.), *2 p. a. en el p. sig., 3 p. a., 3 p. m. a., 4 p. b., 3 p. m. a., 3 p. a., 2 p. a. d. en el p. sig., 2 cad., rep. desde * 3 veces, 2 p. a. d. en el p. sig., 3 p. a., 3 p. m. a., 4 p. b., 3 p. m. a., 3 p. a., 1 p. a. d. en el mismo p. que la cad. ini., cierre con 1 p. r. en la 4.ª cad. (80 p.).

V. 9: 1 p. r. en el esp. 2 cad., 1 cad. (no cuenta como p.), *[2 p. b., 1 cad., 2 p. b.] en el esp. 2 cad., sált. 1 p., 19 p. b., rep. desde * 4 veces, cierre con 1 p. r. en el p. inicial (92 p.).

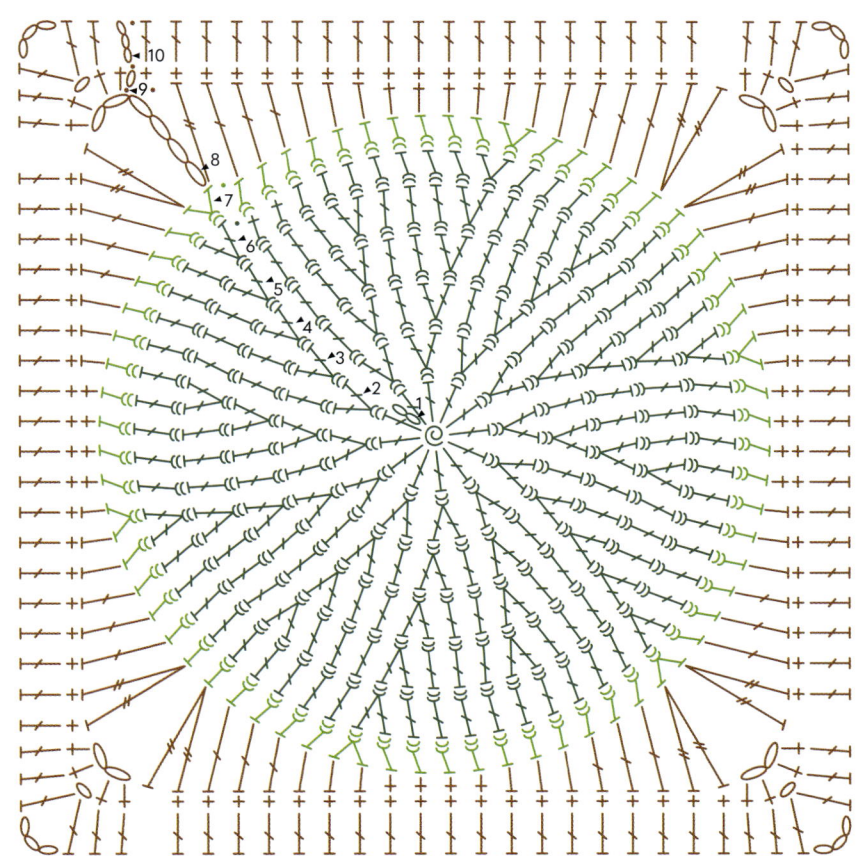

V. 10: 3 cad., 1 p. a., *[1 p. a., 3 cad., 1 p. a.] en el esp. 1 cad., 23 p. a., rep. desde * 3 veces, [1 p. a., 3 cad., 1 p. a. en el esp. 1 cad.], 21 p. a., cierre con 1 p. r. en la 3.ª cad. ini. (100 p.).

Remate la labor.

COMBINACIÓN

Corona otoñal (*véase la pág. 64*)

35

VAINA DE LOTO

Este cuadrado está inspirado en la calidez y la terrosidad de las vainas secas de las semillas de loto. Un cambio de color podría alterar completamente la apariencia de esta pieza y hacerla más llamativa.

DIFICULTAD

SÍMBOLOS Y ABREVIATURAS

- ⌒ cadeneta (cad.)
- • punto raso (p. r.)
- + punto bajo (p. b.)
- ⊤ punto medio alto (p. m. a.)
- ┆ punto alto (p. a.)
- ┆ punto alto doble (p. a. d.)
- ⋀ 2 p. bajos cerrados juntos (2 p. b. jun.)
- ⋀ 2 puntos altos dobles cerrados juntos (2 p. a. d. jun.)
- ► inicio de hilera o vuelta

HERRAMIENTAS Y MATERIALES

Hilo: hilo ligero (DK)/8 cabos de algodón en estos colores: marrón ardilla (hilo A), dorado intenso (hilo B), rojo vino (hilo C)

Aguja de ganchillo: 4 mm

PUNTOS ESPECIALES

2 puntos bajos cerrados juntos (2 p. b. jun.): [introduzca la aguja en el p. sig., e. h. y saque 1 laz.] 2 veces, e. h. y sáquela por las 3 laz. de la aguja.

2 puntos altos dobles cerrados juntos (2 p. a. d. jun.): [e. h. 2 veces, introduzca la aguja en el p. sig., e. h. y saque 1 laz., e. h. y sáquela por 2 laz., e. h. y sáquela por 2 laz.] 2 veces, e. h. y sáquela por las 3 laz. de la aguja.

TRUCOS Y CONSEJOS

Saltarse un punto después de la esquina cuando se teje el borde ayuda a mantener la forma cuadrada.

INSTRUCCIONES DEL PATRÓN

A menos que se dé otra indicación, la cad. ini. cuenta como 1 p.

Con hilo A, teja 8 cad. y cierre el anillo con 1 p. r. en la 1.ª cad. hecha.

V. 1: trabajando en el anillo, haga 3 cad., [1 p. b., 1 p. a.] 7 veces, 1 p. b., cierre con 1 p. r. en la 3.ª cad. ini. (16 p.).

V. 2: 5 cad. (cuentan como 1 p. b. y 4 cad.), [sált. 1 p., 1 p. b., 4 cad.] 7 veces, sált. 1 p., cierre con 1 p. r. en la 1.ª cad. (8 p.).

V. 3: 1 p. r. en el esp. 4 cad., 3 cad., 3 p. a. en el esp. cad., [4 p. a. en el esp. 4 cad.] 7 veces, cierre con 1 p. r. en la 3.ª cad. ini. (32 p.).

V. 4: 5 cad. (cuentan como 1 p. b. y 4 cad.), [sált. 1 p., 1 p. b., 4 cad.] 15 veces, sált. 1 p., cierre con 1 p. r. en la 1.ª cad. (16 p.).

V. 5: 1 p. r. en el esp. 4 cad., [2 cad., 2 p. a., 1 p. a. d.] en el esp. 4 cad., *[1 p. a. d., 2 p. a., 1 p. m. a.] en el sig. esp. 4 cad., [1 p. m. a., 2 p. a., 1 p. a. d.] en el sig. esp. 4 cad., rep. desde * 7 veces, [1 p. a. d., 2 p. a., 1 p. m. a.] en el sig. esp. 4 cad., cierre con 1 p. r. en la 2.ª cad. ini. (64 p.). Remate A.

V. 6: incorpore B en cualquier 1.er p. a. d., 1 cad. (no cuenta como p.), *2 p. b. en el p. a. d., 2 p. b. en el p. sig., 2 p. b., 2 p. b. jun., 2 p. b., rep. desde * 8 veces, cierre con 1 p. r. en la base del p. inicial (72 p.). Remate B.

V. 7: incorpore C en el 2.º p. b. del 1.er p. a. d., 7 cad. (cuentan como 1 p. a. d. y 3 cad.), *2 p. a. d. en el p. sig., 2 p. a. d., 2 p. a. d. jun., 2 p. a., 1 p. m. a., 2 p. b., 1 p. m. a., 2 p. a., 2 p. a. d. jun:, 2 p. a. d., 2 p. a. d. en el p. sig., 3 cad., rep. desde * 3 veces, 2 p. a. d. en el p. sig., 2 p. a. d., 2 p. a. d. jun., 2 p. a., 1 p. m. a., 2 p. b., 1 p. m. a., 2 p. a., 2 p. a. d. jun., 2 p. a. d., 1 p. a. d. en el mismo p. que la cad. ini., cierre con 1 p. r. en la 4.ª cad. ini. (72 p.).

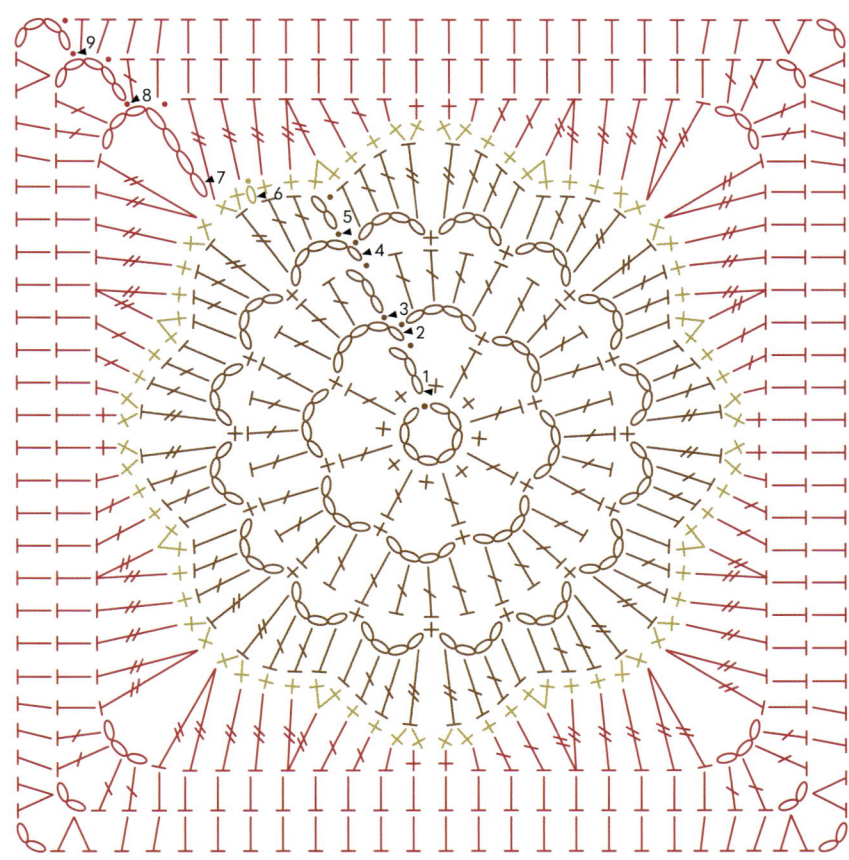

V. 8: 1 p. r. en el esp. 3 cad., 5 cad. (cuentan como 1 p. a. y 2 cad.), 2 p. a. en el esp. 3 cad., *18 p. m. a., [2 p. a., 2 cad., 2 p. a.] en el esp. 3 cad., rep. desde * 3 veces, 18 p. m. a., 1 p. a. en el mismo esp. 3 cad. que la cad. ini., cierre con 1 p. r. en la 3.ª cad. ini. (88 p.).

V. 9: 1 p. r. en el esp. 2 cad., 4 cad. (cuentan como 1 p. m. a. y 2 cad.), 2 p. m. a. en el esp. 2 cad., *sált. 1 p., 21 p. m. a., [2 p. m. a., 2 cad., 2 p. m. a.] en el esp. 3 cad., rep. desde * 3 veces, sált. 1 p., 21 p. m. a., 1 p. m. a. en el mismo esp. 3 cad. que la cad. ini., cierre con 1 p. r. en la 2.ª cad. ini. (100 p.). Remate la labor.

COMBINACIÓN

Setos (*véase* la pág. 80)

36

SETOS

Aunque a primera vista parece un sencillo *granny square* a rayas, el uso repetido de puntos cerrados juntos produce un cuadrado con una textura de bolitas seguidas que resulta maravillosa al tacto.

DIFICULTAD

SÍMBOLOS Y ABREVIATURAS
- ⌒ cadeneta (**cad.**)
- • punto raso (**p. r.**)
- + punto bajo (**p. b.**)
- T punto medio alto (**p. m. a.**)
- ⋏ 2 p. bajos cerrados juntos (**2 p. b. jun.**)
- ⋏ 2 puntos medios altos cerrados juntos (**2 p. m. a. jun.**)
- – derecho de la labor (**D.**)
- ► inicio de hilera o vuelta

HERRAMIENTAS Y MATERIALES
Hilo: hilo ligero (DK)/8 cabos de algodón en estos colores: rojo vino (hilo A), mandarina (hilo B), dorado intenso (hilo C), marrón ardilla (hilo D)

Aguja de ganchillo: 4 mm

TÉCNICAS UTILIZADAS
Trabajar en los extremos de las hileras (*véase* la pág. 141)

PUNTOS ESPECIALES
2 puntos bajos cerrados juntos (2 p. b. jun.) y 2 puntos medios altos cerrados juntos (2 p. m. a. jun.): estos puntos suelen utilizarse para hacer disminuciones, pero aquí el primer punto se hace en el mismo lugar que el segundo punto del grupo anterior.

TRUCOS Y CONSEJOS
No haga los puntos de la cadeneta base muy apretados o el tejido del cuadrado se tensará hacia la base, ya que lo puntos siguientes son un poco más anchos que los habituales.

INSTRUCCIONES DEL PATRÓN

La 1.ª cad. no cuenta como 1 p.

• Si desplaza el hilo por el borde del cuadrado cada vez que cambia de color y luego trabaja por encima de este hilo al tejer el borde, no tendrá que rematar tantos cabos.

Este cuadrado se teje en hileras y luego se añade el borde trabajando en redondo.

Con hilo A, teja 21 cad.

H. 1 (D.): empezando en la 2.ª cad. desde la aguja, haga 20 p. b., dele la vuelta (20 p.).

H. 2: 1 cad., 2 p. b. jun. haciendo el 1.º en el 1.er p. y el 2.º en el p. sig., [2 p. b. jun. haciendo el 1.º en el mismo p. que el anterior y el 2.º en el p. sig.] 18 veces, 1 p. b. en el último p., dele la vuelta (20 p.).

H. 3 y 4: con B, como la H. 2, dele la vuelta (20 p.).

H. 5 y 6: con C, como la H. 2, dele la vuelta (20 p.).

H. 7 y 8: con D, como la H. 2, dele la vuelta (20 p.).

H. 9 y 10: con A, como la H. 2, dele la vuelta (20 p.).

H. 11-26: como las H. 3-10.

No cierre la labor.

BORDE

V. 1: con C, 1 cad., 2 p. m. a. jun. trabajando el 1.º en el 1.er p. y el 2.º en el p. sig., *[2 p. m. a. jun. trabajando el 1.º en el mismo p. que el anterior y el 2.º en el p. sig.] 18 veces, [2 p. m. a., 1 cad., 2 p. m. a.] en el último p. (grupo de la esq.).

Gire la labor para trabajar en el extremo de las hileras del borde y haga 2 p. m. a. jun. trabajando el 1.º en el mismo p. que el

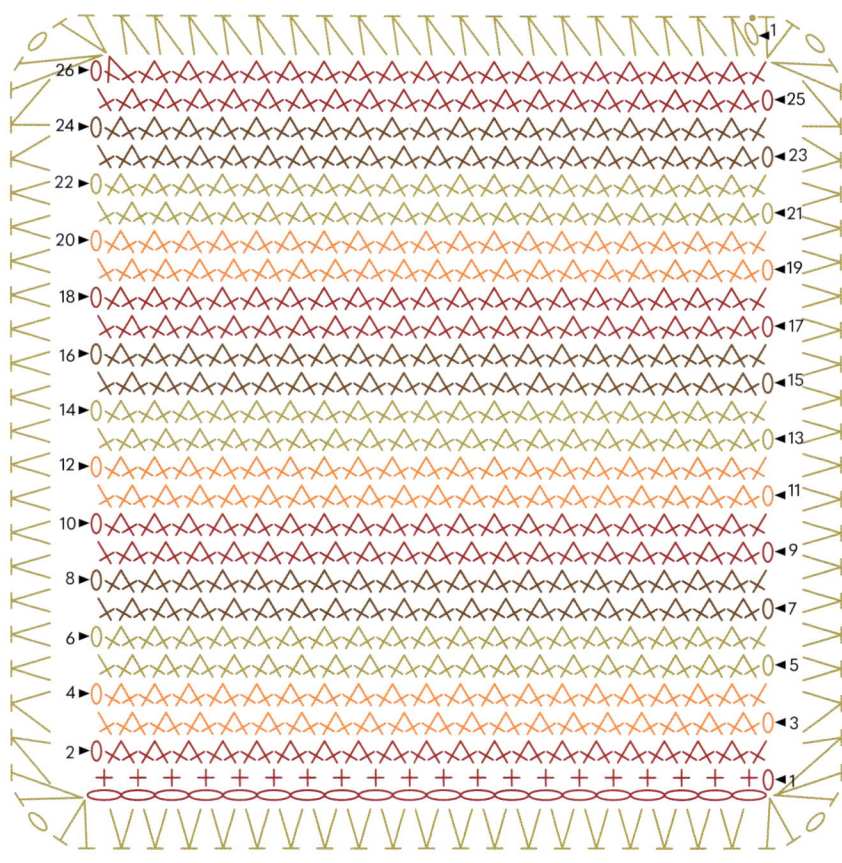

grupo de la esq., sált. 1 H. y haga el 2.º en la H. sig., **[2 p. m. a. jun] 2 veces, 2 p. m. a. jun. saltándose 1 H. entre los p., 2 p. m. a. jun., 2 p. m. a. jun. saltándose 1 H. entre los p., rep. desde ** 3 veces, [2 p. m. a. jun.] 2 veces, 1 p. m. a. jun. trabajando el 1.º en el mismo p., sált. la última H. y trabaje el 2.º en el 1.er p. de la base del cuadrado.

Gire la labor para trabajar en los p. del borde inferior y haga [2 p. m. a., 1 cad., 2 p. m. a.] en el 1.er p. (grupo de la esq.), 2 p. m. a. trabajando el 1.º en el mismo p. y el 2.º en el p. sig., rep. desde * 1 vez, cierre con 1 p. r. en el p. inicial.

Remate la labor.

COMBINACIÓN

Rumbo al norte (*véase la pág. 72*)

37

MARIPOSA MONARCA

Los abombados puntos en relieve crean una forma semejante a las alas de una mariposa monarca.

DIFICULTAD

SÍMBOLOS Y ABREVIATURAS

- ℂ anillo mágico
- ⌒ cadeneta (**cad.**)
- • punto raso (**p. r.**)
- + punto bajo (**p. b.**)
- ⊤ punto medio alto (**p. m. a.**)
- 🥜 piña de puntos medios altos (**piña de p. m. a.**)
- ► inicio de hilera o vuelta

HERRAMIENTAS Y MATERIALES

Hilo: hilo ligero (DK)/8 cabos de algodón en este color: mandarina (hilo A)

Aguja de ganchillo: 4 mm

PUNTOS ESPECIALES

piña de puntos medios altos (piña de p. m. a.): [e. h., introduzca la aguja en el p., e. h. y saque 1 laz.] 4 veces en el mismo p., e. h. y sáquela por las 9 laz. de la aguja.

TRUCOS Y CONSEJOS

Tense bien el hilo después de las piñas de puntos medios altos y las cadenetas para que no quede un hueco demasiado grande entre los puntos. El cuadrado se enroscará un poco, pero se aplanará una vez teja las siguientes vueltas.

INSTRUCCIONES DEL PATRÓN

A menos que se dé otra indicación, la cad. ini. cuenta como 1 p.

V. 1: trabajando con A en el anillo mágico, haga [1 piña de p. m. a., 1 cad.] 8 veces, cierre con 1 p. r. en el p. inicial (12 p.).

V. 2: 1 p. r. en el esp. 1 cad., [1 piña de p. m. a., 1 cad.] 2 veces en cada esp. 1 cad. hasta el final, cierre con 1 p. r. en el p. inicial (16 p.).

V. 3: 1 p. r. en el esp. 1 cad., *[1 piña de p. m. a., 1 cad.] 2 veces en el esp. 1 cad., 1 piña de p. m. a. en el sig. esp. 1 cad., 1 cad., rep. desde * 8 veces, cierre con 1 p. r. en el p. inicial (24 p.).

V. 4: 1 p. r. en el esp. 1 cad., *[1 piña de p. m. a., 1 cad.] 2 veces en el esp. 1 cad., [1 piña en el sig. esp. 1 cad., 1 cad.] 2 veces, [1 piña de p. m. a., 1 cad.] 2 veces en el sig. esp. 1 cad., [1 p. m. a. en el sig. esp. 1 cad.] 2 veces, rep. desde * 4 veces, cierre con 1 p. r. en el p. inicial (32 p.).

V. 5: 1 p. r. en el esp. 1 cad., *[1 piña de p. m. a., 1 cad.] 5 veces, 2 p. m. a. en el p. sig., sált. el esp. 1 cad., 2 p. m. a., 2 p. m. a. en el p. sig., rep. desde * 4 veces, cierre con 1 p. r. en el p. inicial (44 p.).

V. 6: 1 p. r. en el esp. 1 cad., *[1 piña de p. m. a. en el esp. 1 cad., 1 cad.] 4 veces, [1 p. m. a., 1 p. b.] en el p. sig., sált. el esp. 1 cad., 6 p. b., [1 p. b., 1 p. m. a.] en el p. sig., rep. desde * 4 veces, cierre con 1 p. r. en el p. inicial (56 p.).

V. 7: 1 p. r. en el esp. 1 cad., *[1 piña de p. m. a., 1 cad.] 3 veces, [1 p. m. a., 1 p. b.] en el p. sig., sált. el esp. 1 cad., 10 p. b., [1 p. b., 1 p. m. a.] en el p. sig., rep. desde * 4 veces, cierre con 1 p. r. en el p. inicial (68 p.).

V. 8: 1 p. r. en el esp. 1 cad., *[1 piña de p. m. a. en el esp. 1 cad., 1 cad.] 2 veces, [1 p.

m. a., 1 p. b.] en el p. sig., sált. el esp. 1 cad., 14 p. b., [1 p. b., 1 p. m. a.] en el p. sig., rep. desde * 4 veces, cierre con 1 p. r. en el p. inicial (80 p.).

V. 9: 1 p. r. en el esp. 1 cad., *[1 piña de p. m. a., 1 cad.], [1 p. m. a., 1 p. b.] en el p. sig., sált. el esp. 1 cad., 18 p. b., [1 p. b., 1 p. m. a.] en el p. sig., rep. desde * 4 veces, cierre con 1 p. r. en el p. inicial (92 p.).

V. 10: [2 cad., 1 p. m. a., 1 cad., 2 p. m. a.] en el 1.er p., *sált. el esp. 1 cad., 22 p. b., [2 p. m. a., 1 cad., 2 p. m. a.] en el p. sig., rep. desde * 3 veces, sált. el esp. 1 cad., 22 p. b., cierre con 1 p. r. en el p. inicial (104 p.). Remate la labor.

COMBINACIÓN

Campo de heno (*véase* la pág. 68)

38

BAYAS SILVESTRES

Un diseño sencillo pero llamativo. En la página 124 puede observar lo bien que queda aplicado en un proyecto.

DIFICULTAD

SÍMBOLOS Y ABREVIATURAS

℗ anillo mágico

◦ cadeneta (cad.)

• punto raso (p. r.)

+ punto bajo (p. b.)

⊤ punto medio alto (p. m. a.)

† punto alto (p. a.)

† punto alto doble (p. a. d.)

† punto alto triple (p. a. t.)

⋀ 2 puntos medios altos cerrados juntos (2 p. m. a. jun.)

► inicio de hilera o vuelta

HERRAMIENTAS Y MATERIALES

Hilo: hilo ligero (DK)/8 cabos de algodón en estos colores: rojo vino (hilo A), dorado intenso (hilo B)

Aguja de ganchillo: 4 mm

PUNTOS ESPECIALES

2 puntos medios altos cerrados juntos (2 p. m. a. jun.): [e. h., introduzca la aguja en el p. indicado, e. h. y saque 1 laz.] 2 veces, e. h. y sáquela por las 5 laz. de la aguja.

TRUCOS Y CONSEJOS

• Para no tener que rematar tantos cabos sueltos, desplace el hilo por el revés de la labor.

• Si le cuesta hacer el anillo mágico, teja 3 cad. y únalas haciendo 1 p. r. en la 1.ª cad. para formar un anillo.

INSTRUCCIONES DEL PATRÓN

A menos que se dé otra indicación, la cad. ini. cuenta como 1 p.

V. 1: trabajando con A en el anillo mágico, haga 3 cad., 11 p. a., cierre con 1 p. r. en la 3.ª cad. ini. (12 p.).

V. 2: [3 cad., 1 p. a.] en el 1.er p., [2 p. a. en el p. sig.] 11 veces, cierre con 1 p. r. en la 3.ª cad. ini. (24 p.).

V. 3: con B, 1 cad. (no cuenta como p., ni aquí ni más adelante), [1 p. b., 1 cad.] en cada p. hasta el final, cierre con 1 p. r. en el p. inicial (24 p.).

V. 4: con A, 1 cad., 2 p. m. a. en cada esp. 1 cad., cierre con 1 p. r. en el p. inicial, 1 p. r. (48 p.).

V. 5: con B, 1 cad., [1 p. b., 1 cad., sált. 1 p.] 24 veces, cierre con 1 p. r. en el p. inicial (24 p.).

V. 6: con A, 1 cad., *2 p. m. a. en el sig. esp. 1 cad., 2 p. m. a. jun. trabajando el 1.º en el mismo esp. 1 cad. y el 2.º en el sig. esp. 1 cad., 2 p. m. a. en el mismo esp. 1 cad., rep. desde * 12 veces, cierre con 1 p. r. en el p. inicial, 1 p. r. (60 p).

V. 7: con B, 1 cad., *1 p. b., 2 cad., sált. 1 p., 1 p. b., 2 cad., sált. 2 p., rep. desde * 12 veces, cierre con 1 p. r. en el p. inicial (24 p.).

V. 8: con A, 1 cad., 3 p. m. a. en cada esp. 2 cad., cierre con 1 p. r. en el p. inicial, 1 p. r. (72 p.).

V. 9: con B, 1 cad., [1 p. b., 3 cad., sált. 2 p.] 24 veces, cierre con 1 p. r. en el p. inicial (24 p.).

V. 10: con A, 1 cad., *3 p. b. en el esp. 3 cad., 3 p. m. a. en el sig. esp. 3 cad., 3 p. a. en el sig. esp. 3 cad., [2 p. a. d., 1 p. a. t., 1 cad., 1 p. a. t., 2 p. a. d.] en el sig. esp. 3 cad.,

3 p. a. en el sig. esp. 3 cad., 3 p. m. a. en el sig. esp. 3 cad., rep. desde * 4 veces, cierre con 1 p. r. en el p. inicial (84 p.).

V. 11: 1 cad., 12 p. b., *[1 p. m. a., 2 cad., 1 p. m. a.] en el esp. 1 cad., 21 p. b., rep. desde * 3 veces, [1 p. m. a., 2 cad., 1 p. m. a.] en el esp. 1 cad., 9 p. b., cierre con 1 p. r. en el p. inicial (92 p.). Remate A.

V. 12: con B, 1 cad., 13 p. b., *[2 p. b., 1 cad., 2 p. b.] en el esp. 2 cad., sált. 1 p., 22 p. b., rep. desde * 3 veces, [2 p. b., 1 cad., 2 p. b.] en el esp. 2 cad., sált. 1 p., 9 p. b., cierre con 1 p. r. en el p. inicial (104 p.). Remate B.

COMBINACIÓN

Coreopsis (*véase* la pág. 86)

39

COREOPSIS

Aunque está compuesto de puntos básicos, este cuadrado con nombre de flor requiere la mano de un tejedor de nivel medio debido a la ubicación de algunos puntos.

DIFICULTAD

SÍMBOLOS Y ABREVIATURAS

- ℰ anillo mágico
- ∘ cadeneta **(cad.)**
- • punto raso **(p. r.)**
- + punto bajo **(p. b.)**
- ⊤ punto medio alto **(p. m. a.)**
- ⨏ punto alto **(p. a.)**
- ⨏ punto alto doble **(p. a. d.)**
- ▶ inicio de hilera o vuelta

HERRAMIENTAS Y MATERIALES

Hilo: hilo ligero (DK)/8 cabos de algodón en estos colores: dorado intenso (hilo A), rojo vino (hilo B), verde enebro (hilo C), verde primavera (hilo D)

Aguja de ganchillo: 4 mm

TÉCNICAS UTILIZADAS

Trabajar por encima o en vueltas anteriores (*véase* la pág. 135)

TRUCOS Y CONSEJOS

Recoloque los puntos de alrededor de las 10 cad. de la V. 3 para que los pétalos queden bien puestos.

INSTRUCCIONES DEL PATRÓN

A menos que se dé otra indicación, la cad. ini. cuenta como 1 p.

V. 1: trabajando con A en el anillo mágico, haga 2 cad., 11 p. m. a., cierre con 1 p. r. en la 2.ª cad. ini. (12 p.). Remate A.

V. 2: con B, [10 cad., 1 p. r.] en el p., *1 p. r., [1 p. r., 10 cad., 1 p. r.] en el p. sig., rep. desde * 5 veces, 2 p. r. (6 bucles de 10 cad. con 1 p. r. entremedias).

V. 3: *[1 p. b., 1 p. m. a., 1 p. a., 1 p. a. d., 3 cad., 1 p. r., 3 cad., 1 p. a. d., 1 p. a., 1 p. m. a., 1 p. b.] en el bucle de 10 cad., 1 p. r., rep. desde * 6 veces, cierre con 1 p. r. en el p. inicial (72 p.). Remate B.

V. 4: incorpore C en el 1.er p. a. d., 4 cad. (cuentan como 1 p. b. y 3 cad.), *2 p. b. en el p. r. de encima del bucle, 3 cad., 1 p. b. en el p. a. d., 1 p. a. d. en el p. r. de la V. 3, 1 p. b. en el p. a. d., 3 cad., rep. desde * 5 veces, 2 p. b. en el p. r., 3 cad., 1 p. b. en el p. a. d., 1 p. a. d. en el p. r. de la V. 3, cierre con 1 p. r. en la 1.ª cad. ini. (30 p.).

V. 5: 1 p. r.ᵢ en el esp. 3 cad., 1 cad. (no cuenta como p.), *3 p. b. en el esp. 3 cad., 2 p. b., 3 p. b. en el esp. 3 cad., sált. 1 p., 1 p. a., 1 p. m. a., rep. desde * 6 veces, cierre con 1 p. r. en el p. inicial (60 p.). Remate C.

V. 6: incorpore D en cualquier p. a., 6 cad. (cuentan como 1 p. a. d. y 2 cad.), *2 p. a. d. en el p. sig., 3 p. a. en el p. sig., sált. 1 p., 1 p. r., sált. 1 p., [(2 p. m. a., 1 cad., 2 p. m. a.) en el p. sig., sált. 1 p., 1 p. r., sált. 1 p.] 2 veces, 3 p. a. en el p. sig., 2 p. a. d. en el p. sig., 2 cad., rep. desde * 3 veces, 2 p. a. d. en el p. sig., 3 p. a. en el p. sig., sált. 1 p., 1 p. r., sált. 1 p., [(2 p. m. a., 1 cad., 2 p. m. a.) en el p. sig., sált. 1 p., 1 p. r., sált. 1 p.] 2 veces, 3 p. a. en el p. sig., 1 p. a. d. en el

mismo p. que la cad. ini., cierre con 1 p. r. en la 4.ª cad. ini. (72 p.). Remate D.

V. 7: incorpore C en cualquier esp. 2 cad., [4 cad. (cuentan como 1 p. m. a. y 2 cad.), 3 p. m. a.] en el esp. 2 cad., *2 cad., [3 p. a. en el p. r., 1 p. b. en el esp. 1 cad.] 2 veces, 3 p. a. en el p. r., 2 cad., [3 p. m. a., 2 cad., 3 p. m. a.] en el esp. 2 cad., rep. desde * 3 veces, 2 cad., [3 p. a. en el p. r., 1 p. b. en el esp. 1 cad.] 2 veces, 3 p. a. en el p. r., 2 cad., 2 p. m. a. en el mismo esp. cad. que la cad. ini., cierre con 1 p. r. en la 2.ª cad. ini. (68 p.).

V. 8: 1 p. r. en el esp. 2 cad., [6 cad. (cuentan como 1 p. a. y 3 cad.), 1 p. a.] en el esp. 2 cad., *3 p. a., 2 p. a. en el esp. 2 cad.,

11 p. a., 2 p. a. en el esp. 2 cad., 3 p. a., [1 p. a., 3 cad., 1 p. a.] en el esp. 2 cad., rep. desde * 3 veces, 3 p. a., 2 p. a. en el esp. 2 cad., 11 p. a., 2 p. a. en el esp. 2 cad., 3 p. a., cierre con 1 p. r. en la 3.ª cad. ini. (92 p.). Remate C.

V. 9: incorpore B en el esp. 3 cad., 1 cad. (no cuenta como p.), *[2 p. b., 1 cad., 2 p. b.] en el esp. 3 cad., 23 p. b., rep. desde * 4 veces, cierre con 1 p. r. en el p. b. inicial (108 p.). Remate la labor.

40

COPO FLORAL

Este copo de nieve con forma de flor está compuesto de una gran variedad de puntos que le dan una textura suave, como piñas de puntos medios altos y piquitos.

DIFICULTAD

SÍMBOLOS Y ABREVIATURAS

ⓒ anillo mágico

◠ cadeneta (**cad.**)

• punto raso (**p. r.**)

+ punto bajo (**p. b.**)

⋀ 2 p. b. cerrados juntos (**2 p. b. jun.**)

T punto medio alto (**p. m. a.**)

⋀ 2 p. m. a. cerrados juntos (**2 p. m. a. jun.**)

Ⓘ piña de puntos medios altos (**piña de p. m. a.**)

† punto alto (**p. a.**)

‡ punto alto doble (**p. a. d.**)

‡ punto alto doble en relieve tomado por delante (**p. a. d. rel. del.**)

‡ punto alto triple (**p. a. t.**)

𝄙 piquito (**piq.**)

𝄚 punto alto largo (**p. a. largo**)

⌒ tercera lazada (**3.ª laz.**)

▸ inicio de hilera o vuelta

HERRAMIENTAS Y MATERIALES

Hilo: hilo ligero (DK)/8 cabos de algodón en estos colores: blanco (hilo A), azul piedra (hilo B)

Aguja de ganchillo: 4 mm

TÉCNICAS UTILIZADAS

Trabajar por encima o en vueltas anteriores (*véase la pág. 135*)

TRUCOS Y CONSEJOS

Si desplaza el hilo por el revés de la labor, en lugar de rematarlo al final de cada vuelta, no tendrá que esconder tantos cabos.

PUNTOS ESPECIALES

2 puntos bajos cerrados juntos (2 p. b. jun.): [introduzca la aguja en el p. sig., e. h. y saque 1 laz.] 2 veces, e. h. y sáquela por las 3 laz. de la aguja.

2 puntos medios altos cerrados juntos (2 p. m. a. jun.): [introduzca la aguja en el p. sig., e. h. y saque 1 laz.] 2 veces, e. h. y sáquela por todas las laz. de la aguja.

piña de puntos medios altos (piña de p. m. a.): [e. h., introduzca la aguja en el p., e. h. y saque 1 laz.] 3 veces, e. h. y sáquela por las 7 laz. de la aguja.

punto alto doble en relieve tomado por delante (p. a. d. rel. del.): punto alto doble trabajado alrededor del cuerpo del p. indicado, introduciendo la aguja desde delante hacia atrás y de nuevo hacia delante.

piquito (piq.): 3 cad., 1 p. r. en la 1.ª cad.

punto alto largo (p. a. largo): e. h., introduzca la aguja en el p. de más abajo indicada, e. h. y saque 1 laz., alargue la laz. hasta que alcance la altura de los p. de la H. de trabajo, [e. h. y sáquela a través de 2 laz.] 2 veces.

tercera lazada (3.ª laz.): introduzca el ganchillo hacia abajo por la tercera lazada de detrás del p. m. a., situada por debajo de la lazada trasera.

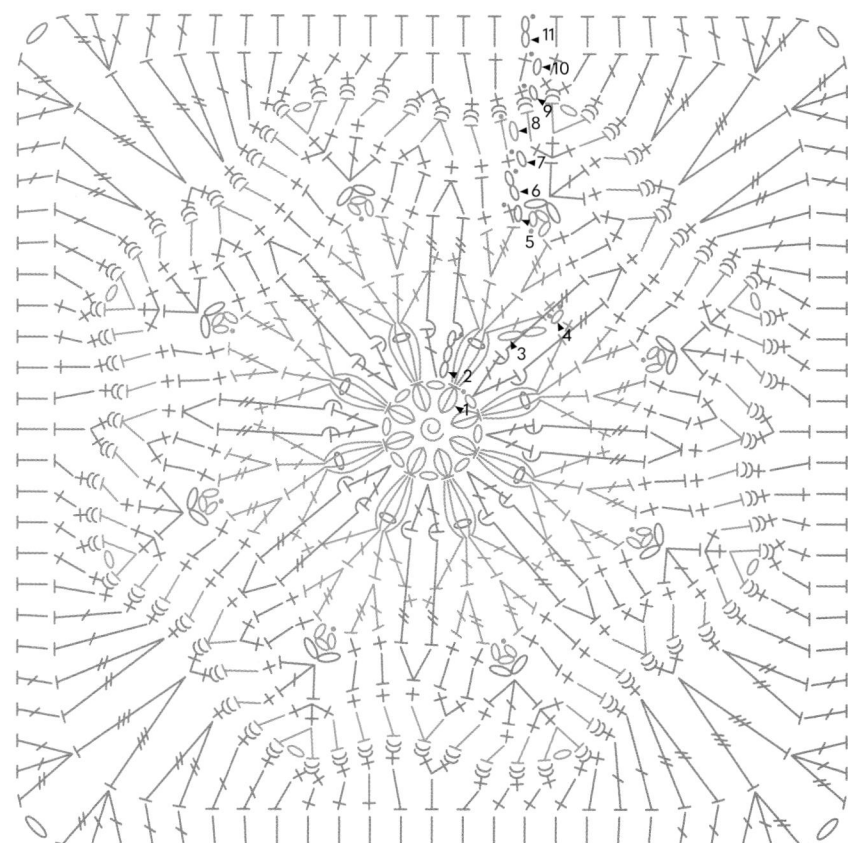

COMBINACIÓN

Saltire (*véase* la pág. 112)

INSTRUCCIONES DEL PATRÓN

A menos que se dé otra indicación, la cad. ini. cuenta como 1 p.

V. 1: trabajando con A en el anillo mágico, haga [1 piña de p. m. a., 1 cad.] 8 veces, cierre con 1 p. r. en el p. inicial (12 p.). Remate A.

V. 2: incorpore B en el esp. 1 cad., [3 cad., 1 p. a.] en el esp. 1 cad., 1 cad., [2 p. a. en el esp. 1 cad., 1 cad.] 7 veces, cierre con 1 p. r. en la cad. ini. (16 p.). Remate B.

V. 3: incorpore A en el esp. 1 cad., 2 cad. (no cuentan como p.) [4 p. a. largos en la piña de la V. 1] 8 veces, cierre con 1 p. r. en el 1.er p. a. largo (32 p.).

V. 4: 1 cad. (no cuenta como p.), 1 p. b., *[1 p. a., 1 p. a. d.] en el p. sig., 1 piq., [1 p. a. d., 1 p. a.] en el p. sig., 2 p. b., rep. desde * 7 veces, [1 p. a., 1 p. a. d.] en el p. sig., 1 piq., [1 p. a. d., 1 p. a.] en el p. sig., 1 p. b., cierre con 1 p. r. en el p. inicial (48 p.). Remate A.

V. 5: incorpore B en el 1.er p. a. d. posterior al piq., 1 cad. (no cuenta como p.), *2 p. b., [1 p. a. d. rel. del. alrededor del p. a. de la V. 2] 2 veces, 2 p. b., 2 cad. detrás del piq., rep. desde * 8 veces, cierre con 1 p. r. en el p. inicial (48 p.).

V. 6: 2 cad., 1 p. m. a., 2 p. m. a. jun., 2 p. m. a., *[1 p. m. a., 1 p. a., 1 p. m. a.] en el esp. 2 cad., 2 p. m. a., 2 p. m. a. jun., 2 p. m. a., rep. desde * 7 veces, [1 p. m. a., 1 p. a., 1 p. m. a.] en el esp. 2 cad., cierre con 1 p. r. en la 2.ª cad. ini. (64 p.).

V. 7: 1 cad. (no cuenta como p.), *3 p. b., 2 p. b. jun., 2 p. b., 3 p. b. en el p. sig., rep. desde * 8 veces, cierre con 1 p. r. en el p. inicial (72 p.).

No remate el hilo B; deslícelo por el revés de la pieza para retomarlo en la V. 9.

V. 8: incorpore A, 1 cad. (no cuenta como p.), 2 p. m. a., *2 p. m. a. jun., 3 p. m. a., [1 p. m. a., 1 cad., 1 p. m. a.] en el p. sig., 3 p. m. a., rep. desde * 7 veces, 2 p. m. a. jun., 3 p. m. a., [1 p. m. a., 1 cad., 1 p. m. a.] en el p. sig., 1 p. m. a., cierre con 1 p. r. en el p. m. a. inicial (72 p.). Remate A.

V. 9: deslice B hasta la 3.ª laz. del 1.er p. m. a. situado antes de la cad. ini. Trabajando en la 3.ª laz. del p. m. a., haga 1 cad. (no cuenta como p.), *3 p. b., 2 p. b. jun., 3 p. b., sált. el esp. cad., 2 p. b. en el p. sig., rep. desde * 8 veces, cierre con 1 p. r. en el p. inicial (72 p.).

V. 10: 1 cad. (no cuenta como p.), 2 p. b., *3 p. m. a., 3 p. b., 1 p. m. a., 2 p. a., 2 p. a. d. en el p. sig., 2 p. a. t. en el p. sig., 2 p. a. t. en el p. sig., 2 p. a., 1 p. m. a., 3 p. b., rep. desde * 3 veces, 3 p. m. a., 3 p. b., 1 p. m. a., 2 p. a., 2 p. a. d. en el p. sig., 2 p. a. t. en el p. sig., 2 p. a. d. en el p. sig., 2 p. a., 1 p. m. a., 1 p. b., cierre con 1 p. r. en el p. inicial. (84 p.).

V. 11: 2 cad., 10 p. m. a., *2 p. a., [2 p. a., 1 p. a. d.] en el p. sig., 1 cad., [1 p. a. d., 2 p. a.] en el p. sig., 2 p. a., 15 p. m. a., rep. desde * 3 veces, 2 p. a., [2 p. a., 1 p. a. d.] en el p. sig., 1 cad., [1 p. a. d., 2 p. a.] en el p. sig., 2 p. a., 4 p. m. a., cierre con 1 p. r. en la 2.ª cad. ini. (100 p.). Remate la labor.

41

BELLEZA NÍVEA

De inspiración invernal gracias al precioso diseño del copo de nieve, este cuadrado está formado por una gran variedad de puntos especiales que convierten cualquier labor en todo un desafío.

DIFICULTAD

SÍMBOLOS Y ABREVIATURAS

ꂦ anillo mágico

⌒ cadeneta (cad.)

• punto raso (p. r.)

+ punto bajo (p. b.)

⋀ 2 p. b. cerrados juntos (2 p. b. jun.)

T punto medio alto (p. m. a.)

↑ punto alto (p. a.)

↑ punto alto doble (p. a. d.)

↑ punto alto doble en relieve tomado por delante (p. a. d. rel. del.)

ᛦ piquito (piq.)

⋀ 2 puntos altos en relieve tomados por delante cerrados juntos (2 p. a. rel. del. jun.)

⋀ 2 puntos altos cerrados juntos (2 p. a. jun.)

⋀ 2 puntos altos triples en relieve tomados por delante cerrados juntos (2 p. a. t. rel. del. jun.)

► inicio de hilera o vuelta

HERRAMIENTAS Y MATERIALES

Hilo: hilo ligero (DK)/8 cabos de algodón en estos colores: blanco (hilo A), azul luz de luna (hilo B)

Aguja de ganchillo: 4 mm

TÉCNICAS UTILIZADAS

• Trabajar por encima o en vueltas anteriores (*véase la pág. 135*)

• Cambiar de color en medio de una vuelta o hilera (*véase la pág. 137*)

PUNTOS ESPECIALES

2 puntos bajos cerrados juntos (2 p. b. jun.): [introduzca la aguja en el p. sig., e. h. y saque 1 laz.] 2 veces, e. h. y sáquela por las 3 laz. de la aguja.

punto alto doble en relieve tomado por delante (p. a. d. rel. del.): punto alto doble trabajado alrededor del cuerpo del p. indicado, introduciendo la aguja desde delante hacia atrás y de nuevo hacia delante.

piquito (piq.): 3 cad., 1 p. r. en la 1.ª cad.

2 puntos altos en relieve tomados por delante cerrados juntos (2 p. a. rel. del. jun.): *e. h., introduzca la aguja alrededor del cuerpo del p. indicado desde delante hacia atrás y de nuevo hacia delante, e. h. y saque 1 laz., e. h. y sáquela por 2 laz., rep. desde * en el sig. p. indicado (3 laz. en la aguja), e. h. y sáquela por todas las laz. de la aguja.

2 puntos altos cerrados juntos (2 p. a. jun.): [e. h., introduzca la aguja en el p. sig., e. h. y saque 1 laz., e. h. y sáquela por 2 laz. de la aguja] 2 veces, e. h. y sáquela por las 3 laz. de la aguja.

2 puntos altos triples en relieve tomados por delante cerrados juntos (2 p. a. t. rel. del. jun.): *e. h. 3 veces, introduzca la aguja alrededor del cuerpo del p. indicado desde delante hacia atrás y de nuevo hacia delante, e. h. y saque 1 laz., (e. h. y sáquela por 2 laz.) 3 veces, rep. desde * en el sig. p. indicado (3 laz. en la aguja), e. h. y sáquela por todas las laz. de la aguja.

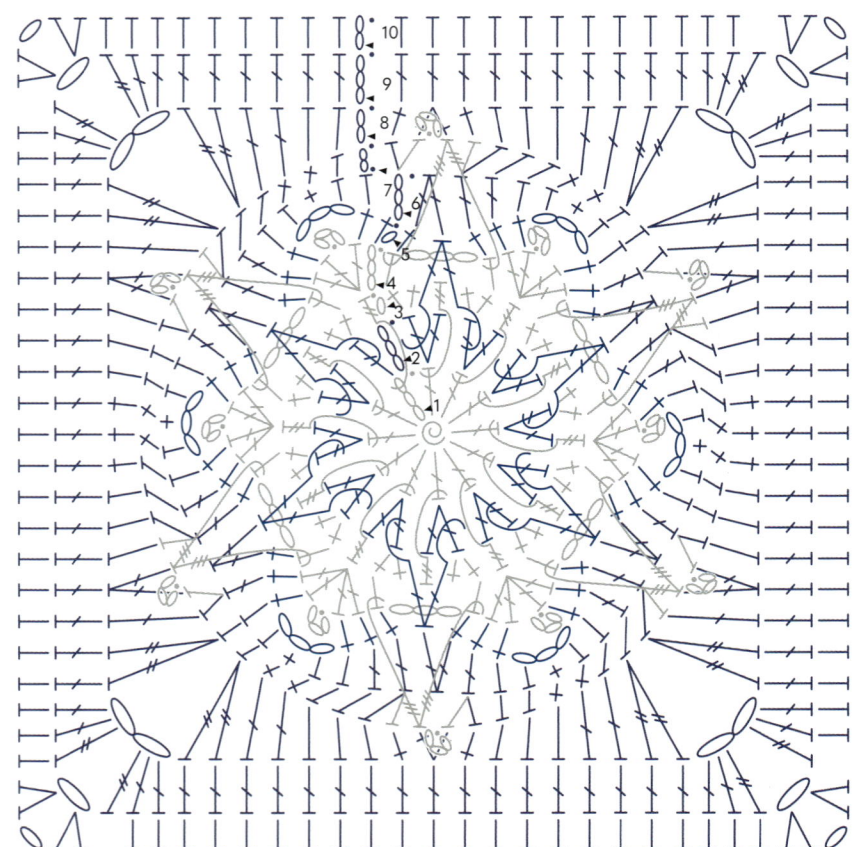

TRUCOS Y CONSEJOS

Desplace el hilo por el revés de la labor, en lugar de rematarlo al final de cada vuelta, y trabaje la V. 7 con los dos colores juntos.

COMBINACIÓN

Reflejos *(véase la pág. 96)*

INSTRUCCIONES DEL PATRÓN

A menos que se dé otra indicación, la cad. ini. cuenta como 1 p.

V. 1: trabajando con A en el anillo mágico, haga 3 cad., 11 p. a., cierre con 1 p. r. en la 3.ª cad. ini. (12 p.). Remate A.

V. 2: con B, [3 cad., 1 p. a.] en el 1.ᵉʳ p., [2 p. a. en el p. sig.] 11 veces, cierre con 1 p. r. en la 3.ª cad. ini. (24 p.). Remate B.

V. 3: con A, 1 cad. (no cuento como p.), [1 p. a. d. rel. del. en el p. a. de la V. 1, sált. 1 p., 2 p. b. en el p. sig.] 12 veces, cierre con 1 p. r. en el p. inicial (36 p.).

V. 4: [3 cad., 1 p. a., 1 piq., 2 p. a.] en el 1.ᵉʳ p., *1 p. m. a., 3 cad., sált. 3 p., 1 p. m. a., [2 p. a., 1 piq., 2 p. a.] en el p. sig., rep. desde * 5 veces, 1 p. m. a., 3 cad., sált. 3 p., 1 p. m. a., cierre con 1 p. r. en la 3.ª cad. ini. (42 p.). Remate A.

V. 5: con B, 1 cad. (no cuenta como p.), *2 p. b., 3 cad. por detrás del piq., 3 p. b., 2 p. a. rel. del. jun. en la V. 2 (B) trabajando el 1.º en el p. a. anterior al cuerpo del p. a. d. rel. del. y el 2.º alrededor del p. a. de detrás del cuerpo del p. a. d. rel. del., sált. el esp. 3 cad., 1 p. b., rep. desde * 6 veces, cierre con 1 p. r. en el p. inicial (42 p.).

V. 6: 3 cad., 1 p. m. a., *[1 p. m. a., 1 p. b., 1 p. m. a.] en el esp. 3 cad., 1 p. m. a., 2 p. a., 2 p. a. jun., 1 p. a., 1 p. m. a., rep. desde * 5 veces, [1 p. m. a., 1 p. b., 1 p. m. a.] en el esp. 3 cad., 1 p. m. a., 2 p. a., 2 p. a. jun., cierre con 1 p. r. en la 3.ª cad. ini. (54 p.).

V. 7: 1 p. r., 2 cad., 1 p. m. a., *2 p. b., 2 p. m. a., [1 p. m. a., siga con A, 1 p. m. a.] en el p. sig., 2 p. a. t. rel. del. jun. en la V. 4 (A) trabajando el 1.º alrededor del p. m. a. anterior al cuerpo de los 2 p. a. rel. del. jun. y el 2.º alrededor del p. m. a. posterior al cuerpo de los 2 p. a. rel. del. jun., 1 piq., sált. 1 p., [1 p. m. a., siga con B, 1 p. m. a.] en el p. sig., 2 p. m. a., rep. desde * 5 veces, 2 p. b., 2 p. m. a., [1 p. m. a., siga con A, 1 p. m. a.] en el p. sig., 2 p. a. t. rel. del. jun. en la V. 4 (A) trabajando el 1.º alrededor del p. m. a. anterior al cuerpo de los 2 p. a. rel. del. jun. y el 2.º alrededor del p. m. a. posterior al cuerpo de los 2 p. a. rel. del. jun., 1 piq., sált. 1 p., [1 p. m. a., remate A, siga con B, 1 p. m. a.] en el p. sig., cierre con 1 p. r. en la 2.ª cad. ini. (72 p.).

V. 8: 2 cad., *2 p. m. a., 2 p. a., 2 p. a. d. en el p. sig., 2 cad., 2 p. a. d. en el p. sig., 1 p. a., 2 p. a. jun. por detrás del piq., 3 p. m. a., 3 p. b., 3 p. m. a., 2 p. a. jun. por detrás del piq., 1 p. a., 2 p. a. d. en el p. sig., 2 cad., 2 p. a. d. en el p. sig., 2 p. a., 3 p. m. a., 1 p. b., 2 p. b. jun. por detrás del piq., 1 p. b.**, 1 p. m. a., rep. desde * a **, cierre con 1 p. r. en la 2.ª cad. ini. (68 p.).

V. 9: 3 cad., 6 p. a., *[2 p. a., 1 p. a. d., 1 cad., 1 p. a. d., 2 p. a.] en el esp. 2 cad., 17 p. a., rep. desde * 3 veces, [2 p. a., 1 p. a. d., 1 cad., 1 p. a. d., 2 p. a.] en el esp. 2 cad., 10 p. a., cierre con 1 p. r. en la 3.ª cad. ini. (92 p.).

V. 10: 2 cad., 9 p. m. a., *[2 p. m. a., 1 cad., 2 p. m. a.] en el esp. 1 cad., sált. 1 p., 22 p. m. a., rep. desde * 3 veces, [2 p. m. a., 1 cad., 2 p. m. a.] en el esp. 1 cad., sált. 1 p., 12 p. m. a., cierre con 1 p. r. en la 2.ª cad. ini. (104 p.). Remate la labor.

42

NOCHE GÉLIDA

Los bodoques crean un patrón rico en textura, pero si une varios cuadrados obtendrá un resultado muy diferente. En la página 127 puede verlo aplicado en el patrón de una funda de cojín.

DIFICULTAD

SÍMBOLOS Y ABREVIATURAS

- ℮ anillo mágico
- ○ cadeneta (cad.)
- • punto raso (p. r.)
- ⊤ punto alto (p. a.)
- ⬡ bodoque (bod.)
- ► inicio de hilera o vuelta

HERRAMIENTAS Y MATERIALES

Hilo: hilo ligero (DK)/8 cabos de algodón en estos colores: gris (hilo A), blanco (hilo B)

Aguja de ganchillo: 3,5 mm

PUNTOS ESPECIALES

bodoque (bod.): 4 p. a., retire la aguja e introdúzcala en el 1.er p. a. hecho, retome la laz. de trabajo, e. h. y sáquela a través de la laz. y del p. de la aguja, apretando bien.

TRUCOS Y CONSEJOS

- «Bloque» se refiere al grupo de puntos [1 p. a., 1 bod., 1 p. a.].

- Si utiliza un ganchillo más pequeño que el recomendado para el hilo, le será más fácil esconder la hebra que se desplaza por detrás de los puntos porque le quedarán más apretados.

PROYECTO EN LA PÁGINA 127

INSTRUCCIONES DEL PATRÓN

A menos que se dé otra indicación, la cad. ini. cuenta como 1 p.

V. 1: trabajando con A en el anillo mágico, haga 5 cad. (cuentan como 1 p. a. y 2 cad.), [1 p. a., 1 bod., 1 p. a., 2 cad.] 3 veces, 1 p. a., 1 bod., cierre con 1 p. r. en la 3.ª cad. ini. (12 p.).

V. 2: 1 p. r. en el esp. 2 cad., 3 cad., [1 bod., 1 p. a., 2 cad., 1 p. a., 1 bod., 1 p. a.] en el esp. 2 cad., *[1 p. a., 1 bod., 1 p. a., 2 cad., 1 p. a., 1 bod., 1 p. a.] en el esp. 2 cad., rep. desde * 3 veces, cierre con 1 p. r. en la 3.ª cad. ini. (24 p.). Remate A.

V. 3: incorpore B en el esp. 2 cad., [5 cad. (cuentan como 1 p. a. y 2 cad.), 1 p. a., 1 bod., 1 p. a.] en el esp. 2 cad., sált. 3 p., *[1 p. a., 1 bod., 1 p. a.] en el esp. entre bloques, [1 p. a., 1 bod., 1 p. a., 2 cad., 1 p. a., 1 bod., 1 p. a.] en el esp. 2 cad., rep. desde * 3 veces, sált. 3 veces, [1 p. a., 1 bod., 1 p. a.] en el esp. entre bloques, [1 p. a., 1 bod.] en el mismo esp. 2 cad. que la cad. ini., cierre con 1 p. r. en la 3.ª cad. ini. (36 p.).

V. 4: 1 p. r. en el esp. 2 cad., [3 cad., 1 bod., 1 p. a., 2 cad., 1 p. a., 1 bod., 1 p. a.] en el esp. 2 cad., *sált. 3 p., ([1 p. a., 1 bod., 1 p. a.] en el esp. entre bloques, sált. 3 p.) 2 veces, [1 p. a., 1 bod., 1 p. a., 2 cad., 1 p. a., 1 bod., 1 p. a.] en el esp. 2 cad., rep. desde * 3 veces, sált. 3 p., ([1 p. a., 1 bod., 1 p. a.] en el esp. entre bloques, sált. 3 p.) 2 veces, cierre con 1 p. r. en la 3.ª cad. ini. (48 p.).

V. 5: 3 p. r. en el esp. 2 cad., [3 cad., 1 bod., 3 cad., 1 bod., 1 p. a.] en el esp. 2 cad., * 12 p. a. con A, siga con B, [1 p. a., 1 bod.,

3 cad., 1 bod., 1 p. a.] en el esp. 2 cad., rep. desde * 3 veces, 12 p. a. con A, siga con B, cierre con 1 p. r. en la 3.ª cad. ini. (64 p.).

V. 6: 2 p. r. en el esp. 3 cad., [3 cad., 1 bod., 3 cad., 1 bod., 1 p. a.] en el esp. 3 cad., *16 p. a. con A, siga con B, [1 p. a., 1 bod., 3 cad., 1 bod., 1 p. a.] en el esp. 3 cad., rep. desde * 3 veces, 16 p. a. con A, siga con B, cierre con 1 p. r. en la 3.ª cad. ini. (80 p.).

V. 7: 2 p. r. en el esp. 3 cad., [3 cad., 1 bod., 3 cad., 1 bod., 1 p. a.] en el esp. 3 cad., *20 p. a. con A, siga con B, [1 p. a., 1 bod.,

3 cad., 1 bod., 1 p. a.] en el esp. 3 cad., rep. desde * 3 veces, 20 p. a. con A, siga con B, cierre con 1 p. r. en la 3.ª cad. ini. (96 p.).

V. 8: 2 p. r. en el esp. 3 cad., [3 cad., 1 bod., 3 cad., 1 bod., 1 p. a.] en el esp. 3 cad., *24 p. a. con A, siga con B, [1 p. a., 1 bod., 3 cad., 1 bod., 1 p. a.] en el esp. 3 cad., rep. desde * 3 veces, siga con A, 24 p. a., cierre con 1 p. r. en la 3.ª cad. ini. (112 p.).

Remate la labor.

43

REFLEJOS

Las vueltas blancas internas, que parecen reflejos en oscuras aguas invernales, dan un toque diferente a un *granny square* liso.

DIFICULTAD

SÍMBOLOS Y ABREVIATURAS

- ⊚ anillo mágico
- ⌒ cadeneta (**cad.**)
- • punto raso (**p. r.**)
- + punto bajo (**p. b.**)
- ⌶ punto alto (**p. a.**)
- ⌶ punto alto centrado (**p. a. centrado**)
- ► inicio de hilera o vuelta

HERRAMIENTAS Y MATERIALES

Hilo: hilo ligero (DK)/8 cabos de algodón en estos colores: azul luz de luna (hilo A), blanco (hilo B)

Aguja de ganchillo: 4 mm

PUNTOS ESPECIALES

punto alto centrado (p. a. centrado): e. h., introduzca la aguja en el centro del p. b. inferior entre las dos hebras que forman la «V» (en lugar de por debajo de la laz. superior, lo habitual), e. h. y saque 1 laz., [e. h. y sáquela por 2 laz.] 2 veces.

TRUCOS Y CONSEJOS

Comenzar la vuelta sin tejer todos los puntos que forman la esquina ayuda a esconder la cadeneta de inicio, siempre y cuando haga los últimos puntos en el mismo espacio.

INSTRUCCIONES DEL PATRÓN

A menos que se dé otra indicación, la cad. ini. cuenta como 1 p.

V. 1: trabajando con A en el anillo mágico, haga 5 cad. (cuentan como 1 p. a. y 2 cad.), [3 p. a., 2 cad.] 3 veces, 2 p. a., cierre con 1 p. r. en la 3.ª cad. ini. (12 p.).

V. 2: 1 p. r. en el esp. 2 cad., [5 cad. (cuentan como 1 p. a. y 2 cad.), 2 p. a.] en el esp. 2 cad., *3 p. a., [2 p. a., 2 cad., 2 p. a.] en el esp. 2 cad., rep. desde * 3 veces, 3 p. a., 1 p. a. en el mismo esp. cad. que la cad. ini., cierre con 1 p. r. en la 3.ª cad. ini. (28 p.). No remate el hilo A; desplácelo hacia arriba para usarlo en la V. 4.

V. 3: 1 p. r. en el esp. 2 cad. e incorpore B, 1 cad. (no cuenta como p.), *[2 p. b., 1 cad., 2 p. b.] en el esp. 2 cad., sált. 1 p., 6 p. b., rep. desde * 4 veces, cierre con 1 p. r. en el p. inicial (40 p.).

V. 4: 1 p. r. en el p. sig., 1 p. r. en el esp. 1 cad., retome A, [5 cad. (cuentan como 1 p. a. y 2 cad.), 1 p. a.] en el esp. 1 cad., *10 p. a. centrados, [1 p. a., 2 cad., 1 p. a.] en el esp. 1 cad., rep. desde * 3 veces, 10 p. a. centrados, cierre con 1 p. r. en la 3.ª cad. ini. (48 p.).

V. 5: 1 p. r. en el esp. 2 cad., [5 cad. (cuentan como 1 p. a. y 2 cad.), 2 p. a.] en el esp. 2 cad., *12 p. a., [2 p. a., 2 cad., 2 p. a.] en el esp. 2 cad., rep. desde * 3 veces, 12 p. a., 1 p. a. en el mismo esp. cad. que la cad. ini., cierre con 1 p. r. en la 3.ª cad. ini. (64 p.).

V. 6: 1 p. r. en el esp. 2 cad., [5 cad. (cuentan como 1 p. a. y 2 cad.), 2 p. a.] en el esp. 2 cad., *16 p. a., [2 p. a., 2 cad., 2 p. a.] en el esp. 2 cad., rep. desde * 3 veces, 16 p. a., 1 p. a. en el mismo esp. cad. que la

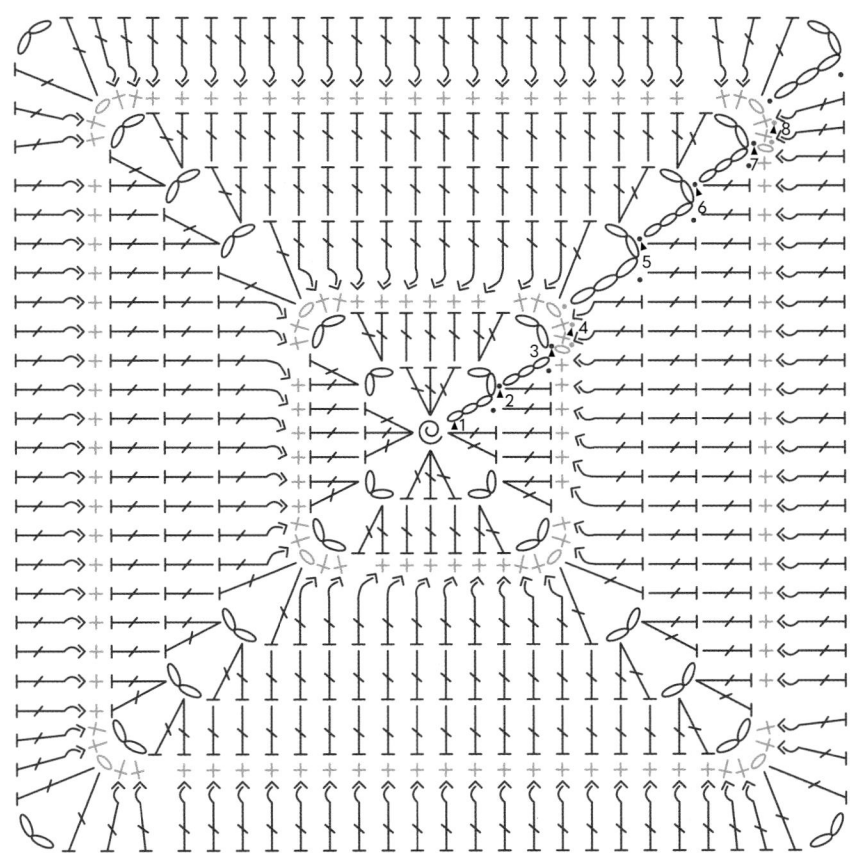

cad. ini., cierre con 1 p. r. en la 3.ª cad. ini. (80 p.).

V. 7: 1 p. r. en el esp. 2 cad. y retome B, 1 cad. (no cuenta como p.), *[2 p. b., 1 cad., 2 p. b.] en el esp. 2 cad., sált. 1 p., 19 p. b., rep. desde * 4 veces, cierre con 1 p. r. en el p. inicial (92 p.).

V. 8: 1 p. r. en el p. sig., remate B, retome A, 1 p. r. en el esp. 1 cad., [5 cad. (cuentan como 1 p. a. y 2 cad.), 1 p. a.] en el esp. 1 cad., *23 p. a. centrados, [1 p. a., 2 cad., 1 p. a.] en el esp. 1 cad., rep. desde * 3 veces, 23 p. a. centrados, cierre con 1 p. r. en la 3.ª cad. ini. (100 p.).
Remate la labor.

COMBINACIÓN

Belleza nívea (*véase* la pág. 91)

44

TÉMPANO DE HIELO

Los paneles de sólidos puntos bajos contrastan con los que tienen textura, que quedan especialmente bien tejidos en diferentes colores.

DIFICULTAD

SÍMBOLOS Y ABREVIATURAS

- ◦ cadeneta (cad.)
- • punto raso (p. r.)
- + punto bajo (p. b.)
- T punto medio alto (p. m. a.)
- ► inicio de hilera o vuelta
- – derecho de la labor (D.)

HERRAMIENTAS Y MATERIALES

Hilo: hilo ligero (DK)/8 cabos de algodón en estos colores: gris (hilo A), blanco (hilo B), azul piedra (hilo C), azul luz de luna (hilo D)

Aguja de ganchillo: 4 mm

TÉCNICAS UTILIZADAS

Trabajar en el extremo de las hileras (*véase* la pág. 141)

TRUCOS Y CONSEJOS

En lugar de cortar el hilo A al cambiar de color, desplácelo por el lado del cuadrado y, después, teja por encima utilizando hilo del mismo color cuando haga los puntos del borde. De este modo, no tendrá que rematar y esconder tantos cabos.

INSTRUCCIONES DEL PATRÓN

A menos que se dé otra indicación, la cad. ini. no cuenta como 1 p. Los p. r. sí cuentan como p.

Con hilo A, teja 25 cad.

H. 1 (D.): empezando en la 2.ª cad. desde la aguja, haga 24 p. b., dele la vuelta (24 p.).

H. 2: 1 cad., 24 p. b., dele la vuelta (24 p.). Remate A.

H. 3-8: con B, 1 cad., [1 p. m. a. en el p. sig., 1 p. r. en el p. sig.] 12 veces, dele la vuelta (24 p.). Remate B.

H. 9-12: con A, como la H. 2.

H. 13-18: con C, como la H. 3.

H. 19-22: con A, como la H. 2.

H. 23-28: con D, como la H. 3.

H. 29 y 30: con A, como la H. 2, dele la vuelta para que la pieza quede con el D. hacia usted. No remate el hilo A: lo utilizará para tejer el borde.

BORDE

V. 1: 1 cad., [24 p. b., 2 cad., 24 p. b. bien distribuidos por el borde, 2 cad.] 2 veces, cierre con 1 p. r. en el p. inicial (96 p.).

V. 2: 1 cad., *24 p. b., [1 p. b., 2 cad., 1 p. b.] en el esp. 2 cad., rep. desde * 4 veces, cierre con 1 p. r. en el p. inicial (104 p.). Remate la labor.

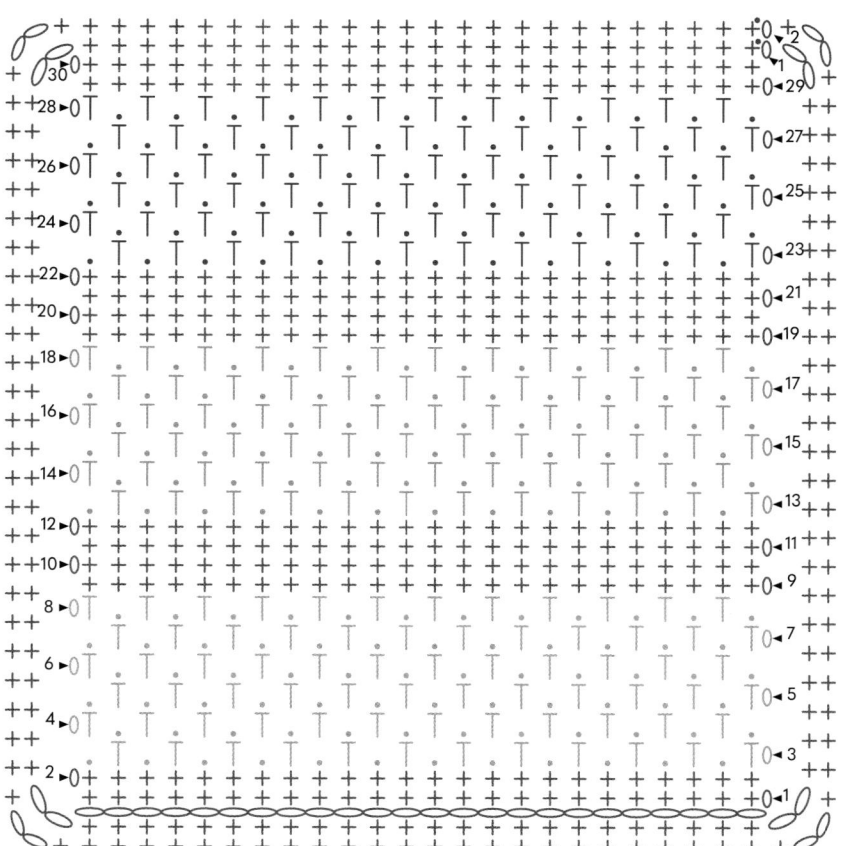

COMBINACIÓN

Hielo de medianoche (*véase* la pág. 109)

45

NEVADA

Utilice la técnica *jacquard*, también llamada *tapestry*, para desplazar el hilo blanco hacia arriba y crear los abultados bodoques de nieve sobre el fondo liso.

DIFICULTAD

SÍMBOLOS Y ABREVIATURAS

- ⊙ anillo mágico
- ⌒ cadeneta (**cad.**)
- • punto raso (**p. r.**)
- + punto bajo (**p. b.**)
- T punto medio alto (**p. m. a.**)
- ⊤ punto alto (**p. a.**)
- ⊤ punto alto doble (**p. a. d.**)
- ⊤ punto alto triple (**p. a. t.**)
- bodoque (**bod.**)
- ▶ inicio de hilera o vuelta

HERRAMIENTAS Y MATERIALES

Hilo: hilo ligero (DK)/8 cabos de algodón en estos colores: azul piedra (hilo A), blanco (hilo B), azul luz de luna (hilo C)

Aguja de ganchillo: 3,5 mm

TÉCNICAS UTILIZADAS

Trabajar con varios colores al mismo tiempo (*véase* la pág. 137)

PUNTOS ESPECIALES

bodoque (bod.): 4 p. a. en el p. sig., retire la aguja e introdúzcala en el 1.er p. a. hecho, retome la laz. de trabajo, e. h. y sáquela a través de la laz. y del p. de la aguja, apretando bien.

TRUCOS Y CONSEJOS

Cambie al hilo A cuando, al tejer el bodoque, eche hebra y la saque por las lazadas de la aguja.

INSTRUCCIONES DEL PATRÓN

A menos que se dé otra indicación, la cad. ini. cuenta como 1 p.

V. 1: trabajando con A en el anillo mágico, haga 1 cad. (no cuenta como p.), 8 p. b., cierre con 1 p. r. en el p. inicial (8 p.).

V. 2: [3 cad., 2 p. a.] en el 1.er p., *1 bod. con B, siga con A, 3 p. a. en el p. sig., rep. desde * 3 veces, 1 bod. con B, siga con A, cierre con 1 p. r. en la 3.ª cad. ini. (16 p.).

V. 3: [3 cad., 1 p. a.] en el 1.er p., *1 bod. con B, siga con A, [2 p. a. en el p. sig.] 3 veces, rep. desde * 3 veces, 1 bod. con B, siga con A, [2 p. a. en el p. sig.] 2 veces, cierre con 1 p. r. en la 3.ª cad. ini. (28 p.).

V. 4: [3 cad., 1 p. a.] en el 1.er p., 1 p. a., 2 p. a. en el p. sig., 2 p. a., 2 p. a. en el p. sig., *1 bod. con B, siga con A, [2 p. a. en el p. sig., 1 p. a.] 2 veces, 1 p. a., 2 p. a. en el p. sig., rep. desde * 3 veces, 1 bod. con B, siga con A, cierre con 1 p. r. en la 3.ª cad. ini. (40 p.).

V. 5: 3 cad., *2 p. a. en el p. sig., 1 p. a., 2 p. a. en el p. sig., 1 bod. con B, siga con A, [2 p. a. en el p. sig., 2 p. a.] 2 veces, rep. desde * 3 veces, 2 p. a. en el p. sig., 1 p. a., 2 p. a. en el p. sig., 1 bod. con B, siga con A, 2 p. a. en el p. sig., 2 p. a., 2 p. a. en el p. sig., 1 p. a., cierre con 1 p. r. en la 3.ª cad. ini. (56 p.).

V. 6: [3 cad., 1 p. a.] en el 1.er p., *[3 p. a., 2 p. a. en el p. sig.] 3 veces, 1 bod. con B, siga con A, 2 p. a. en el p. sig., rep. desde * 3 veces, [3 p. a., 2 p. a. en el p. sig] 3 veces, 1 bod. con B, siga con A, cierre con 1 p. r. en la 3.ª cad. ini. (72 p.).

V. 7: 3 cad., 1 p. a., *2 p. a. en el p. sig., 4 p.

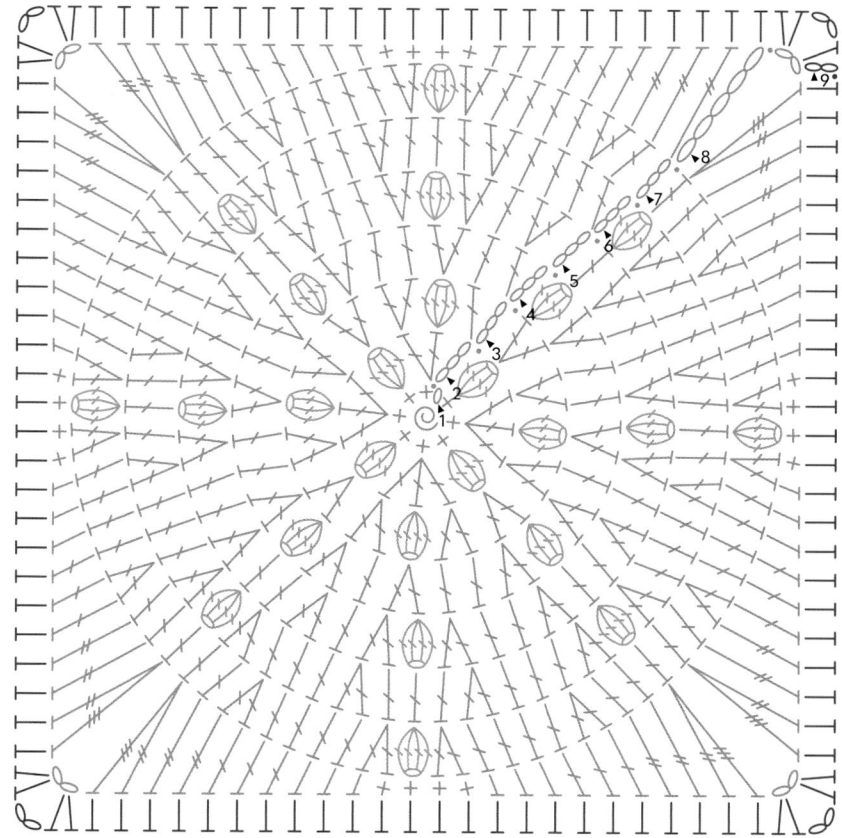

a., 2 p. a. en el p. sig., 1 bod. con B, siga con A, 2 p. a. en el p. sig., 4 p. a., 2 p. a. en el p. sig., 5 p. a., rep. desde * 3 veces, 2 p. a. en el p. sig., 4 p. a., 2 p. a. en el p. sig., 1 bod. con B, siga con A, 2 p. a. en el p. sig., 4 p. a., 2 p. a. en el p. sig., 3 p. a., cierre con 1 p. r. en la 3.ª cad. ini. (88 p.).

V. 8: [5 cad., 1 p. a. d.] en el 1.er p., *2 p. a. d., 3 p. a., 3 p. m. a., 4 p. b., 3 p. m. a., 3 p. a., 2 p. a. d., [1 p. a. d., 1 p. a. t.] en el p. sig., 2 cad., [1 p. a. t., 1 p. a. d.] en el p. sig., rep. desde * 3 veces, 2 p. a. d., 3 p. a., 3 p.

m. a., 4 p. b., 3 p. m. a., 3 p. a., 2 p. a. d., [1 p. a. d., 1 p. a. t.] en el p. sig., 2 cad., cierre con 1 p. r. en la 5.ª cad. ini. (96 p.). Remate A.

V. 9: incorpore C en el esp. 2 cad., [2 cad., 1 p. m. a., 2 cad., 2 p. m. a.] en el esp. 2 cad., *24 p. m. a., [2 p. m. a., 2 cad., 2 p. m. a.] en el esp. 2 cad., rep. desde * 3 veces, 24 p. m. a., cierre con 1 p. r. en la 2.ª cad. ini. (112 p.). Remate la labor.

46

POLARIS

Polaris, que suele llamarse Estrella Polar o Estrella del Norte, es un motivo ideal para un *granny square* navideño.

DIFICULTAD

SÍMBOLOS Y ABREVIATURAS

Ⓒ anillo mágico

ᴏ cadeneta (cad.)

• punto raso (p. r.)

+ punto bajo (p. b.)

T punto medio alto (p. m. a.)

Ʈ punto alto (p. a.)

Ɫ punto alto doble (p. a. d.)

Ɫ punto alto triple (p. a. t.)

∩ solo en la lazada trasera (laz. tras.)

Ⱥ 2 p. a. t. cerrados juntos (2 p. a. t. jun.)

▶ inicio de hilera o vuelta

HERRAMIENTAS Y MATERIALES

Hilo: hilo ligero (DK)/8 cabos de algodón en estos colores: blanco (hilo A), verde brote (hilo B)

Aguja de ganchillo: 4 mm

PUNTOS ESPECIALES

2 puntos altos triples cerrados juntos (2 p. a. t. jun.): *e. h. 3 veces, introduzca la aguja en el p. sig., e. h. y saque 1 laz, [e. h. y sáquela por 2 laz.] 3 veces (quedan 2 laz. en la aguja), rep. desde * en el p. sig. (quedan 3 laz. en la aguja), e. h. y sáquela por las 3 laz. restantes.

INSTRUCCIONES DEL PATRÓN

A menos que se dé otra indicación, la cad. ini. cuenta como 1 p.

V. 1: trabajando con A en el anillo mágico, haga 3 cad., 11 p. a., cierre con 1 p. r. en la 3.ª cad. ini. (12 p.).

V. 2: [3 cad., 1 p. a.] en el 1.er p., [2 p. a. en el p. sig.] 11 veces, cierre con 1 p. r. en la 3.ª cad. ini. (24 p.).

V. 3: [3 cad., 2 p. a.] en el 1.er p., *1 cad., sált. 3 p., 3 p. a. en el p. sig., 2 cad., 3 p. a. en el p. sig., rep. desde * 4 veces, 1 cad., sált. 3 p., 3 p. a. en el p. sig., 2 cad., cierre con 1 p. r. en la 3.ª cad. ini. (30 p.).

V. 4: 4 cad. (cuentan como 1 p. a. y 1 cad.), sált. 2 p., *1 p. b. en el esp. 1 cad., 1 cad., sált. 3 p., [3 p. a., 2 cad., 3 p. a.] en el esp. 2 cad., 1 cad., sált. 3 p., rep. desde * 4 veces, 1 p. b. en el esp. 1 cad., 1 cad., sált. 3 p., [3 p. a., 2 cad., 2 p. a.] en el esp. 2 cad., cierre con 1 p. r. en la 3.ª cad. ini. (35 p.).

V. 5: 1 cad. (no cuenta como p.), *2 p. b., 1 p. r., 4 p. b., [1 p. b., 1 p. m. a., 1 p. a., 1 cad., 1 p. a., 1 p. m. a., 1 p. b.] en el esp. 2 cad., 2 p. b., rep. desde * 5 veces, cierre con 1 p. r. en el p. inicial (75 p.). Remate A.

V. 6: incorpore B en el esp. 1 cad. y, trabajando en la laz. tras., haga *1 p. r., 1 p. b., 1 p. m. a., 2 p. a., 2 p. a. d., 1 p. a. t., 2 p. a. t. jun., 2 p. a. d., 2 p. a., 1 p. m. a., 1 p. b., rep. desde * 5 veces, cierre con 1 p. r. en el p. r. inicial (75 p.).

V. 7: 1 cad. (no cuenta como p.), [14 p. b., 2 p. b. en el p. sig.] 5 veces, cierre con 1 p. r. en el p. inicial (80 p.).

V. 8: 1 cad. (no cuenta como p.), *2 p. b., 3 p. m. a., 3 p. a., 1 p. a. d., [1 p. a. d.,

1 p. a. t.] en el p. sig., 2 cad., [1 p. a. t., 1 p. a. d.] en el p. sig., 1 p. a. d., 3 p. a., 3 p. m. a., 2 p. b., rep. desde * 4 veces, cierre con 1 p. r. en el p. inicial (88 p.).

V. 9: 2 cad., 10 p. m. a., *[1 p. m. a., 1 p. a., 1 cad., 1 p. a., 1 p. m. a.] en el esp. 2 cad., 22 p. m. a., rep. desde * 3 veces, [1 p. m. a., 1 p. a., 1 cad., 1 p. a., 1 p. m. a.] en el esp. 2 cad., 11 p. m. a., cierre con 1 p. r. en la 2.ª cad. ini. (104 p.).
Remate la labor.

COMBINACIÓN

Semicírculo (*véase la pág. 116*)

47

RASTRO EN LA NIEVE

Una vez que domine este punto especial, adorará el efecto que produce su textura abultada y lo fácil que es utilizarlo.

DIFICULTAD

SÍMBOLOS Y ABREVIATURAS

- ⌒ cadeneta (**cad.**)
- • punto raso (**p. r.**)
- + punto bajo (**p. b.**)
- ┼ punto alto (**p. a.**)
- ∫ piña de p. m. a. en relieve tomados por delante (**piña de p. m. a. rel. del.**)
- ► inicio de hilera o vuelta
- – derecho de la labor (**D.**)

HERRAMIENTAS Y MATERIALES

Hilo: hilo ligero (DK)/8 cabos de algodón en este color: gris claro (hilo A)

Aguja de ganchillo: 4 mm

TÉCNICAS UTILIZADAS

- Trabajar por encima o en hileras anteriores (*véase la pág. 135*)
- Trabajar en los extremos de las hileras (*véase la pág. 141*)

PUNTOS ESPECIALES

piña de puntos medios altos en relieve tomados por delante (piña de p. m. a. rel. del.): [e. h., introduzca la aguja alrededor del cuerpo del p. situado 2 H. más abajo, e. h. y saque 1 laz.] 3 veces (7 laz. en la aguja), e. h. y sáquela por 6 laz., e. h. y sáquela por 2 laz.

TRUCOS Y CONSEJOS

No tire con demasiada fuerza de las laz. de los puntos de la piña o tirará también de las hileras.

INSTRUCCIONES DEL PATRÓN

A menos que se dé otra indicación, la cad. ini. no cuenta como 1 p.

Con hilo A, teja 26 cad.

H. 1 (D.): empezando en la 2.ª cad. desde la aguja, haga 25 p. b., dele la vuelta (25 p.).

H. 2: 1 cad., 25 p. b., dele la vuelta (25 p.).

H. 3: 2 cad., 4 p. a., [1 piña de p. m. a. rel. del., 3 p. a.] 5 veces, 1 p. a., dele la vuelta (25 p.).

H. 4: como la H. 2.

H. 5: 2 cad., 3 p. a., [1 piña de p. m. a. rel. del., 3 p. a.] 5 veces, 1 piña de p. m. a. rel. del., 1 p. a., dele la vuelta (25 p.)

H. 6: como la H. 2.

H. 7: 2 cad., 2 p. a., [1 piña de p. m. a. rel. de., 3 p. a.] 5 veces, 1 piña de p. m. a. rel. del, 2 p. a., dele la vuelta (25 p.).

H. 8: como la H. 2.

H. 9: 2 cad., 1 p. a., [1 piña de p. m. a. rel. del., 3 p. a.] 6 veces, dele la vuelta (25 p.).

H. 10-17: como las H. 2-9.

H. 18-20: como las H. 2-4.

H. 21: 2 cad., 3 p. a., [1 piña de p. m. a. rel. del., 3 p. a.] 5 veces, 2 p. a., no le dé la vuelta (25 p.).

BORDE

V. 1: 1 cad., [25 p. b. bien distribuidos por el borde, 2 cad., 25 p. b., 2 cad.] 2 veces, cierre con 1 p. r. en el p. inicial (100 p.).

V. 2: 1 cad., *sált. 1 p., 24 p. b., [1 p. b., 2 cad., 1 p. b.] en el esp. 2 cad., rep. desde * 4 veces, cierre con 1 p. r. en el p. inicial (104 p.).

Remate la labor.

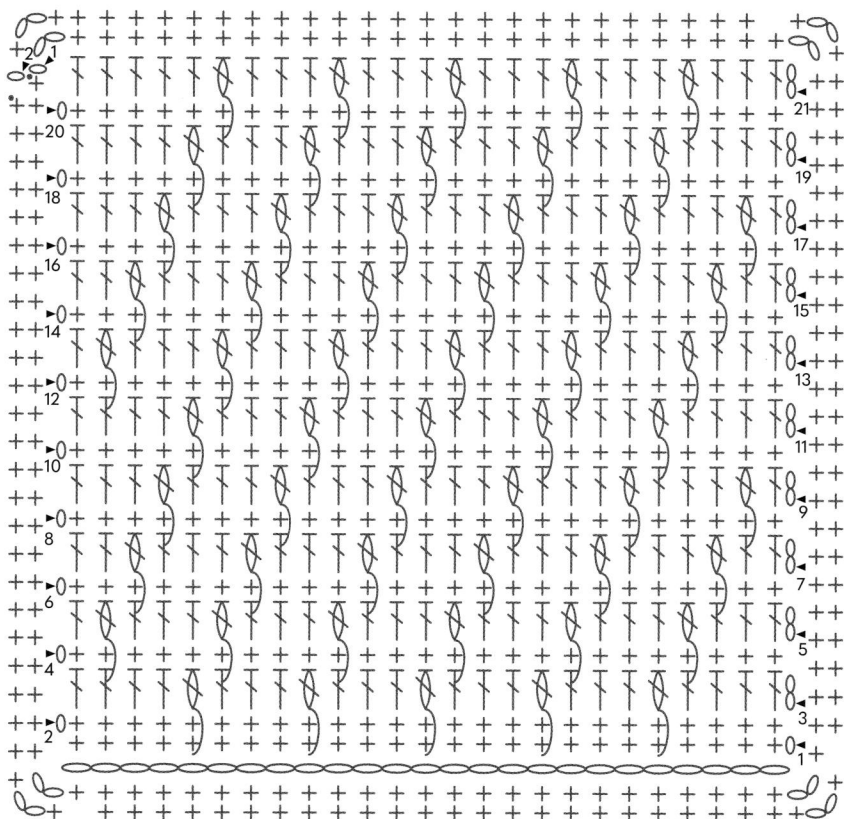

COMBINACIÓN

Noche gélida (*véase* la pág. 94)

48

TELARAÑA HELADA

Este es uno de mis diseños favoritos: me encanta que los puntos blancos que forman la intrincada telaraña parezcan estar encima del cuadrado.

SÍMBOLOS Y ABREVIATURAS

- ⊙ anillo mágico
- ⌒ cadeneta (cad.)
- • punto raso (p. r.)
- + punto bajo (p. b.)
- ⊤ punto medio alto (p. m. a.)
- ꓕ punto alto (p. a.)
- ꓕ punto alto doble (p. a. d.)
- ꓕ punto alto triple (p. a. t.)
- ⅄ 2 puntos altos cruzados **(2 p. a. cruzados)**
- ⋏ 2 p. b. cerrados juntos **(2 p. b. jun.)**
- ꓮ 2 p. a. cerrados juntos **(2 p. a. jun.)**
- ꓮ 2 p. a. d. cerrados juntos **(2 p. a. d. jun.)**
- ⌒ tercera lazada (3.ª laz.)
- ► inicio de hilera o vuelta

HERRAMIENTAS Y MATERIALES

Hilo: hilo ligero (DK)/8 cabos de algodón en estos colores: verde brote (hilo A), blanco (hilo B), azul luz de luna (hilo C), azul piedra (hilo D)

Aguja de ganchillo: 4 mm

TÉCNICAS UTILIZADAS

Trabajar por encima o en vueltas anteriores (*véase la pág. 135*)

PUNTOS ESPECIALES

2 puntos altos cruzados (2 p. a. cruzados): introduzca la aguja en el esp. situado entre los sig. 2 p. y haga 1 p. a., pase la aguja por delante de este 1.er p. a. hacia atrás, introdúzcala en el esp. situado entre los 2 p. anteriores y haga 1 p. a.

2 puntos bajos cerrados juntos (2 p. b. jun.): [introduzca la aguja en el p. sig., e. h. y saque 1 laz.] 2 veces, e. h. y sáquela por las 3 laz. de la aguja.

2 puntos altos cerrados juntos (2 p. a. jun.): [e. h., introduzca la aguja en el p. sig., e. h. y saque 1 laz., e. h. y sáquela por 2 laz.] 2 veces, e. h. y sáquela por las 3 laz. de la aguja.

2 puntos altos dobles cerrados juntos (2 p. a. d. jun.): [e. h. 2 veces, introduzca la aguja en el p. sig., e. h. y saque 1 laz., e. h. y sáquela por 2 laz., e. h. y sáquela por 2 laz.] 2 veces, e. h. y sáquela por las 3 laz. de la aguja.

tercera lazada (3.ª laz.): introduzca el ganchillo hacia abajo por la tercera lazada de detrás del p., situada por debajo de la lazada trasera.

TRUCOS Y CONSEJOS

Si desplaza el hilo B por el revés de la labor, en lugar de rematarlo al final de cada vuelta, no tendrá que esconder tantos cabos.

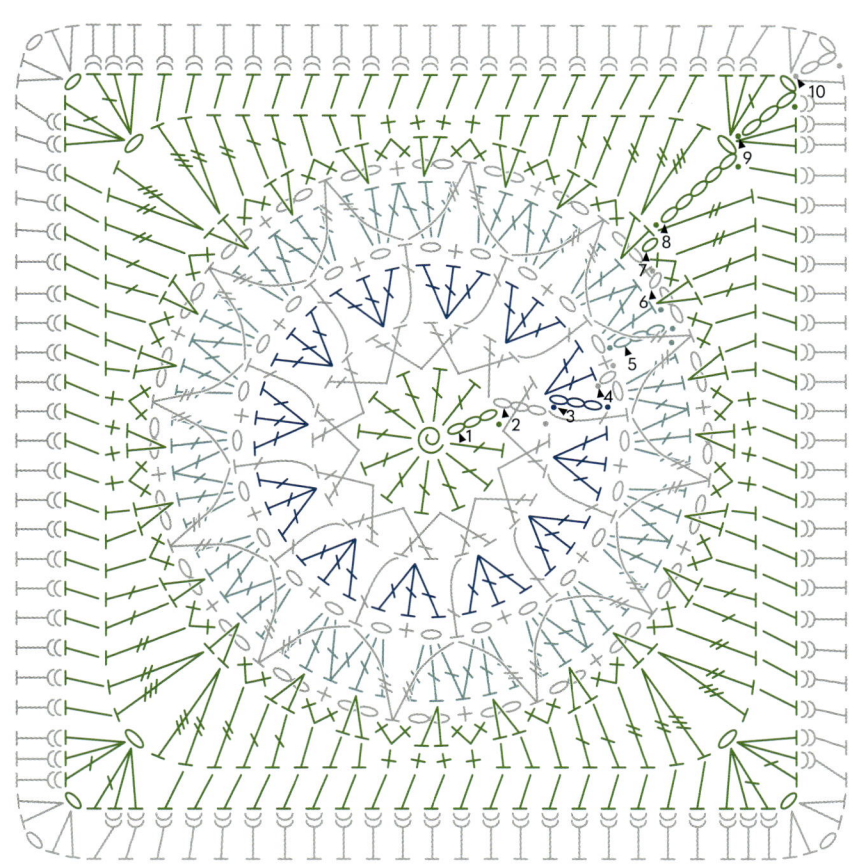

INSTRUCCIONES DEL PATRÓN

A menos que se dé otra indicación, la cad. ini. cuenta como 1 p. Las V. 4, 6 y 7 se tejen en los puntos de 2 V. más abajo; trabaje por delante de la V. anterior para que los p. queden por el D. del cuadrado.

V. 1: trabajando con A en el anillo mágico, haga 3 cad., 11 p. a., cierre con 1 p. r. en la 3.ª cad. ini. (12 p.). Remate A.

V. 2: incorpore B en el esp. situado entre la cad. ini. y el 1.er p. a., 3 cad., 1 p. a. en el esp. situado delante de la cad. ini. cruzando por delante del p. a. recién hecho, [2 p. a. cruzados] 11 veces, cierre con 1 p. r. en la 3.ª cad. ini. (24 p.). No remate el hilo B; desplácelo hacia arriba por el revés de la labor para utilizarlo en otras vueltas.

V. 3: con C, 1 p. r. en el esp. situado entre la cad. ini. y el 1.er p. a., [3 cad., 2 p. a.] en el mismo esp., sált. 1 p., [3 p. a. en el esp. situado entre los 2 p. a. cruzados] 11 veces, cierre con 1 p. r. de la 3.ª cad. ini. (36 p.). Remate C.

V. 4: con B, 1 p. r., 1 cad. (no cuenta como p., ni aquí ni más adelante), *1 p. b., 1 cad., 1 p. a. en el 1.er p. a. de los 2 p. a. cruzados de la V. 2, 1 cad., sált. 1 p., rep. desde * 12 veces, cierre con 1 p. r. en el p. inicial (24 p.).

V. 5: con D, 1 p. r. en el esp. 1 cad., [3 cad., 1 p. a.] en el esp. 1 cad., * 2 p. a. jun. haciendo el 1.º en el mismo esp. 1 cad. y el 2.º en el sig. esp. 1 cad., 2 p. a. en el mismo esp. 1 cad., 2 p. a. en el sig. esp. 1 cad., rep. desde * 11 veces, 2 p. a. jun. haciendo el 1.º en el mismo esp. 1 cad. y el 2.º en el sig. esp. 1 cad., 2 p. a. en el mismo esp. 1 cad., cierre con 1 p. r. en la 3.ª cad. ini, 2 p. r. (60 p.). Remate D.

V. 6: con B, 1 cad., *1 p. b. en los 2 p. a. jun., 2 cad., 2 p. a. d. jun. haciendo el 1.º en el p. a. de la V. 4 situado debajo de los mismos 2 p. a. jun. y el 2.º en el p. a. de la V. 4 situado debajo de los sig. 2 p. a. jun., 2 cad., rep. desde * 12 veces, cierre con 1 p. r. en el p. inicial (24 p.).

V. 7: incorpore A en el sig. esp. 2 cad., 1 cad. *2 p. m. a. en el p. a. de la V. 5 situado después de los 2 p. a. jun., 2 p. b. jun. haciendo el 1.º en el esp. 2 cad. anterior a los 2 p. a. d. jun. y el 2.º en el esp. 2 cad. posterior, 2 p. m. a. en el p. a. de la V. 5 situado antes de los sig. 2 p. a. jun., 2 p. b. jun. haciendo el 1.º en el esp. 2 cad. anterior al p. b. y el 2.º en el posterior, rep. desde * 12 veces, cierre con 1 p. r. en el p. inicial (72 p.).

V. 8: 6 cad. (cuentan como 1 p. a. t. y 1 cad.), *[1 p. a. t., 1 p. a. d.] en el p. sig., 1 p. a. d., 2 p. a., 3 p. m. a., 4 p. b., 3 p. m. a., 2 p. a., 1 p. a. d., [1 p. a. d., 1 p. a. t.] en el p. sig.,

▶ Haga todos diseños con una paleta de colores y un tema parecidos para darle una apariencia cohesionada y armoniosa que resulte agradable a la vista.

1 cad., rep. desde * 3 veces, [1 p. a. t., 1 p. a. d.] en el p. sig., 1 p. a. d., 2 p. a., 3 p. m. a., 4 p. b., 3 p. m. a., 2 p. a., 1 p. a. d., 1 p. a. d. en el mismo p. que las cad. ini., cierre con 1 p. r. en la 5.ª cad. ini. (80 p.).

V. 9: 1 p. r. en el esp. 1 cad., [4 cad. (cuentan como 1 p. a. y 1 cad.), 1 p. a., 2 p. m. a.] en el esp. 1 cad., *sált. 1 p., 19 p. m. a., [2 p. m. a., 1 p. a., 1 cad., 1 p. a., 2 p. m. a.] en el esp. 1 cad., rep. desde * 3 veces, sált. 1 p., 19 p. m. a., 2 p. m. a. en el mismo p. que las cad. ini., cierre con 1 p. r. en la 3.ª cad. (100 p.). Remate A.

V. 10: incorpore B en el esp. 1 cad., [3 cad. (cuentan como 1 p. m. a., 1 cad.), 2 p. m. a.] en el esp. 1 cad., *sált. 1 p., teja 24 p. m. a. en la 3.ª laz., [2 p. m. a., 1 cad., 2 p. m. a.] en el esp. 1 cad., rep. desde * 3 veces, sált. 1 p., teja 24 p. m. a. en la 3.ª laz., 1 p. m. a. en el mismo p. que la cad. ini., cierre con 1 p. r. en la 2.ª cad. ini. (112 p.). Remate B.

COMBINACIÓN DE CUADRADOS

Véanse las páginas 102 y 106.

49

HIELO DE MEDIANOCHE

Este cuadrado se trabaja en diagonal y combina puntos básicos con puntos en relieve, que dan textura y crean un efecto interesante.

SÍMBOLOS Y ABREVIATURAS

- ◦ cadeneta (cad.)
- • punto raso (p. r.)
- + punto bajo (p. b.)
- ⊤ punto medio alto (p. m. a.)
- ⌇ punto alto en relieve tomado por delante (p. a. rel. del.)
- ⌇ punto alto doble en relieve tomado por delante (p. a. d. rel. del.)
- ► inicio de hilera o vuelta

HERRAMIENTAS Y MATERIALES

Hilo: hilo ligero (DK)/8 cabos de algodón en estos colores: gris (hilo A), gris claro (hilo B), blanco (hilo C), azul piedra (hilo D), azul luz de luna (hilo E)

Aguja de ganchillo: 4 mm

TÉCNICAS UTILIZADAS

- Trabajar por encima o en vueltas anteriores (*véase* la pág. 135)
- Trabajar en los extremos de las hileras (*véase* la pág. 141)

PUNTOS ESPECIALES

punto alto en relieve tomado por delante (p. a. rel. del.): punto alto alrededor del cuerpo del p. indicado, introduciendo la aguja desde delante hacia atrás y de nuevo hacia delante.

punto alto doble en relieve tomado por delante (p. a. d. rel. del.): punto alto doble alrededor del cuerpo del p. indicado, introduciendo la aguja desde delante hacia atrás y de nuevo hacia delante.

INSTRUCCIONES DEL PATRÓN

A menos que se dé otra indicación, la cad. ini. cuenta como 1 p.

Con hilo A, teja 2 cad.

H. 1: [1 p. m. a., 1 p. b., 1 p. m. a.] en la 2.ª cad. desde la aguja, dele la vuelta (3 p.).

H. 2: [2 cad., 1 p. b.] en el 1.er p., 1 cad., 1 p. b., 1 cad., [1 p. b., 1 p. m. a.] en el último p., dele la vuelta (5 p.).

H. 3-19: [2 cad., 1 p. b.] en el 1.er p., *1 cad., sált. 1 p., 1 p. b. en el esp. cad., rep. desde * hasta que queden 2 p., 1 cad., sált. 1 p., [1 p. b., 1 p. m. a.] en la 2.ª cad., dele la vuelta (22 p.). Remate A.

EMPIECE A DISMINUIR PUNTOS

H. 20: incorpore B en el p. m. a., 2 cad., sált. la base de la cad. y el p. sig., [2 p. b., 1 p. a. rel. del. alrededor del p. b. situado 2 H. antes, 1 p. a. d. rel. del. alrededor del p. b. situado 3 H. antes, 1 p. a. rel. del. alrededor del p. b. situado 2 H. antes, 1 p. b.] 6 veces, 1 p. b., sált. 1 p., 1 p. m. a. en la 2.ª cad., dele la vuelta (39 p.).

H. 21: 2 cad., sált. la base de la cad. y el p. sig., 35 p. b., sált. 1 p., 1 p. m. a. en la 2.ª cad., dele la vuelta (37 p.). Remate B.

H. 22: incorpore C en el p. m. a., 2 cad., sált. la base de la cad. y el p. sig., 1 p. b., 1 p. a. rel. del. alrededor del p. a. d. rel. del. situado 2 H. antes, 1 p. a. rel. del. alrededor del p. a. rel. del. situado 2 H. antes, [3 p. b., 1 p. a. rel. del. alrededor del p. a. rel. del. situado 2 H. antes, 1 p. a. rel. del. alrededor del p. a. d. rel. del. situado 2 H. antes, 1 p. a. rel. del. alrededor del p. a. rel. del. situado 2 H. antes] 4 veces, 3 p. b., 1 p. a. rel. del. alrededor del p. a. rel. del. situado 2 H. antes, 1 p. a. rel. del. alrededor del p.

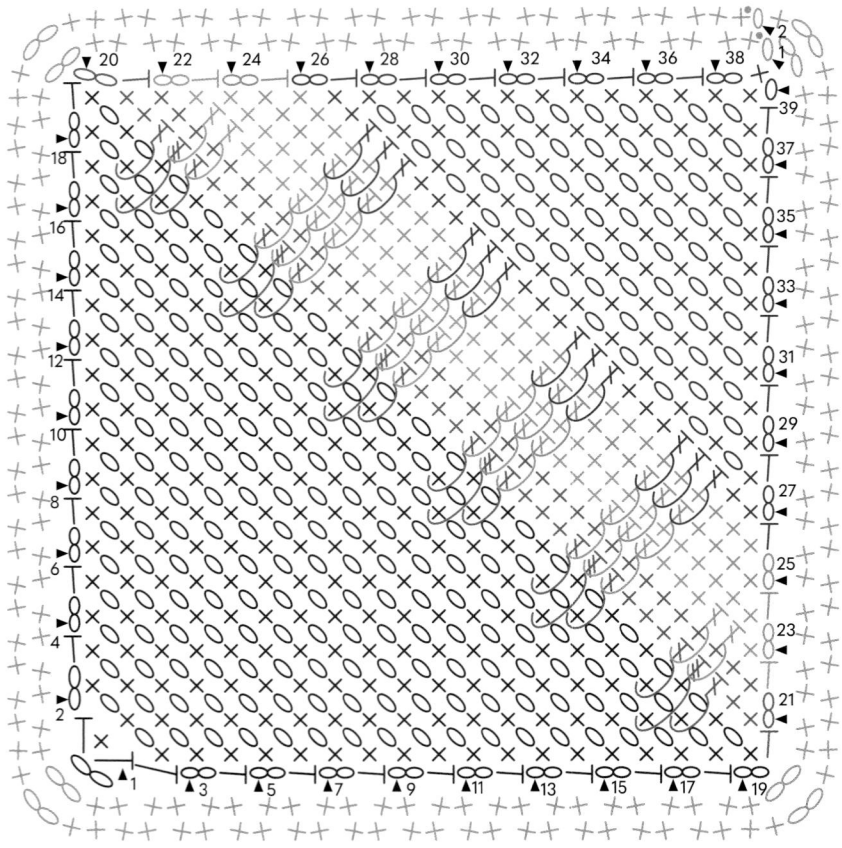

a. d. rel. del. situado 2 H. antes, 1 p. b., sált. 1 p., 1 p. m. a. en la 2.ª cad., dele la vuelta (35 p.).

H. 23: 2 cad., sált. la base de la cad. y el p. sig., 31 p. b., sált. 1 p., 1 p. m. a. en la 2.ª cad., dele la vuelta (33 p.). Remate C.

H. 24: incorpore D en el p. m. a., 2 cad., sált. la base de la cad. y el p. sig., 1 p. b., *3 p. b., [1 p. a. rel. del. alrededor del p. a. rel. del. situado 2 H. antes] 3 veces, rep. desde * 3 veces, 4 p. b., sált. 1 p., 1 p. m. a. en la 2.ª cad., dele la vuelta (31 p.).

H. 25: 2 cad., sált. la base de la cad. y el p. sig., 27 p. b., sált. 1 p., 1 p. m. a. en la 2.ª cad., dele la vuelta (29 p.). Remate D.

H. 26: incorpore E en el p. m. a., 2 cad., sált. la base de la cad. y el p. sig., *2 p. b., [1 p. a. rel. del. alrededor del p. a. rel. del. situado 2 H. antes] 3 veces, 1 p. b., rep. desde * 4 veces, 1 p. b., sált. 1 p., 1 p. m. a. en la 2.ª cad., dele la vuelta (27 p.).

H. 27: 2 cad., sált. la base de la cad. y el p. sig., [1 p. b., 1 cad., sált. 1 p.] hasta que queden 3 p., 1 p. b., sált. 1 p., 1 p. m. a. en la 2.ª cad., dele la vuelta (14 p.).

H. 28-37: 2 cad., sált. la base de la cad. y el p. sig., 1 p. b. en el esp. cad., *1 cad., sált. 1 p., 1 p. b. en el esp. cad., rep. desde * hasta que queden 2 p., sált. 1 p., 1 p. m. a. en la 2.ª cad., dele la vuelta (4 p.).

H. 38: 2 cad., sált. la base de la cad. y el p. sig., 1 p. b. en el esp. cad., sált. 1 p., 1 p. m. a. en la 2.ª cad., dele la vuelta (3 p.).

H. 39: 1 cad. (no cuenta como p.), sált. la base de la cad. y el p. sig., 1 p. b. en la 2.ª cad., dele la vuelta (1 p.). Remate E.

BORDE

V. 1: incorpore C en el último p. b., 1 cad. (no cuenta como p.), *(1 grupo de 2 p. b.) 12 veces bien distribuidos por el lado, 2 cad. en la esq., rep. desde * 4 veces, cierre con 1 p. r. en el p. inicial (96 p.).

V. 2: 1 cad. (no cuenta como p.), *1 p. b., sált. 1 p., [2 p. b. en el esp. situado entre los grupos de 2 p. b. trabajando por debajo de las laz.] 11 veces, 1 p. b. en el último p. b. del lado, [1 p. b., 2 cad., 1 p. b.] en el esp. 2 cad. de la esq., rep. desde * 4 veces, cierre con 1 p. r. en el p. inicial (104 p.). Remate la labor.

TRUCOS Y CONSEJOS

Si le cuesta tejer en las últimas 2 cad., en lugar de ello puede trabajar en el espacio que queda entre las 2 cad. y el p. b.

▶Una vez que tenga las piezas acabadas, gírelas para unirlas formando rombos. Para que las costuras no se vean, utilice un hilo del mismo color que el del borde.

COMBINACIÓN DE CUADRADOS

50

SALTIRE

La saltire, o cruz de san Andrés, es la cruz diagonal que lleva la bandera nacional de Escocia.

DIFICULTAD

SÍMBOLOS Y ABREVIATURAS

ℓ anillo mágico

⌒ cadeneta (**cad.**)

• punto raso (**p. r.**)

+ punto bajo (**p. b.**)

T punto medio alto (**p. m. a.**)

T punto alto (**p. a.**)

punto alto en relieve tomado por delante (**p. a. rel. del.**)

punto alto doble en relieve tomado por delante (**p. a. d. rel. del.**)

► inicio de hilera o vuelta

HERRAMIENTAS Y MATERIALES

Hilo: hilo ligero (DK)/8 cabos de algodón en este color: azul piedra (hilo A)

Aguja de ganchillo: 4 mm

TÉCNICAS UTILIZADAS

Trabajar por encima o en vueltas anteriores (véase la pág. 135)

PUNTOS ESPECIALES

p. a. en relieve tomado por delante (p. a. rel. del.): p. a. alrededor del cuerpo del p. indicado, introduciendo la aguja desde delante hacia atrás y de nuevo hacia delante.

p. a. d. en relieve tomado por delante (p. a. d. rel. del.): p. a. d. trabajado alrededor del cuerpo del p. indicado, introduciendo la aguja desde delante hacia atrás y de nuevo hacia delante.

TRUCOS Y CONSEJOS

Si prefiere una unión continua de los p. en relieve cuando una las piezas, omita la V. 11.

INSTRUCCIONES DEL PATRÓN

A menos que se dé otra indicación, la cad. ini. cuenta como 1 p.

V. 1: trabajando con A en el anillo mágico, haga 2 cad., 15 p. m. a., cierre con 1 p. r. en la 2.ª cad. ini. (16 p.).

V. 2: [3 cad., 1 p. m. a.] en el 1.er p., *3 p. m. a., [1 p. m. a., 1 p. a., 1 p. m. a.] en el p. sig., rep. desde * 3 veces, 3 p. m. a., 1 p. m. a. en el mismo p. que la cad. ini., cierre con 1 p. r. en la 3.ª cad. ini. (24 p.).

V. 3: [3 cad., 1 p. m. a.] en el 1.er p., *1 p. m. a., 1 p. a. rel. del., 1 p. a. d. rel. del. en el p. m. a. de la V. 1, 1 p. a. rel. del., 1 p. m. a., [1 p. m. a., 1 p. a., 1 p. m. a.] en el p. sig., rep. desde * 3 veces, 1 p. m. a., 1 p. a. rel. del., 1 p. a. d. rel. del. en el p. m. a. de la V. 1, 1 p. a. rel. del., 1 p. m. a., 1 p. m. a. en el mismo p. que la cad. ini., cierre con 1 p. r. en la 3.ª cad. (32 p.).

V. 4: [3 cad., 1 p. a.] en el 1.er p., *1 p. m. a., 5 p. a. rel. del, 1 p. m. a., 3 p. a. en el p. sig., rep. desde * 3 veces, 1 p. m. a., 5 p. a. rel. del., 1 p. m. a., 1 p. a. en el mismo p. que la cad. ini., cierre con 1 p. r. en la 3.ª cad. (40 p.).

V. 5: [3 cad., 1 p. a.] en el 1.er p., *[1 p. m. a., 3 p. a. rel. del.] 2 veces, 1 p. m. a., 3 p. a. en el p. sig., rep. desde * 3 veces, [1 p. m. a., 3 p. a. rel. del.] 2 veces, 1 p. m. a., 1 p. a. en el mismo p. que la cad. ini., cierre con 1 p. r. en la 3.ª cad. ini. (48 p.).

V. 6: [3 cad., 1 p. m. a.] en el 1.er p., *1 p. m. a., 3 p. a. rel. del., 3 p. m. a., 3 p. a. rel. del., 1 p. m. a., [1 p. m. a., 1 p. a., 1 p. m. a.] en el p. sig., rep. desde * 3 veces, 1 p. m. a., 3 p. a. rel. del., 3 p. m. a., 3 p. a. rel. del., 1 p. m. a., 1 p. m. a. en el mismo p. que la cad. ini., cierre con 1 p. r. en la 3.ª cad. ini. (56 p.).

V. 7: [3 cad., 1 p. a.] en el 1.er p., *1 p. m. a., 3 p. a. rel. del., 5 p. m. a., 3 p. a. rel. del.,

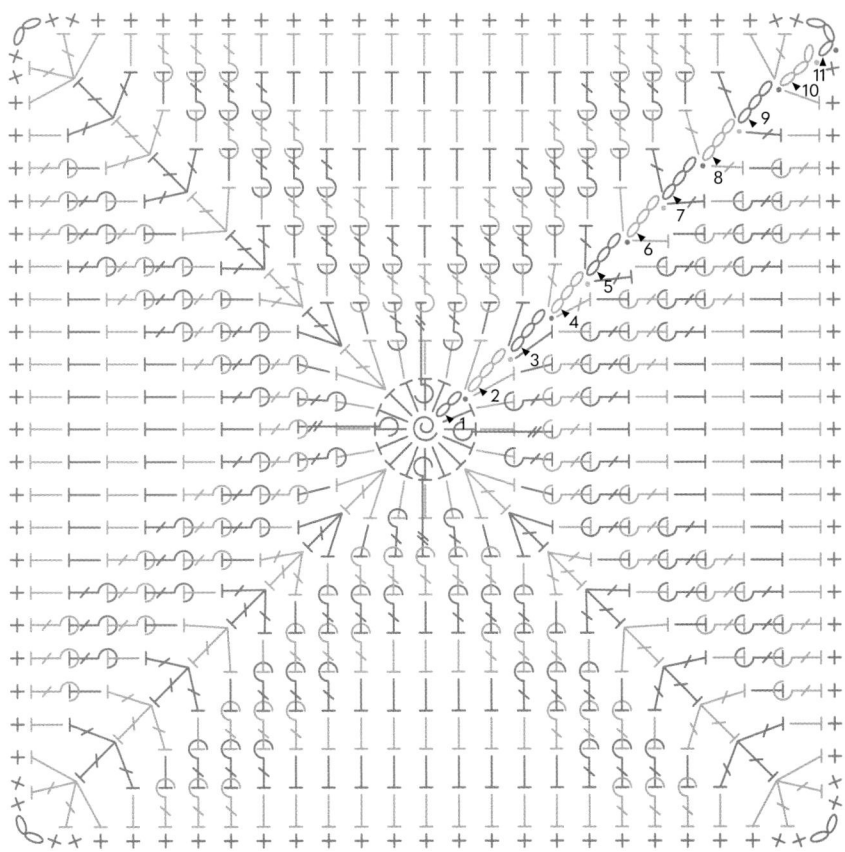

1 p. m. a., 3 p. a. en el p. sig., rep. desde * 3 veces, 1 p. m. a., 3 p. a. rel. del., 5 p. m. a., 3 p. a. rel. del., 1 p. m. a., 1 p. a. en el mismo p. que la cad. ini., cierre con 1 p. r. en la 3.ª cad. ini. (64 p.).

V. 8: [3 cad., 1 p. a.] en el 1.er p., *1 p. m. a., 3 p. a. rel. del., 7 p. m. a., 3 p. a. rel. del., 1 p. m. a., 3 p. a. en el p. sig., rep. desde * 3 veces, 1 p. m. a., 3 p. a. rel. del., 7 p. m. a., 3 p. a. rel. del., 1 p. m. a., 1 p. a. en el mismo p. que la cad. ini., cierre con 1 p. r. en la 3.ª cad. ini. (72 p.).

V. 9: [3 cad., 1 p. a.] en el 1.er p., *1 p. m. a., 3 p. a. rel. del., 9 p. m. a., 3 p. a. rel. del., 1 p. m. a., 3 p. a. en el p. sig., rep. desde * 3 veces, 1 p. m. a., 3 p. a. rel. del., 9 p. m. a., 3 p. a.

rel. del., 1 p. m. a., 1 p. a. en el mismo p. que la cad. ini., cierre con 1 p. r. en la 3.ª cad. (80 p.).

V. 10: [3 cad., 1 p. a., 1 p. m. a.] en el 1.er p., *1 p. m. a., 3 p. a. rel. del., 11 p. m. a., 3 p. a. rel. del., 1 p. m. a., [1 p. m. a., 2 p. a., 1 p. m. a.] en el p. sig., rep. desde * 3 veces, 1 p. m. a., 3 p. a. rel. del., 11 p. m. a., 3 p. a. rel. del., 1 p. m. a., 1 p. m. a. en el mismo p. que la cad. ini., cierre con 1 p. r. en la 3.ª cad. (92 p.).

V. 11: 3 cad. (cuentan como 1 p. b. y 2 cad.), *2 p. b. en el p. sig., 21 p. b., 2 p. b. en el p. sig., 2 cad., rep. desde * 3 veces, 2 p. b. en el p. sig., 21 p. b., 1 p. b. en el mismo p. que la cad. ini., cierre con 1 p. r. en la 1.ª cad. ini. (100 p.).

Remate la labor.

51

NOCHE ILUMINADA

Experimente con los colores para obtener efectos diferentes
y combine varias piezas para crear originales diseños.

DIFICULTAD

SÍMBOLOS Y ABREVIATURAS

- ⌒ cadeneta (**cad.**)
- • punto raso (**p. r.**)
- + punto bajo (**p. b.**)
- ⊤ punto medio alto (**p. m. a.**)
- ⚁ 3 p. b. cerrados juntos (**3 p. b. jun.**)
- ⊕ piña
- ▶ inicio de hilera o vuelta

HERRAMIENTAS Y MATERIALES

Hilo: hilo ligero (DK)/8 cabos de algodón
en estos colores: azul luz de luna (hilo A),
blanco (hilo B), verde brote (hilo C)

Aguja de ganchillo: 4 mm

TÉCNICAS UTILIZADAS

Trabajar en los extremos de las hileras
(*véase la pág.* 141)

PUNTOS ESPECIALES

**3 puntos bajos cerrados juntos (3 p. b.
jun.):** [introduzca la aguja en el p. sig., e. h.
y saque 1 laz.] 3 veces, e. h. y sáquela por
todas las laz. de la aguja.

piña: [e. h., introduzca la aguja en el p.,
e. h. y saque 1 laz., e. h. y sáquela por 2 laz.]
5 veces en el mismo p., e. h. y sáquela por
las 6 laz. de la aguja.

TRUCOS Y CONSEJOS

No olvide que las 2 cad. vta. cuentan como
1 p. y que, por tanto, tiene que tejer en la
cad. del final de la H. o, si le resulta más
fácil, en el esp. entre este el p. y el anterior.

INSTRUCCIONES DEL PATRÓN

2 cad. ini. cuentan como 1 p. m. a. 1 cad. no cuenta como 1 p.

Con hilo A, teja 2 cad.

H. 1: [1 p. m. a., 1 p. b., 1 p. m. a.] en la 2.ª cad. desde la aguja, dele la vuelta (3 p.).

H. 2-4: [2 cad., 1 p. b.] en el 1.er p., 1 p. b. en cada p. hasta que quede 1 p., [1 p. b., 1 p. m. a.] en el último p., dele la vuelta (9 p.).

H. 5: 1 cad., 1 p. b. en cada p., dele la vuelta (9 p.).

H. 6-13: como las H. 2-5 (21 p.).

H. 14: [2 cad., 1 p. b.] en el 1.er p., 1 p. b., [1 piña, 4 p. b.] 3 veces, 1 piña, 2 p. b., [1 p. b., 1 p. m. a.] en el último p. Remate A, dele la vuelta (23 p.).

H. 15 y 16: con B, como la H. 2 (27 p.).

H. 17: como la H. 5 (27 p.).

H. 18: como la H. 2 (29 p.). Remate B.

H. 19: con C, como la H. 2 (31 p.).

H. 20: [2 cad., 1 p. b.] en el 1.er p., 1 p. b., [1 piña, 4 p. b.] 5 veces, 1 piña, 2 p. b., [1 p. b., 1 p. m. a.] en el último p., dele la vuelta (33 p.).

H. 21: como la H. 5 (33 p.).

H. 22: como la H. 2 (35 p.).

EMPIECE A DISMINUIR PUNTOS

H. 23: 2 cad., sált. la base de la cad. y el p. sig., 1 p. b. en cada p. hasta que queden 2 p., sált. 1 p., 1 p. m. a. en el último p., dele la vuelta (33 p.).

H. 24: como la H. 23 (31 p.).

H. 25: como la H. 5 (31 p.).

H. 26: 2 cad., sált. la base de la cad. y el p. sig., [1 piña, 4 p. b.] 5 veces, 1 piña, 1 p. b., sált. 1 p., 1 p. m. a. en el último p. Remate C, dele la vuelta (29 p.).

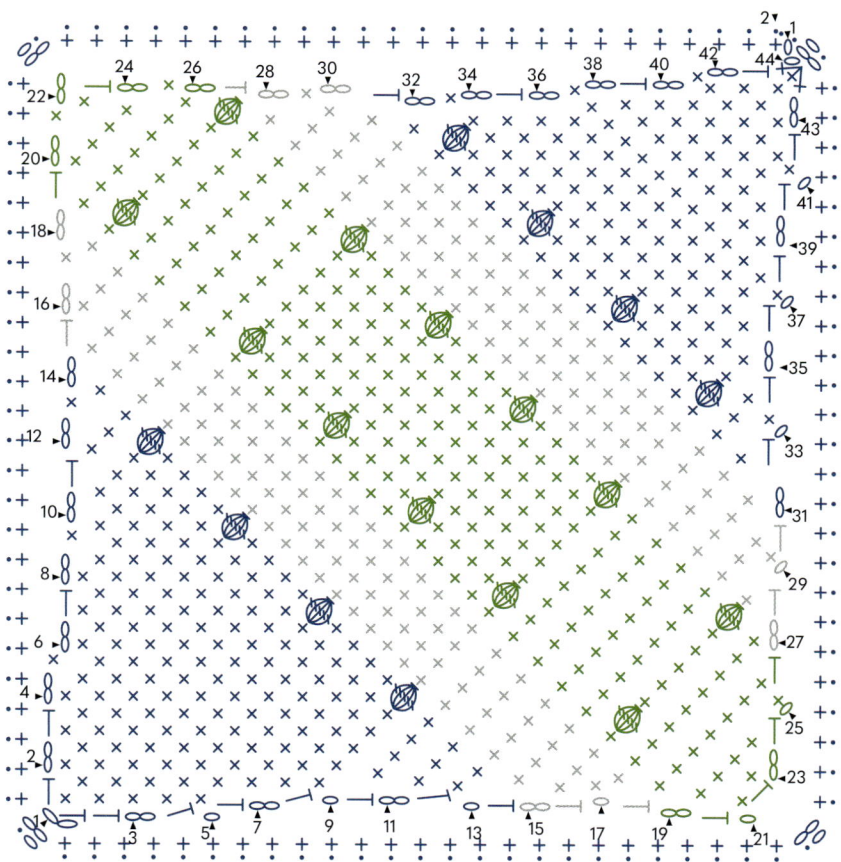

H. 27 y 28: con B, como la H. 23 (25 p.).

H. 29: como la H. 5 (25 p.).

H. 30: como la H. 23 (23 p.). Remate B.

H. 31: con A, como la H. 23 (21 p.).

H. 32: 2 cad., sált. la base de la cad. y el p. sig., [1 piña, 4 p. b.] 3 veces, 1 piña, 1 p. b., sált. 1 p., 1 p. m. a. en el último p., dele la vuelta (19 p.).

H. 33: como la H. 5 (19 p.).

H. 34-36: como al H. 23 (13 p.).

H. 37: como la H. 5 (13 p.).

H. 38-40: como la H. 23 (7 p.).

H. 41: como la H. 5 (7 p.).

H. 42 y 43: como la H. 23 (3 p.).

H. 44: 1 cad., 3 p. b. jun., dele la vuelta (1 p.).

BORDE

V. 1: 1 cad., [25 p. b. bien distribuidos por el lado, 2 cad.] 4 veces, cierre con 1 p. r. en el p. inicial (100 p.).

V. 2: [25 p. r., 1 p. r. en el esp. 2 cad., 1 cad.], rep. desde * 4 veces, cierre con 1 p. r. en el p. inicial (104 p.). Remate la labor.

52

SEMICÍRCULO

En la confección de esta pieza, utilice dos técnicas para trabajar labores multicolores: la *jacquard* (o *tapestry*) y la intarsia. Encontrará las instrucciones en la página 137.

SÍMBOLOS Y ABREVIATURAS

- ℗ anillo mágico
- ○ cadeneta (**cad.**)
- • punto raso (**p. r.**)
- + punto bajo (**p. b.**)
- ⊤ punto medio alto (**p. m. a.**)
- ⊺ punto alto (**p. a.**)
- ⊺ punto alto doble (**p. a. d.**)
- ⊺ punto alto triple (**p. a. t.**)
- ► inicio de hilera o vuelta
- — derecho de la labor (**D.**)

HERRAMIENTAS Y MATERIALES

Hilo: hilo ligero (DK)/8 cabos de algodón en estos colores: blanco (hilo A), azul piedra (hilo B), verde brote (hilo C), azul luz de luna (hilo D)

Aguja de ganchillo: 3,5 mm

TÉCNICAS UTILIZADAS

- Trabajar con varios colores al mismo tiempo (*véase* la pág. 137)
- Cambiar de color en medio de una vuelta (*véase* la pág. 137)

TRUCOS Y CONSEJOS

Cuando cambie de color, tome el hilo nuevo por el revés de la labor para que el cambio quede pulcro por el derecho.

INSTRUCCIONES DEL PATRÓN

A menos que se dé otra indicación, la cad. ini. cuenta como 1 p.

Teja las V. 1-5 con la técnica *jacquard*. En las V. 6-10 suelte el hilo al cambiar de color y retómelo en la V. sig. (en las V. 6-9, se da la vuelta a la labor al final de la V.).

V. 1 (D.): trabajando con A en el anillo mágico, 3 cad., 5 p. a., 6 p. a. con B, siga con A, cierre con 1 p. r. en la 3.ª cad. ini. (12 p.).

V. 2: [3 cad., 1 p. a.] en el 1.er p., [2 p. a. en el p. sig.] 5 veces, siga con B, [2 p. a. en el p. sig.] 6 veces, siga con A, cierre con 1 p. r. en la 3.ª cad. ini. (24 p.).

V. 3: [3 cad., 1 p. a.] en el 1.er p., [1 p. a. en el p. sig., 2 p. a. en el p. sig.] 5 veces, 1 p. a., siga con B, [2 p. a. en el p. sig, 1 p. a.] 6 veces, siga con A, cierre con 1 p. r. en la 3.ª cad. (36 p.).

V. 4: [3 cad., 1 p. a.] en el 1.er p., [2 p. a., 2 p. a. en el p. sig.] 5 veces, 2 p. a., siga con B, [2 p. a. en el p. sig., 2 p. a.] 6 veces, siga con A, cierre con 1 p. r. en la 3.ª cad. ini. (48 p.).

V. 5: [3 cad., 1 p. a.] en el 1.er p., [3 p. a., 2 p. a. en el p. sig.] 5 veces, 3 p. a., remate A, siga con B, [2 p. a. en el p. sig., 3 p. a.] 6 veces, cierre con 1 p. r. en la 3.ª cad. ini. (60 p.). Remate B.

V. 6: con C, [5 cad., 1 p. a. d.] en el 1.er p., [1 p. a. d., 1 p. a.] en el p. sig., 1 p. a., 3 p. m. a., 3 p. b., 3 p. m. a., 1 p. a., [1 p. a., 1 p. a. d.] en el p. sig., [1 p. a. d., 1 p. a. t.] en el p. sig., [1 p. a. t., 1 p. a. d.] en el p. sig., [1 p. a. d., 1 p. a.] en el p. sig., 1 p. a., 3 p. m. a., 3 p. b., 3 p. m. a., 1 p. a., [1 p. a., 1 p. a. d.] en el p. sig., [1 p. a. d., 1 p. a. t.] en el p. sig., siga con D, *[1 p. a. t., 1 p. a. d.] en el p. sig., [1 p. a. d., 1 p. a.] en el p. sig., 1 p. a., 3 p. m. a., 3 p. b., 3 p. m. a., 1 p. a., [1 p. a., 1 p. a. d.] en el p. sig., [1 p. a. d., 1 p. a. t.] en el p.

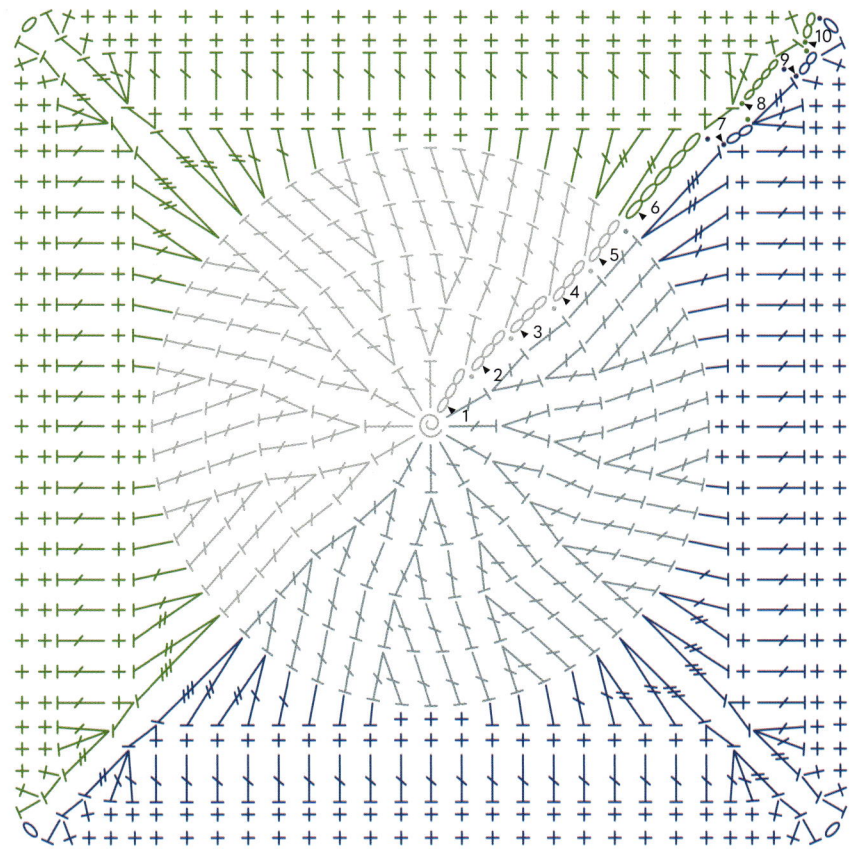

sig., rep. desde * 2 veces, cierre con 1 p. r. en la 5.ª cad. ini., dele la vuelta (76 p.).

V. 7: 1 p. r., [2 cad., 1 p. b.] en el 1.er p., 17 p. b., [1 p. b., 1 p. m. a.] en el p. sig., [1 p. m. a., 1 p. b.] en el p. sig., 17 p. b., [1 p. b., 1 p. m. a.] en el p. sig., siga con C, *[1 p. m. a., 1 p. b.] en el p. sig., 17 p. b., [1 p. b., 1 p. m. a.] en el p. sig., rep. desde * 2 veces, cierre con 1 p. r. en la 2.ª cad. ini., dele la vuelta (84 p.).

V. 8: 1 p. r., [4 cad., 2 p. a.] en el 1.er p., 19 p. a., [2 p. a., 1 p. a. d.] en el p. sig., [1 p. a. d., 2 p. a.] en el p. sig., 19 p. a., [2 p. a., 1 p. a. d.] en el p. sig., siga con D, *[1 p. a. d., 2 p. a.] en el p. sig., 19 p. a., [2 p. a., 1 p. a. d.] en el p. sig., rep. desde * 2 veces, cierre con 1 p. r. en la 4.ª cad. ini., dele la vuelta (100 p.).

V. 9: 1 p. r., [2 cad., 1 p. b.] en el 1.er p., 23 p. b. [1 p. b., 1 p. m. a.] en el p. sig., [1 p. m. a., 1 p. b.] en el p. sig., 23 p. b., [1 p. b., 1 p. m. a.] en el p. sig., siga con C, *[1 p. m. a., 1 p. b.] en el p. sig., 23 p. b., [1 p. b., 1 p. m. a.] en el p. sig., rep. desde * 2 veces, cierre con 1 p. r. en la 2.ª cad., dele la vuelta (108 p.).

V. 10: 1 p. r., [2 cad., 1 p. b.] en el 1.er p., 25 p. b., [1 p. b., 1 p. m. a.] en el p. sig., 1 cad., [1 p. m. a., 1 p. b.] en el p. sig., 25 p. b., [1 p. b., 1 p. m. a.] en el p. sig., remate C, siga con D, 1 cad., *[1 p. m. a., 1 p. b.] en el p. sig., 25 p. b., [1 p. b., 1 p. m. a.] en el p. sig., 1 cad., rep. desde * 2 veces, cierre con 1 p. r. en la 2.ª cad. ini. (116 p.). Remate la labor.

MANTA «PRIMERA FLOR»

....

DIFICULTAD

TÉCNICAS UTILIZADAS
- Trabajar en el borde de la hilera o vuelta (*véase* la pág. 141)
- Unir cuadrados (*véase* la pág. 140)

HERRAMIENTAS Y MATERIALES
Hilo: hilo ligero (DK)/8 cabos de algodón en estos colores: 1 x amarillo botón de oro (hilo A), 1 x rosa peonía (hilo B), 1 x rosa madreselva (hilo C), 10 x estratosfera (hilo D)

Aguja de ganchillo: 4 mm

Tamaño del proyecto: 103 x 152 cm

PUNTOS ESPECIALES
tercera lazada (3.ª laz.): introduzca el ganchillo hacia abajo por la tercera lazada de detrás del punto, situada por debajo de la lazada trasera.

concha: [2 p. a., 1 cad., 2 p. a.] en el p. o esp. indicado.

TRUCOS Y CONSEJOS
- No apriete mucho los puntos al tejer juntos los cuadros o estos de doblarán.
- Si prefiere una unión plana, sujete las piezas derecho contra derecho y, así, el relieve quedará por el revés de la manta.
- Si quiere darle un toque llamativo de color, haga la última vuelta del borde de color rosa.

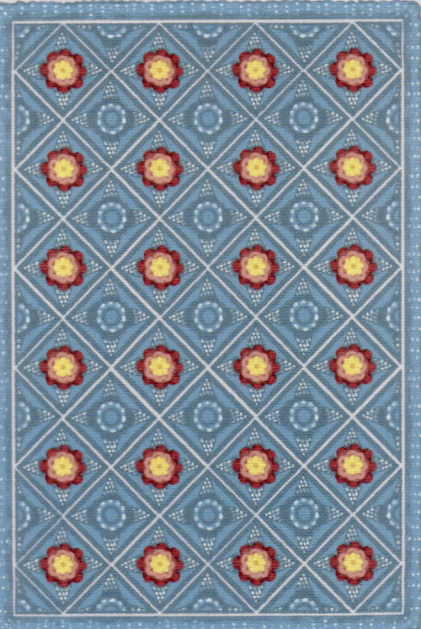

INSTRUCCIONES DEL PATRÓN
Teja 15 cuadrados «Yantra» (pág. 26) con D y 24 cuadrados «Primera flor» (pág. 8) con A, B, C y D.

A menos que se dé otra indicación, la cad. ini. cuenta como 1 p.

MEDIO CUADRADO YANTRA (haga 16)
H. 1: trabajando con A en el anillo mágico, haga 3 cad., 5 p. a., dele la vuelta (6 p.).
H. 2: [3 cad., 2 p. a.] en el 1.er p., [2 p. a. en el p. sig.] 5 veces, dele la vuelta (13 p.).
H. 3: 1 cad. (no cuenta como p.), [1 p. b., 3 cad., sált. 1 p.] 6 veces, 1 p. b. en la 3.ª cad. vta., dele la vuelta (7 p.).
H. 4: 3 cad., [3 p. m. a. en el esp. 3 cad., 1 p. a. en el p. sig.] 6 veces, dele la vuelta (25 p.).
H. 5: 5 cad. (cuentan como 1 p. m. a. y 3 cad.), sált. 1 p., 1 p. m. a., 3 cad., sált. 1 p., 5 p. b., [3 cad., sált. 1 p., 1 p. m. a.] 3 veces, 3 cad., sált. 1 p., 5 p. b., 3 cad., sált. 1 p., 1 p. m. a., 3 cad., sált. 1 p., 1 p. m. a. en la 3.ª cad. vta., dele la vuelta (17 p.).
H. 6: 4 cad. (cuentan como 1 p. m. a. y 2 cad.), 1 p. m. a. en el esp. 3 cad., 2 cad., 3 p. b. en el esp. 3 cad., 4 p. b., sált. 1 p., 3 p. b. en el esp. 3 cad., 2 cad., 1 p. m. a. en el esp. 3 cad., 3 cad., 1 p. m. a. en el esp. 3 cad., 2 cad., 3 p. b. en el esp. 3 cad., 4 p. b., sált. 1 p., 3 p. b. en el esp. 3 cad., 2 cad., 1 p. m. a. en el esp. 3 cad., 2 cad., 1 p. m. a. en la 2.ª cad. vta., dele la vuelta (26 p.).
H. 7: 5 cad. (cuentan como 1 p. m. a. y 3 cad.), 3 p. b. en el 2.º esp. 2 cad., 9 p. b., sált. 1 p., 3 p. b. en el esp. 2 cad., 3 cad., 1 p. m. a. en el esp. 3 cad., 3 cad., 3 p. b. en el esp. 2 cad., 9 p. b., sált. 1 p., 3 p. b. en el esp. 2 cad., 3 cad., 1 p. m. a. en la 2.ª cad. vta., dele la vuelta (33 p.).
H. 8: 2 cad., 3 p. b. en el esp. 3 cad., 14 p. b., sált. 1 p., 3 p. b. en el esp. 3 cad., 3 cad., 3 p. b. en el esp. 3 cad., 14 p. b., sált. 1 p.,

3 p. b. en el esp. 3 cad., 1 p. m. a. en la 2.ª cad. vta., dele la vuelta (42 p.).

H. 9: 2 cad., 20 p. b., 4 p. b. en el esp. 3 cad., 20 p. b., 1 p. m. a. en la 2.ª cad. vta., dele la vuelta (46 p.).

H. 10 (D.): [4 cad., 2 p. a.] en el 1.er p., 21 p. a., [2 p. a., 1 p. a. d.] en el p. sig., [1 p. a. d., 2 p. a.] en el p. sig., 21 p. a., [2 p. a., 1 p. a. d.] en la 2.ª cad. vta. (54 p.).
Remate la labor.

CUARTO DE CUADRADO YANTRA (haga 4)

H. 1: trabajando con A en el anillo mágico, haga 3 cad., 2 p. a., dele la vuelta (3 p.).

H. 2: [3 cad., 2 p. a.] en el 1.er p., [2 p. a. en el p. sig.] 2 veces, dele la vuelta (7 p.).

H. 3: 1 cad. (no cuenta como p.), [1 p. b., 3 cad., sált. 1 p.] 3 veces, 1 p. b., dele la vuelta (4 p.).

H. 4: 3 cad., [3 p. m. a. en el esp. 3 cad., 1 p. a. en el p. sig.] 3 veces, dele la vuelta (13 p.).

H. 5: 5 cad. (cuentan como 1 p. m. a. y 3 cad.), sált. 1 p., 1 p. m. a., 3 cad., sált. 1 p., 5 p. b., 3 cad., sált. 1 p., 1 p. m. a., 3 cad., sált. 1 p., 1 p. m. a. en la 3.ª cad. vta., dele la vuelta (9 p.).

H. 6: 4 cad. (cuentan como 1 p. m. a. y 2 cad.), 1 p. m. a. en el esp. 3 cad., 2 cad., 3 p. b. en el esp. 3 cad., 4 p. b., sált. 1 p., 3 p. b. en el esp. 3 cad., 2 cad., 1 p. m. a. en el esp. 3 cad., 2 cad., 1 p. m. a. en la 2.ª cad. vta., dele la vuelta (14 p.).

H. 7: 5 cad. (cuentan como 1 p. m. a. y 3 cad.), 3 p. b. en el 2.° esp. 2 cad., 9 p. b., sált. 1 p., 3 p. b. en el esp. 2 cad., 3 cad., 1 p. m. a. en la 2.ª cad. vta., dele la vuelta (17 p.).

H. 8: 2 cad., 3 p. b. en el esp. 3 cad., 14 p. b., sált. 1 p., 3 p. b. en el esp. 3 cad., 1 p. m. a. en la 2.ª cad. vta., dele la vuelta (22 p.).

H. 9: [2 cad., 1 p. b.] en el 1.er p., 20 p. b., 1 p. m. a. en la 2.ª cad. vta., dele la vuelta (23 p.).

H. 10 (D.): [4 cad., 2 p. a.] en el 1.er p., 21 p. a., [2 p. a., 1 p. a. d.] en la 2.ª cad. vta. (27 p.).
Remate la labor.

SÍMBOLOS Y ABREVIATURAS

anillo mágico
- o cadeneta (**cad.**)
- • punto raso (**p. r.**)
- + punto bajo (**p. b.**)
- ⊤ punto medio alto (**p. m. a.**)
- ⊤ punto alto (**p. a.**)
- ⊤ punto alto doble (**p. a. d.**)
- ▶ inicio de hilera o vuelta
- – derecho de la labor (**D.**)

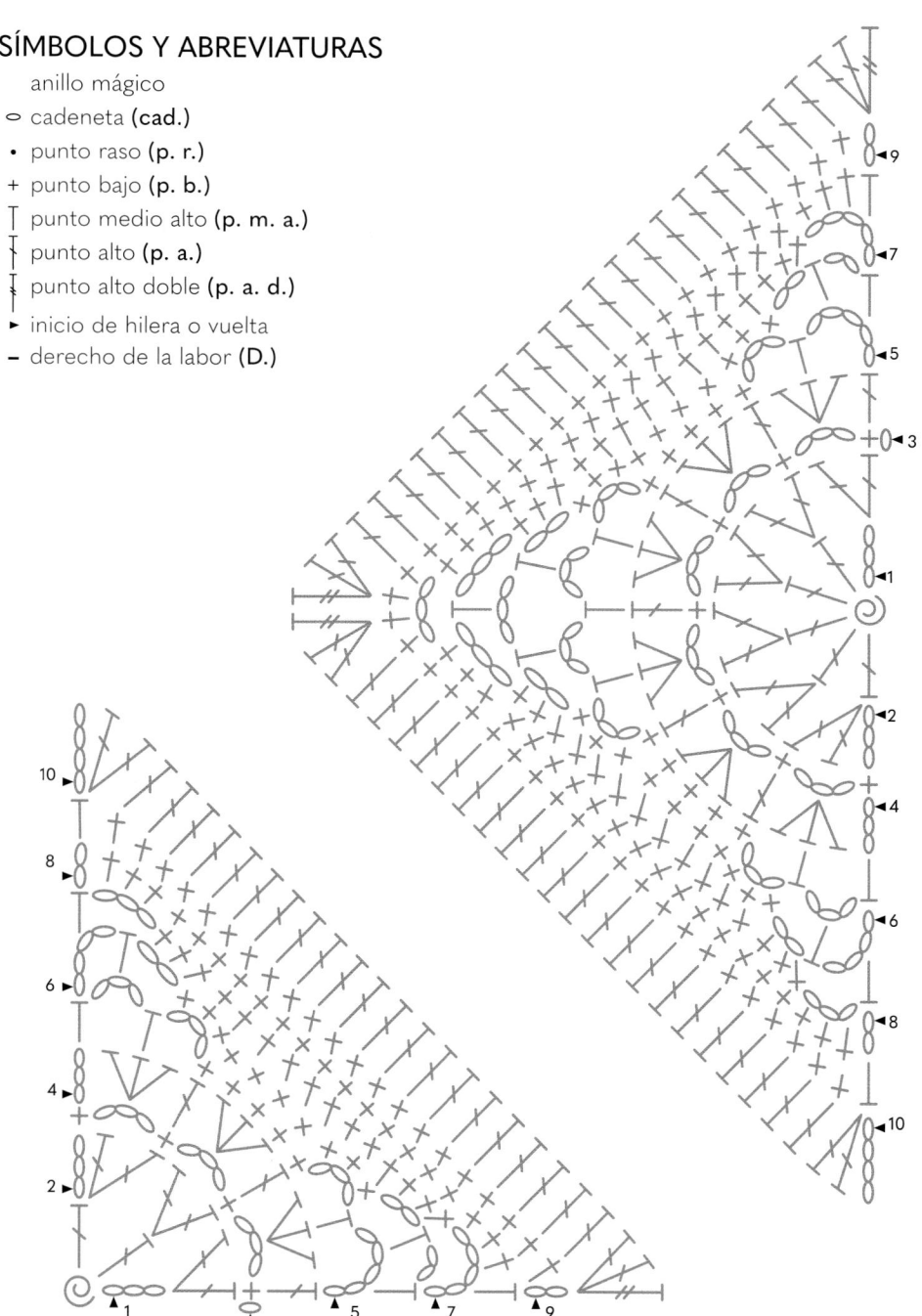

UNIR PIEZAS

Guiándose por el esquema, disponga 6 H. de cuadrados «Primera flor» y luego rellene los espacios con 5 H. de cuadrados «Yantra». Para darle forma rectangular, complete los espacios de los lados con mitades de cuadrado y ponga un cuarto de cuadrado en cada esq.

Primero cosa los cuadrados en H. diagonales: sujételos revés contra revés y, empezando por el p. a. d. o la cad. ini. de la esq. e introduciendo el ganchillo por la laz. tras. de cada cuadrado, teja [1 p. r., 1 cad., sált. 1 p.] a lo largo de la H., terminando con 1 p. r. en el p. a. d. o la cad. ini. de la esq. Después, una las H. diagonales que van en dirección opuesta del mismo modo, haciendo 1 cad. en la unión entre cuadrados.

BORDE

V 1: incorpore D en la esq. superior del borde largo de la manta, 1 cad., *[2 p. m. a., 1 cad., 2 p. m. a.] en la esq., teja 19 p. m. a. por el cuarto de cuadrado, 42 p. m. a. en el lado de cada medio cuadrado, rep. desde * 4 veces para completar los 4 lados de la manta, cierre con 1 p. r. en el p. inicial; si le quedan huecos en el punto de unión de los cuadrados, reemplace el p. m. a. por 1 p. a. para equilibrar la altura de los p. (840 p.).

V. 2: 1 cad. (no cuenta como p.) y, trabajando en la 3.ª laz., 2 cad., 1 p. m. a., *[2 p. m. a., 2 cad., 2 p. m. a.] en el esp. 1 cad. de la esq., sált. 1 p., 1 p. m. a. en cada p. del lado, rep. desde * 4 veces, cierre con 1 p. r. en la 2.ª cad. ini. (852 p.).

V. 3: 4 p. r., [3 cad., 2 p. a., 1 p. a. d., 1 cad., 1 p. a. d., 3 p. a.] en el esp. 2 cad., *sált. 5 p., [1 concha en el p. sig., sált. 4 p.] 50 veces, [3 p. a., 1 p. a. d., 1 cad., 1 p. a. d., 3 p. a.] en el esp. 2 cad., sált. 5 p., [1 concha en el p. sig., sált. 4 p.] 33 veces, sált. 1 p., [3 p. a., 1 p. a. d., 1 cad., 1 p. a. d., 3 p. a.] en el esp.

2 cad.; rep. desde * 2 veces omitiendo el grupo de la última esq., cierre con 1 p. r. en la 3.ª cad. ini. (696 p.).

V. 4: 1 p. r., [3 cad., 1 p. a., 1 cad., 2 p. a.] en el p., *sált. 2 p., [2 p. a., 2 cad., 2 p. a.] en el esp. 1 cad. de la esq., sált. 2 p., 1 concha en el p. sig., 1 concha en cada esp. 1 cad. hasta llegar a los 3 p. a. del principio del grupo de la esq., sált. 1 p., 1 concha en el p. sig., rep. desde * 3 veces, sált. 2 p., [2 p. a., 2 cad., 2 p. a.] en el esp. 1 cad. de la esq., sált. 2 p., 1 concha en el p. sig., 1 concha en cada esp. 1 cad. del lado, cierre con 1 p. r. en la 3.ª cad. ini. (712 p.).

V. 5: 2 p. r. en el esp. 1 cad., [3 cad., 1 p. a., 1 cad., 2 p. a.] en el p., *[3 p. a., 1 p. a. d., 1 cad., 1 p. a. d., 3 p. a.] en el esp. 2 cad. de la esq., 1 concha en cada esp. 1 cad. a lo largo del lado, rep. desde * 4 veces, cierre con 1 p. r. en la 3.ª cad. ini. (728 p.).

V. 6: 2 p. r. en el esp. 1 cad., [3 cad., 1 p. a., 1 cad., 2 p. a.] en el p., *sált. 3 p., 1 concha en el p. sig., sált. 2 p., [2 p. a., 2 cad., 2 p. a.] en el esp. 1 cad. de la esq., sált. 2 p., 1 concha en el p. sig., 1 concha en cada esp. 1 cad. del lado hasta llegar a los 3 p. a. del principio del grupo de la esq., rep. desde * 4 veces, cierre con 1 p. r. en la 3.ª cad. ini. (744 p.).

V. 7: 2 p. r. en el esp. 1 cad., [3 cad., 1 p. a., 1 cad., 2 p. a.] en el p., 1 concha en el sig. esp. 1 cad., *[3 p. a., 1 p. a. d., 1 cad., 1 p. a. d., 3 p. a.] en el esp. 2 cad. de la esq., 1 concha en cada esp. 1 cad. a lo largo del lado, rep. desde * 4 veces, cierre con 1 p. r. en la 3.ª cad. ini. (760 p.).

Remate la labor.

BOLSA «FLORECILLA FLOTANTE»

DIFICULTAD

ABREVIATURAS
cadeneta (cad.)
punto raso (p. r.)
punto bajo (p. b.)
punto medio alto (p. m. a.)
punto alto (p. a.)
punto alto doble (p. a. d.)
2 puntos medios altos cerrados juntos
(2 p. m. a. jun.)
2 puntos bajos cerrados juntos (2 p. b. jun.)
ponga un marcador (ponga 1 M)

TÉCNICAS UTILIZADAS
• Trabajar en el de borde de las hileras
  (*véase* la pág. 141)
• Unir cuadrados (*véase* la pág. 140)

HERRAMIENTAS Y MATERIALES
Hilo: hilo ligero (DK)/8 cabos de algodón
en estos colores: 1 x dorado (hilo A),
1 x amarillo solar (hilo B), 1 x aguamarina
(hilo C), 1 x azul cerceta mayor (hilo D),
2 x crudo (hilo E)

Aguja de ganchillo: 3,5 mm

Además: botón de 2 cm de
diámetro

Tamaño del proyecto (anchura x altura):
30 x 36 cm sin la tira, 69 cm con la tira

PUNTOS ESPECIALES
**2 puntos bajos cerrados juntos (2 p. b.
jun.):** [introduzca la aguja en el p. sig., e.
h. y saque 1 laz.] 2 veces, e. h. y sáquela
por las 3 laz. de la aguja.

**2 puntos medios altos cerrados juntos
(2 p. m. a. jun.):** [e. h., introduzca la aguja
en el p. indicado, e. h. y saque 1 laz.] 2
veces, e. h. y sáquela por las 5 laz. de la
aguja.

tercera lazada (3.ª laz.): introduzca el
ganchillo hacia abajo por la tercera lazada
de detrás del p., situada por debajo de la
lazada trasera.

INSTRUCCIONES DEL PATRÓN
A menos que se dé otra indicación, la cad.
ini. cuenta como 1 p.

Teja 15 cuadrados «Florecilla flotante» (pág.
52) siguiendo las instrucciones de las V. 1-6:
haga la V. 1 con hilo A, la V. 2 con B, la V. 3
con C, la V. 4 con D y las V. 5 y 6 con E (en
el apartado «Herramientas y materiales» de
la izquierda, verá la lista de colores).

Para unirlos: junte los cuadrados guiándose
por el esquema y doble por las líneas rojas.
Puede tejer todos los cuadrados y luego
unirlos en franjas diagonales, o ir juntándolos
a medida que los haga.
Sujételos revés contra revés. Empezando
en el esp. 1 cad., haga p. b. hasta llegar al
sig. esp. 1 cad., introduciendo la aguja por
la laz. tras. de cada cuadrado.

BORDE
V. 1: incorpore E 2 p. antes del esp. 1 cad.
de la parte superior, 1 cad. (no cuenta como
p., ni aquí ni más adelante), 22 p. m. a., 2 p.
m. a. jun. haciendo 1 p. en el esp. 1 cad. de
cada cuadrado adyacente (aquí y más
adelante), 20 p. m. a., 1 p. r. en el esp. 1 cad.,
20 p. m. a., 2 p. m. a. jun., 39 p. m. a., 2 p.
m. a. jun., 20 p. m. a., 1 p. r. en el esp. 1 cad.,
20 p. m. a., 2 p. m. a. jun., 17 p. m. a., cierre
con 1 p. r. en el p. inicial (162 p.).
V. 2: 1 p. r. en la 3.ª laz. y, trabajando en la
3.ª laz., 2 cad., 2 p. m. a., 4 p. b., 37 p. m.
a., sált. 1 p. r., 40 p. m. a., 4 p. b., 37 p. m.
a., sált. el p. r., 37 p. m. a., cierre con 1 p. r.
en la 2.ª cad. ini. (162 p.).
V. 3: 1 cad., *2 p. b., 2 p. b. en el p. sig.,
4 p. b., 2 p. b. en el p. sig., 35 p. b., [1 cad.,
sált. 3 p.] para crear el ojal, 37 p. b., 2 p. b.

en el p. sig., 4 p. b., 2 p. b. en el p. sig., 34
p. b., 2 p. b. jun., sált. 1 p., 2 p. b. jun., 34 p.
b., cierre con 1 p. r. en el p. inicial (160 p.).
V. 4: 1 cad., 1 p. b., 2 p. b. en el p. sig., 4 p.
b., 2 p. b. en el p. sig., 35 p. b., [2 p. b. jun.]
2 veces, 37 p. b., 2 p. b. en el p. sig., ponga
1 M en el 2.° de los 2 p. b., 4 p. b., 2 p. b.
en el p. sig., ponga 1 M en el 1.° de los 2 p.
b., 34 p. b., [2 p. b. jun.] 2 veces, 33 p. b.,
cierre con 1 p. r. en el p. inicial (160 p.).
No remate la labor.

TIRA

H. 1: 4 p. r., 1 cad., 6 p. b., dele la vuelta (6 p.).
H. 2: 1 cad., 6 p. b., dele la vuelta (6 p.).
Repita 139 veces la H. 2, o hasta que la tira
tenga la longitud deseada. Si cambia la
longitud, asegúrese de que haga un número
impar de H.
Remate la última H., dejando un cabo para
coser la tira a los lados de la bolsa, justo
donde ha colocado los marcadores.
V. sig.: incorpore D en el 1.er p. del borde de
después de la tira, [2 p. b. en el p., sált. 1 p.]
18 veces, [2 p. b. jun.] 2 veces, [sált. 1 p., 2 p.
b. en el p. sig.] 18 veces; después, tejiendo
en el lado de la tira, [sált. 1 H., 2 p. b. en el
lado de la H. sig.] 70 veces, sált. 1 H., cierre
con 1 p. r. en el p. inicial. Remate la labor y
rep. en el otro lado de la bolsa (356 p.).
Añada 1 botón de 2 cm de diámetro en la
parte interior de la bolsa, en el lado
opuesto al ojal.

TRUCOS Y CONSEJOS

La última vuelta trabajada en los lados de
la tira no solo es decorativa: también ayuda
a reducir el estiramiento natural que se
produce en una tira de ganchillo. Haga esta
vuelta incluso si prefiere un borde crudo.

CHAL «BAYAS SILVESTRES»

DIFICULTAD

HERRAMIENTAS Y MATERIALES

Hilo: hilo ligero (DK)/8 cabos de algodón en estos colores: 6 x rojo vino (hilo A), 1 x beis (hilo B)

Aguja de ganchillo: 4 mm

Además: aguja de tapicería; alfileres o marcadores de puntos, accesorio para hacer borlas (opcional)

Tamaño del proyecto: 172 x 82 cm sin las borlas

TÉCNICAS UTILIZADAS

- Trabajar en el de borde de las hileras (*véase* la pág. 141)
- Unir cuadrados (*véase* la pág. 140)
- Hacer borlas (*véase* la pág. 142)

PUNTOS ESPECIALES

2 puntos medios altos cerrados juntos (2 p. m. a. jun.): [e. h., introduzca la aguja en el p. indicado, e. h. y saque 1 laz.] 2 veces, e. h. y sáquela por las 5 laz. de la aguja.

TRUCOS Y CONSEJOS

En las mitades de cuadrados no se puede desplazar el hilo hacia arriba por el revés de la labor tal como se hace con los cuadrados completos. Puede reducir el número de cabos siguiendo la técnica *jacquard*, también llamada *tapestry*, o desplazar el hilo A por la parte inferior y cubrirlo al tejer la vuelta del borde.

INSTRUCCIONES DEL PATRÓN

Teja 21 cuadrados «Bayas silvestres» (pág. 84). Trabaje las V. 1-8 del patrón utilizando el color rojo vino como hilo A y el color beis como hilo B. Siga tejiendo las V. 9-12 solo con hilo rojo vino.

MEDIO CUADRADO (haga 7)

A menos que se dé otra indicación, la cad. ini. cuenta como 1 p.

H. 1 (D.): trabajando con A en el anillo mágico, haga 3 cad., 5 p. a., dele la vuelta (6 p.).

H. 2: [3 cad., 1 p. a.] en el 1.er p., [2 p. a. en el p. sig.] 5 veces, dele la vuelta (12 p.). Remate el hilo.

H. 3: con B, haga 1 cad. (no cuenta como p., ni aquí ni más adelante), [1 p. b., 1 cad.] 11 veces, 1 p. b. en la 3.ª cad. vta., dele la vuelta (12 p.).
Remate la labor.

H. 4: con A, 2 cad., 2 p. m. a. en cada esp. 1 cad., 1 p. m. a. en el último p., dele la vuelta (24 p.). Remate el hilo.

H. 5: con B, haga 1 cad., 1 p. b., 1 cad., [1 p. b., 1 cad., sált. 1 p.] 11 veces, 1 p. b. en la 2.ª cad. vta., dele la vuelta (13 p.).
Remate el hilo.

H. 6: con A, haga 2 cad., 2 p. m. a. en el esp. 1 cad., *2 p. m. a. en el sig. esp. 1 cad., 2 p. m. a. jun. haciendo el 1.º en el mismo esp. 1 cad. y el 2.º en el sig. esp. 1 cad., 2 p. m. a. en el mismo esp. 1 cad. que el 2.º p. de los 2 p. m. a. jun.; rep. desde * 5 veces, 2 p. m. a. en el sig. esp. 1 cad., 1 p. m. a., dele la vuelta (31 p.). Remate el hilo.

H. 7: con B, 1 cad., [1 p. b., 2 cad., sált. 2 p., 1 p. b., 2 cad., sált. 1 p.] 6 veces, 1 p. b. en la 2.ª cad. vta. (13 p.). Remate B.

H. 8: con A, 2 cad., [3 p. m. a. en el esp. cad.] 12 veces, 1 p. m. a. en el último p., dele la vuelta (38 p.).

H. 9: 1 cad., 1 p. b., 1 cad., sált. 1 p., 1 p. b., [2 cad., sált. 2 p., 1 p. b.] 11 veces, 1 cad., sált. 1 p., 1 p. b. en la 2.ª cad. vta. (14 p.).

H. 10: 5 cad., [1 p. a. t., 2 p. a. d.] en el esp. 1 cad., 3 p. a. en el esp. 2 cad., 3 p. m. a. en el sig. esp. 2 cad., 3 p. b. en el sig. esp. 2 cad., 3 p. m. a. en el sig. esp. 2 cad., 3 p. a. en el sig. esp. 2 cad., [2 p. a. d., 1 p. a. t., 1 cad., 1 p. a. t., 2 p. a. d.] en el sig. esp. 2 cad., 3 p. a. en el sig. esp. 2 cad., 3 p. m. a. en el sig. esp. 2 cad., 3 p. b. en el sig. esp. 2 cad., 3 p. m. a. en el sig. esp. 2 cad., 3 p. a. en el sig. esp. 2 cad., [2 p. a. d., 1 p. a. t.] en el esp. 1 cad., 1 p. a. t. en el último p., dele la vuelta (44 p.).

H. 11: [2 cad., 1 p. b.] en el 1.er p., 21 p. b., [1 p. m. a., 2 cad., 1 p. m. a.] en el esp. 1 cad., 21 p. b., [1 p. b., 1 p. m. a.] en la 5.ª cad. vta., dele la vuelta (48 p.).

H. 12: [2 cad., 1 p. b.] en el 1.er p., 23 p. b., [2 p. b., 1 cad., 2 p. b.] en el esp. 2 cad., 23 p. b., [1 p. b., 1 p. m. a.] en la 2.ª cad. vta. (52 p.). Remate la labor.

SÍMBOLOS Y ABREVIATURAS

- ℮ anillo mágico
- ⊖ cadeneta (**cad.**)
- • punto raso (**p. r.**)
- + punto bajo (**p. b.**)
- T punto medio alto (**p. m. a.**)
- ⋀ 2 puntos medios altos cerrados juntos (**2 p. m. a. jun.**)
- ‡ punto alto (**p. a.**)
- ‡ punto alto doble (**p. a. d.**)
- ‡ punto alto triple (**p. a. t.**)
- ► inicio de hilera o vuelta
- – derecho de la labor (**D.**)

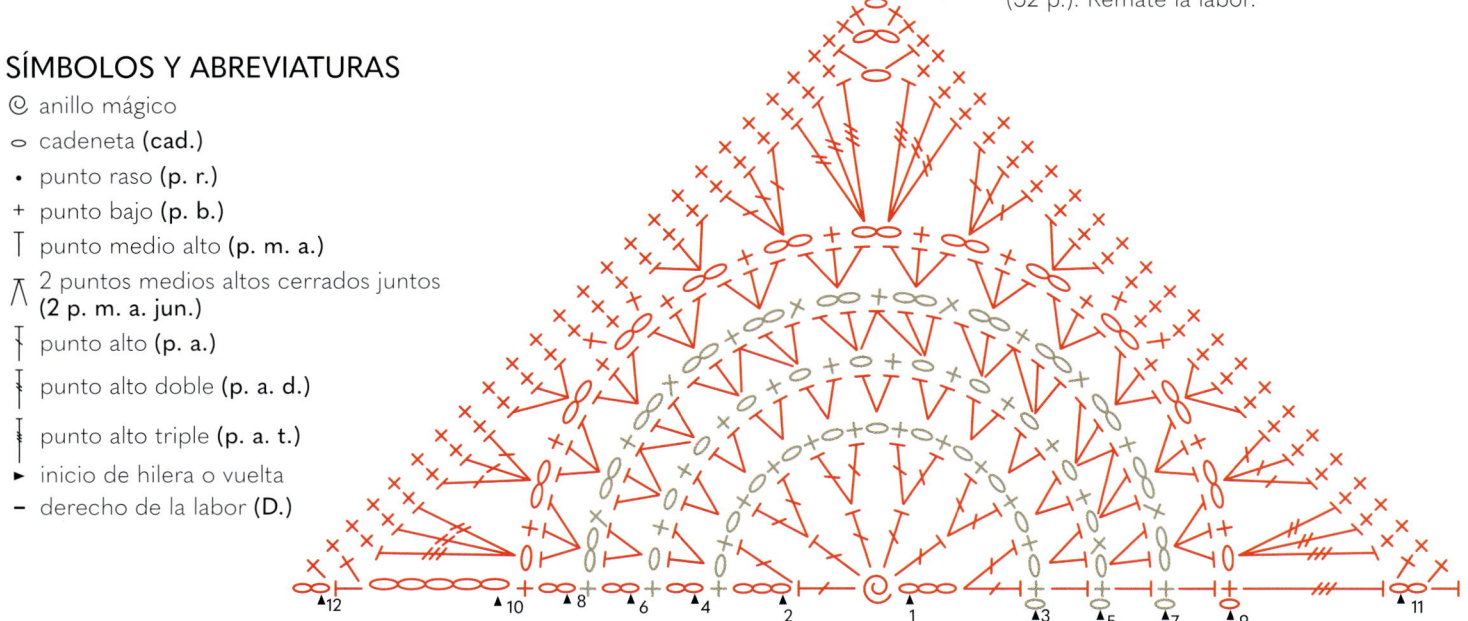

BORDE

V. 1 (en todo el contorno): incorpore A en el p. m. a. del medio cuadrado de la punta superior izquierda y trabaje hacia abajo como sigue: [2 cad., 1 p. m. a.] en el 1.er p., [26 p. m. a., 2 p. m. a. en el punto de unión] 6 veces, 26 p. m. a., [2 p. m. a., 1 cad., 2 p. m. a.] en el esp. 1 cad. situado en la punta inferior. Siga hacia arriba, por el segundo lado: [26 p. m. a., 2 p. m. a. en el punto de unión] 6 veces, 26 p. m. a., [2 p. m. a., 1 cad., 2 p. m. a.] en la 2.a cad. vta. Siga por el lado superior: 37 p. m. a. bien distribuidos por el 1.er medio cuadrado, [1 p. m. a. en el punto de unión, 38 p. m. a. bien distribuidos por el medio cuadrado] 5 veces, 1 p. m. a. en el punto de unión, 37 p. m. a. bien distribuidos por el último medio cuadrado, [2 p. m. a., 1 cad.] en el 1.er p. de la V., cierre con 1 p. r. en la 2.a cad. vta., dele la vuelta (670 p.).

V. sig. (en el borde superior): 1 p. r. en el esp. 1 cad., [3 cad., 2 p. m. a.] en el esp. 1 cad., 1 p. m. a. en cada p. hasta que quede 1 p., [2 p. m. a., 1 p. a.] en el últ. p., dele la vuelta (280 p.).

V. 3 (en todo el contorno): teja en el lado superior como sigue: [2 cad., 1 p. b.] en el 1.er p., 1 p. b. en cada p. hasta que quede 1 p., [1 p. b., 1 p. m. a., 1 p. b.] en el último p. Siga hacia abajo, por el segundo lado: [1 p. a., 1 p. r.] en el extremo de la H. superior, [1 p. a. en el p. sig., 1 p. r. en el p. sig.] hacia abajo hasta que quede 1 p., 1 p. a. en el último p., [1 p. r., 1 p. a., 1 p. r.] en el esp. 1 cad. situado en la punta inferior. Siga por el lado sig.: sált. 1 p., [1 p. a. en el p. sig., 1 p. r. en el p. sig.] hacia arriba hasta que quede 1 p., 1 p. a. en el último p., [1 p. r., 1 p. a.] en el extremo de la H. superior, 1 p. b. en el mismo p. que las 2 cad., cierre con 1 p. r. en la cad. ini. (686 p.). Remate la labor.

BORLAS

Con A, haga 3 borlas de 10 cm y ate una en cada esq. (instrucciones en la pág. 142).

UNIR PIEZAS

Junte las piezas en H. diagonales guiándose por el esquema; empiece y acabe uniendo los esp. 1 cad. de las esq. de las piezas adyacentes, o uniendo el esp. 1 cad. de la esq. de un cuadrado completo al p. m. a./2 cad. iniciales de una mitad de cuadrado. Para coser juntas las piezas, sujételas derecho contra derecho; empiece y acabe una H. cosiendo a través de todas las laz., pero cosa todos los p. restantes de la H. pasando la aguja solo por las 2 laz. delanteras.

COJÍN «NOCHE GÉLIDA»

DIFICULTAD

ABREVIATURAS

cadeneta (cad.)
punto raso (p. r.)
punto medio alto (p. m. a.)
punto alto (p. a.)
bodoque (bod.)
2 puntos medios altos cerrados juntos
(2 p. m. a. jun.)

HERRAMIENTAS Y MATERIALES

Hilo: hilo ligero (DK)/8 cabos de algodón
en estos colores: 2 x gris (hilo A), 2 x
blanco (hilo B)

Aguja de ganchillo: 3,5 mm

Además: 3 botones de 22 mm de
diámetro; relleno para un cojín de 45 x
45 cm y 1 aguja de tapicería

Tamaño del proyecto: 44 x 44 cm

TÉCNICAS UTILIZADAS

• Trabajar en el de borde de las hileras
(*véase* la pág. 141)
• Unir cuadrados (*véase* la pág. 140)

PUNTOS ESPECIALES

**2 puntos medios altos cerrados juntos
(2 p. m. a. jun.):** [e. h., introduzca la
aguja en el p. indicado, e. h. y saque 1 laz.]
2 veces, e. h. y sáquela por las 5 laz. de
la aguja.

TRUCOS Y CONSEJOS

• Utilice una aguja de ganchillo más
pequeña que la recomendada para el
hilo. De este modo, el hilo desplazado
quedará menos visible.
• Bloquee los cuadrados antes de
unirlos, para que los puntos de las
esquinas queden más rectos.

INSTRUCCIONES DEL PATRÓN

A menos que se dé otra indicación, la cad.
ini. cuenta como 1 p.

Teja 9 cuadrados «Noche gélida» (pág. 94)
siguiendo las instrucciones de las V. 1-7 para
crear la parte delantera de la funda.

Para unir los cuadrados: sujételos revés
contra revés. Cósalos juntos de una esquina a la siguiente, uniéndolos formando
hileras de tres piezas. Déjelo a un lado y
trabaje en la pieza trasera antes de completar la delantera.

PARTE TRASERA

Está compuesta de dos piezas que se
solapan y se cierran con botones.

PIEZA INFERIOR

Con hilo A, teja 81 cad.
H. 1: empezando en la 3.ª cad. desde la
aguja, haga 79 p. a., dele la vuelta (79 p.).
H. 2: 2 cad. (no cuentan como p., ni aquí ni
más adelante), 79 p. a., dele la vuelta (79 p.).
H. 3-28: como la H. 2.
No cierre la labor. Teja un borde alrededor
de toda la pieza como sigue:
V. 1: 1 cad., *haga 53 p. m. a. bien
distribuidos por el lado trabajando hacia
abajo en el extremo de las H., 3 p. m. a.
para crear la esq., 77 p. a., 3 p. m. a. para
crear la esq.; rep. desde * 2 veces, cierre
con 1 p. r. en el p. inicial (272 p.).
Remate el hilo.

PIEZA SUPERIOR

Con hilo A, teja 81 cad.
H. 1: empezando en la 3.ª cad. desde la
aguja, haga 79 p. a., dele la vuelta (79 p.).

H. 2: 2 cad. (no cuentan como p., ni aquí ni más adelante), 79 p. a., dele la vuelta (79 p.).

H. 3-14: como la H. 2.

H. 15 (H. con el ojal): 2 cad., 19 p. a., [1 cad., sált. 1 p., 19 p. a.] 3 veces, dele la vuelta (76 p.).

H. 16: como la H. 2, haciendo 1 p. a. en cada esp. 1 cad.

No remate el hilo. Teja un borde alrededor de toda la pieza como sigue:

V. 1: 1 cad., *haga 31 p. m. a. bien distribuidos por el lado trabajando hacia abajo en el extremo de las H., 3 p. m. a. en el p. de la esq., 77 p. a., 3 p. m. a. en el p. de la esq., rep. desde * 2 veces, cierre con 1 p. r. en el p. inicial (228 p.). Remate la labor.

BORDE DE LA PARTE DELANTERA

V. 1: incorpore A en el esp. 3 cad. de una esq., [2 cad., 1 p. a., 1 p. m. a.] en el esp. 3 cad., *[24 p. m. a., 1 p. m. a. en el esp. cad., 1 p. m. a. en el punto de unión entre cuadrados, 1 p. m. a. en el esp. cad.] 2 veces, 24 p. m. a., [1 p. m. a., 1 p. a., 1 p. m. a.] en el esp. 3 cad., rep. desde * 3 veces, [24 p. m. a., 1 p. m. a. en el esp. cad., 1 p. m. a. en el punto de unión entre cuadrados, 1 p. m. a. en el esp. cad.] 2 veces, 24 p. m. a., cierre con 1 p. r. en la 2.ª cad. ini. No remate el hilo: utilícelo para unir las piezas traseras a la parte delantera de la funda (324 p.).

UNIR LAS PARTES DELANTERA Y TRASERA

Ponga la pieza inferior de la parte trasera de la funda sobre la parte delantera, revés contra revés, de manera que coincidan las esquinas y los puntos. Sujételo con marcadores de puntos o alfileres.

Ponga la pieza superior de la parte trasera sobre la parte delantera, revés contra revés y superponiéndola a la pieza inferior, de manera que coincidan las esquinas y los puntos. Asegúrese de que se solapan lo suficiente como para poder coser los botones.

V. 1: utilizando el hilo A de la parte delantera, haga 1 p. b. en cada p. del contorno a través de las partes delantera y trasera, y atravesando tres capas en las zonas donde se solapan tres piezas (324 p.). Remate A.

V. 2: con B, 1 cad. (no cuenta como p.), [2 p. m. a. jun.] 324 veces (cada par de p. empieza donde acaba el par anterior), cierre con 1 p. r. en el p. inicial (324 p.). Remate la labor.

Cosa 3 botones en la pieza inferior de la parte trasera, alineados con los ojales tejidos en la pieza superior.

MATERIALES E INSTRUMENTOS BÁSICOS

Cuando entre en una tienda de hilos, puede que le abrume la inmensa variedad de hilos disponibles, de todo tipo de colores, grosores y texturas. La elección puede ser emocionante, pero también puede resultarle confusa; y lo mismo puede decirse de las agujas de ganchillo y otros artículos. Consulte esta guía para descubrir lo que necesita para empezar a hacer ganchillo.

LA ELECCIÓN DEL HILO

Para hacer ganchillo puede utilizar desde finos hilos de algodón hasta gruesos hilos de lana. Como regla general, los más fáciles de trabajar son los que tienen una textura suave y de torsión media o alta. Todos los cuadrados de este libro se han tejido con hilo ligero (DK)/8 cabos. Otro aspecto que debe considerar cuando tenga todos esos hilos delante es su contenido de fibra y el tipo de caída que quiere que tenga su labor. Antes de comprar todo el hilo que necesita para completar el proyecto, es aconsejable comprar solo un ovillo. Trabaje una muestra de prueba, lávela siguiendo las instrucciones de la etiqueta, bloquéela para darle forma y luego decida si le parece cómodo trabajar con ese el hilo y si el resultado es el que esperaba (*véase* la pág. 139).

LA COMPOSICIÓN DEL HILO

Los hilos están compuestos de diferentes fibras y combinaciones de fibras.

ALGODÓN Y MEZCLAS DE ALGODÓN

Todos los cuadrados de este libro están hechos con hilos de algodón: no solo están disponibles en una gama de colores preciosos, sino que son una elección ideal para todas las estaciones del año gracias a su calidez y transpirabilidad. Puede que, al principio, este hilo le resulte algo rígido a la hora de tejer, pero los puntos quedan pulcros y bien definidos. Los de mezcla de algodón suelen ser más suaves, y los puntos que producen quedan igual de bien. Las labores de ganchillo hechas de algodón o mezcla de algodón son muy duraderas.

ACRÍLICO

El hilo acrílico es muy popular entre los aficionados al ganchillo y resulta ideal para principiantes. Va muy bien para practicar diferentes puntos y técnicas y probar combinaciones de colores. Los hilos acrílicos son adecuados para principiantes porque están disponibles en una amplia gama de colores y salen bien de precio. Aunque con el tiempo a la pieza le pueden salir bolitas o incluso puede deformarse, el hilo acrílico posee la ventaja de que puede lavarse en la lavadora, por lo que resulta una buena elección para artículos que requieran un lavado frecuente.

LANA

La lana es excelente para hacer mantas o labores de ganchillo más grandes. Es una fibra resistente y agradable de trabajar, y crea unos puntos definidos. Asegúrese de si su lana puede ponerse en la lavadora o no.

HILOS MIXTOS

Un hilo compuesto de lana y fibra sintética es una apuesta segura. Si elige un hilo con un pequeño porcentaje de fibra sintética (por ejemplo, nailon o acrílico), le será fácil de trabajar y lavar.

HILOS DE FANTASÍA

Aunque los hilos de fantasía son agradables al tacto y atractivos, no son sencillos de tejer. Puede utilizarlos para añadir algún detalle interesante, pero en general dificultan el trabajo y esconden los puntos.

AGUJAS DE GANCHILLO

Se venden ganchillos de diferentes tamaños y materiales. El material afecta a la tensión que ejerce al tejer. Para empezar, es mejor utilizar ganchillos de aluminio, ya que gracias a su cabeza puntiaguda y a su cuello bien definido se adaptan a la mayoría de los hilos. Los de bambú son agradables para trabajar, aunque con ciertos hilos pueden resultar resbaladizos. Los ganchillos de plástico pueden chirriar de forma desagradable si trabaja con un hilo sintético. También puede adquirir ganchillos de mango suave o de madera, que son muy cómodos y que le irán especialmente bien si su afición al ganchillo se convierte en su pasión.

TAMAÑO DEL GANCHILLO

Puede que el tamaño de ganchillo que se recomienda para un hilo o patrón no sea el adecuado para usted, por lo que la labor podría quedar demasiado floja o apretada. Pruebe con ganchillos de varios tamaños hasta que le satisfaga el resultado de la muestra.

Al fin y al cabo, lo importante es que utilice un ganchillo y un hilo que le resulten cómodos; las recomendaciones al respecto no están escritas en piedra. Tenga en cuenta que no todas la etiquetas de los hilos indican un tamaño de ganchillo determinado. Si se recomienda un tamaño, tómelo a modo de orientación, o bien elija un ganchillo que sea uno o dos números superiores al indicado.

OTROS ARTÍCULOS

Aunque todo lo que necesita para empezar es un ganchillo e hilo, le resultará práctico tener los siguientes artículos en su bolsa de labores.

TIJERAS

Utilice unas tijeras de bordar, pequeñas y afiladas.

REGLA Y CINTA MÉTRICA

Una regla rígida es ideal para medir la muestra de tensión, pero para tomar medidas mayores es más aconsejable utilizar una cinta métrica gruesa.

MARCADORES DE PUNTOS

Los que tienen forma de anilla abierta son muy prácticos para marcar el primer punto de una hilera o vuelta, en especial cuando se empieza. Asimismo, puede utilizarlos al acabar el trabajo del día, para sujetar la última lazada y así evitar que se deshaga.

ALFILERES

Utilice alfileres inoxidables de cabeza de cristal cuando bloquee la labor con la plancha o con el método húmedo.

AGUJAS

Las agujas laneras o de tapicería se usan para coser costuras y rematar los cabos. Escoja agujas de punta roma para evitar deshilachar los puntos. Hay agujas laneras con ojos de distintos tamaños, así que escoja la que mejor se adecue al grosor del hilo con el que va a trabajar.

USTED ELIGE

No tiene por qué emplear los hilos y el ganchillo que aparecen en este libro, pero debe tener en cuenta que la tensión cambiará según su elección. Puede modificar los proyectos de este libro utilizando un hilo grueso con un ganchillo más grande para crear una manta más gruesa para el invierno, un ligero hilo de bambú con un ganchillo más grande para tejer un chal calado, o un hilo fino con un ganchillo pequeño para confeccionar una bolsa más detallada (encontrará los proyectos en las págs. 118-129). Lo bonito de los *granny squares* es que se adaptan fácilmente a diferentes hilos y usos, así que no se sienta limitado por lo que vea en este libro: ¡simplemente utilícelo como base para dar rienda suelta a su creatividad!

INICIO Y ACABADO

Una labor de ganchillo se puede tejer por hileras, empezando con una cadeneta de base, o en redondo, trabajando hacia fuera a partir de un anillo base hecho de cadenetas o de un anillo mágico. Consulte la página 134 para refrescar la memoria sobre los puntos básicos.

CÓMO SOSTENER EL GANCHILLO Y EL HILO

Estas son las dos maneras más habituales de sostener la aguja.

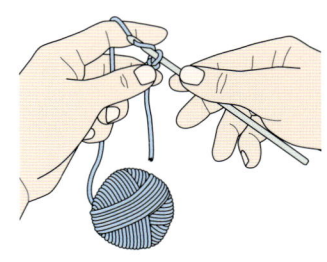

MANO DERECHA

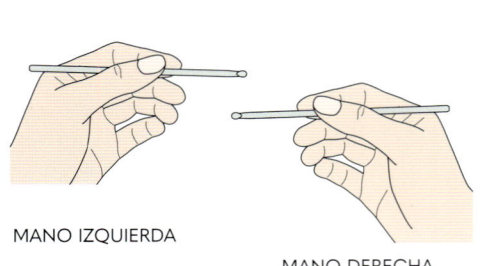

MANO IZQUIERDA

MANO DERECHA

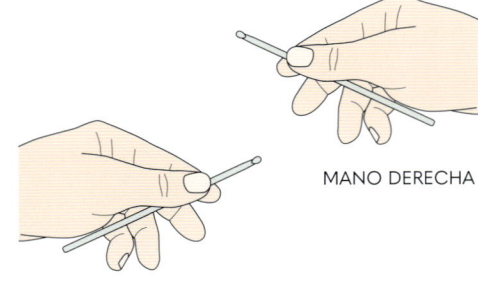

MANO DERECHA

MANO IZQUIERDA

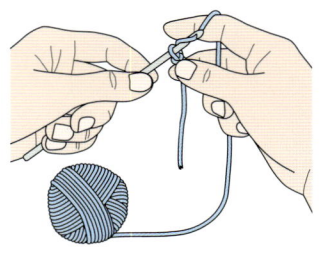

MANO IZQUIERDA

Método del lápiz Sujete la zona plana con las puntas del pulgar y del índice de su mano dominante, tal como se muestra, como si sostuviera un bolígrafo o un lápiz.

Método del cuchillo Agarre la zona plana entre el pulgar y el índice, como si fuese un cuchillo.

Cómo sostener el hilo Para controlar el avance del hilo y mantener una tensión uniforme, pase el hilo que sale del ovillo alrededor del meñique y del índice de su mano no dominante. Utilice el dedo corazón y el pulgar de la misma mano para sostener la labor.

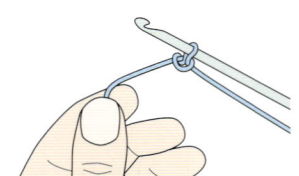

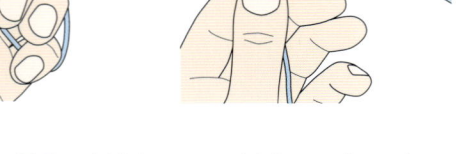

CÓMO HACER UN NUDO CORREDIZO

1 Forme un bucle como muestra el dibujo, introduzca el ganchillo, agarre el hilo con el gancho y tire del hilo atravesando el bucle, para que quede una lazada sobre el ganchillo.

2 Tire del hilo con suavidad para ajustar la lazada alrededor del ganchillo y completar el nudo corredizo.

CADENETA BASE

El patrón le indicará cuántas cadenetas debe hacer. Puede tratarse de un número concreto o de un múltiplo. Si el patrón indica un múltiplo de 3 + 2, esto no significa que deba tejer un múltiplo de 5, sino un múltiplo de 3 y después añadir 2 cadenetas más (por ejemplo, 3 + 2, 6 + 2, 9 + 2, etc.). A veces, el patrón también indica que debe añadir una cadeneta de vuelta en la primera hilera.

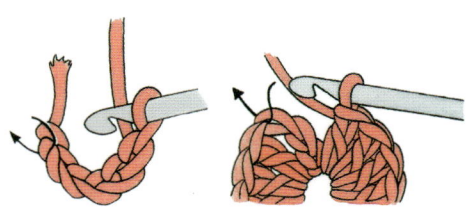

ANILLO BASE

1 Teja una cadeneta base corta, según indique el patrón. Para cerrar el anillo, haga un punto raso en el primer punto de la cadeneta base.

2 Trabaje la primera vuelta de puntos en el centro del anillo salvo que se dé otra indicación. Al final de la vuelta, el último punto se suele unir al primero con un punto raso.

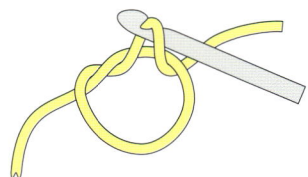

ANILLO MÁGICO

Utilice esta alternativa al anillo base cuando trabaje en redondo y quiera evitar que se vea un agujero en el centro de la labor. Forme un anillo con el hilo, introduzca el ganchillo y saque una lazada. Trabaje la primera vuelta de puntos en el anillo y luego tire bien del hilo para cerrar el anillo.

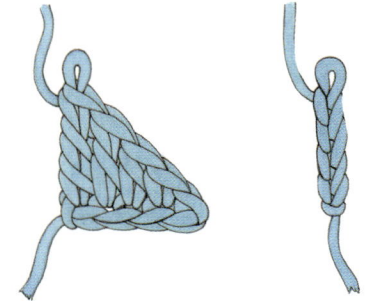

CADENETAS DE VUELTA Y DE INICIO

Al hacer ganchillo, tendrá que tejer un número concreto de cadenetas adicionales al principio de cada hilera o vuelta. Cuando le da la vuelta a la labor al final de una hilera, las cadenetas adicionales se llaman cadeneta de vuelta, y cuando se tejen al principio de una vuelta se conocen como cadenetas de inicio.

Las cadenetas adicionales llevan el ganchillo a la altura correcta para poder trabajar el punto que toca a continuación.

Al final de la hilera, el último punto se suele trabajar en la cadeneta de vuelta hecho al principio de la hilera anterior. Al final de una vuelta, el último punto por lo general se une a la cadeneta de inicio con un punto raso.

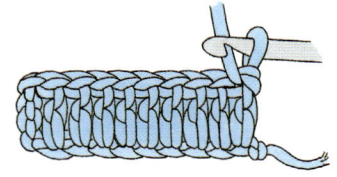

REMATAR LA LABOR

Una vez finalizada la labor, corte el hilo dejando unos 15 cm desde el último punto. Eche el hilo sobre el gancho y saque el extremo por la lazada que queda en la aguja. Tire suavemente del hilo para apretar el último punto y, después, remate el cabo suelto.

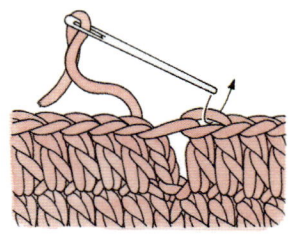

CERRAR LA ÚLTIMA VUELTA

Para conseguir un acabado más pulcro, no haga un punto raso parar unir el último punto con el primero de la vuelta final. En lugar de ello, corte el hilo después de hacer el último punto, enhebre una aguja lanera con el cabo, páselo por debajo de las lazadas superiores del primer punto de la vuelta y retroceda atravesando el centro del último punto.

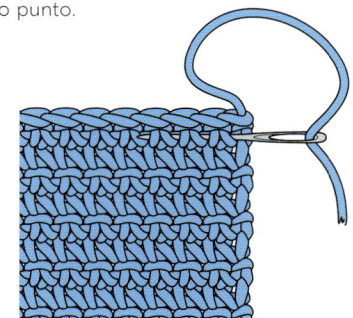

REMATAR LOS CABOS SUELTOS

Cuando acabe un proyecto, tendrá que rematar los cabos que han quedado sueltos al cambiar de color o coser costuras. En las labores tejidas en hileras, use una aguja lanera para esconder los cabos en diagonal por el revés de la labor. En las piezas trabajadas en redondo, remate los cabos bajo los puntos a lo largo de 3 o 4 centímetros. Si el patrón no lo permite, introduzca el cabo bajo algunos puntos, luego suba por el revés de un punto y por debajo de algunos puntos de la vuelta siguiente.

PUNTOS BÁSICOS

Todos los puntos de ganchillo se basan en utilizar una aguja de ganchillo para pasar una lazada por otra lazada. Solo hay que aprender unos cuantos puntos de diferentes alturas. En esta concisa guía, encontrará los puntos básicos empleados en la confección de cuadrados.

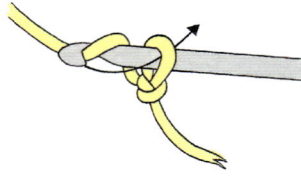

Cadeneta (cad.) Eche hebra sobre la aguja y sáquela a través de la lazada del ganchillo para formar una nueva lazada.

Punto raso (p. r.) Introduzca el ganchillo en el punto indicado, eche hebra y sáquela a través del punto y de la lazada del ganchillo.

Punto bajo (p. b.) Introduzca el ganchillo en el punto indicado, eche hebra y sáquela a través del punto (2 lazadas en la aguja). Eche hebra y sáquela a través de las dos lazadas.

Punto medio alto (p. m. a.) Eche hebra, introduzca el ganchillo en el punto indicado, eche hebra y sáquela a través del punto (3 lazadas en la aguja). Eche hebra y sáquela a través de las 3 lazadas.

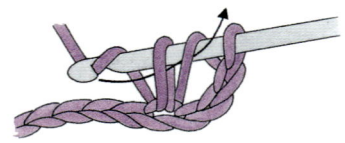

Punto alto (p. a.) Eche hebra, introduzca el ganchillo en el punto indicado, eche hebra y sáquela a través del punto (3 lazadas en la aguja). *Eche hebra y sáquela a través de 2 lazadas; repita desde * 1 vez más.

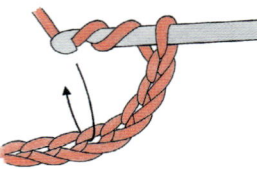

Punto alto doble (p. a. d.) Eche hebra 2 veces, introduzca el ganchillo en el punto indicado, eche hebra y sáquela a través del punto (4 lazadas en la aguja). *Eche hebra y sáquela a través de 2 lazadas; repita desde * 2 veces más.

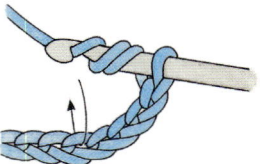

Punto alto triple (p. a. t.) Eche hebra 3 veces, introduzca el ganchillo en el punto indicado, eche hebra y sáquela a través del punto (5 lazadas en la aguja). *Eche hebra y sáquela a través de 2 lazadas; repita desde * 3 veces más.

Punto alto cuádruple (p. a. c.) Eche hebra 4 veces, introduzca el ganchillo en el punto indicado, eche hebra y sáquela a través del punto (6 lazadas en la aguja). *Eche hebra y sáquela a través de 2 lazadas; repita desde * 4 veces más.

VARIACIONES DE LOS PUNTOS

Los puntos básicos se pueden variar de muchas maneras para conseguir diferentes efectos. Para hacer estas sencillas variantes, los puntos se tejen introduciendo el ganchillo en diferentes lugares de la labor.

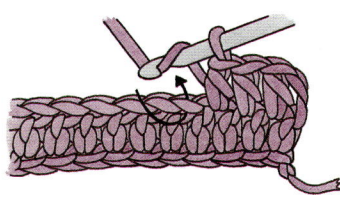

Por la lazada delantera (laz. del.) En lugar de introducir el ganchillo por debajo de las dos lazadas superiores del punto siguiente, de la forma habitual, páselo solo por la lazada delantera.

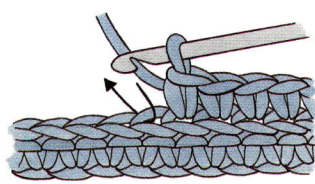

Por la lazada trasera (laz. tras.) En lugar de introducir el ganchillo por debajo de las dos lazadas superiores del punto siguiente, de la forma habitual, páselo solo por la lazada trasera.

Tercera lazada (3.ª laz.):
Se hace de manera parecida a tejer solo por la lazada delantera o trasera. Doble los puntos hacia delante e introduzca el ganchillo de arriba abajo por debajo de la lazada horizontal central, o el «bultito», de detrás del punto.

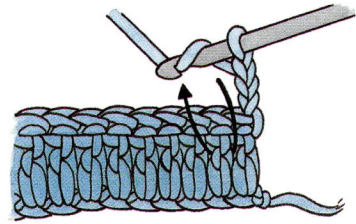

En relieve tomado por delante (rel. del.) Trabajando alrededor del cuerpo del punto, introduzca la aguja desde delante, rodee el cuerpo del punto y vuelva adelante.

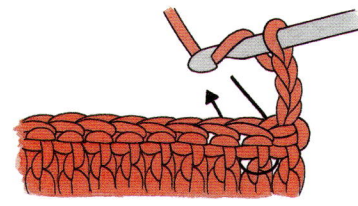

En relieve tomado por detrás (rel. det.) Trabajando alrededor del cuerpo del punto, introduzca la aguja desde detrás, rodee el cuerpo del punto y vuelva atrás.

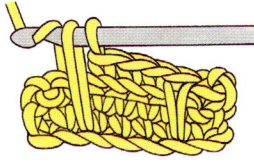

En una hilera inferior (punto largo) Los puntos largos se hacen introduciendo el ganchillo en un lugar situado en una o dos hileras más abajo. Para hacer un punto bajo largo, por ejemplo, introduzca la aguja en el lugar que indique el patrón, eche hebra, sáquela, alargue la lazada hasta la hilera de trabajo y complete el punto.

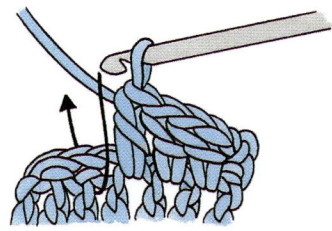

En un espacio entre puntos (esp. entre p.) Introduzca la aguja entre los puntos de la hilera anterior en lugar de hacerlo en el mismo punto.

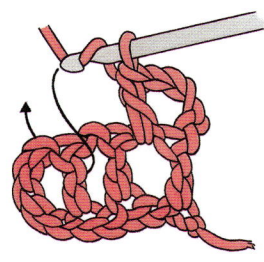

En un espacio de cadeneta (esp. cad.) Introduzca el ganchillo en el espacio de debajo de la cadeneta o las cadenetas. En este caso, se teje 1 p. a. d. en un esp. 1 cad.

Piquito (piq.)

1 Haga 3 cadenetas (o en número indicado). Introduzca el ganchillo tal como muestra la flecha, insertándolo hacia abajo por la parte superior del punto bajo anterior.

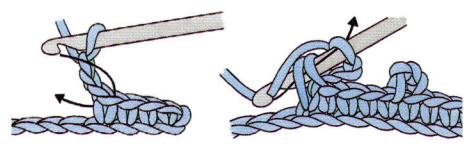

2 Eche hebra y sáquela por todas las lazadas para cerrar el piquito con un punto raso.

PUNTOS ESPECIALES

Si teje varios puntos en un mismo lugar o los cierra juntos, o una combinación de ambos, puede crear formas, patrones y texturas muy interesantes. La cadeneta de vuelta o de inicio puede contar como el primer punto de un racimo, una piña o un bodoque.

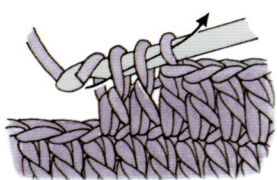

Disminuir (p. ej., 2 p. b. jun., 3 p. a. jun.)
Se pueden menguar uno o dos puntos trabajando juntos dos o tres puntos incompletos. Teja el número indicado de puntos sin echar hebra por última vez, de modo que la última lazada de cada punto quede en el ganchillo. Después, eche hebra y sáquela a través de todas las lazadas del ganchillo. El método es el mismo para todos los puntos básicos de ganchillo.

Aumentar (p. ej., 5 p. a. en la cad. sig. o 1 concha) Esta técnica se utiliza para incrementar el número total de puntos y así dar forma a una pieza o para crear un efecto decorativo, como una concha. Simplemente teja el número de puntos indicados en el mismo lugar. Los aumentos se pueden hacer en los bordes de las piezas planas o en cualquier punto de una hilera o de una vuelta.

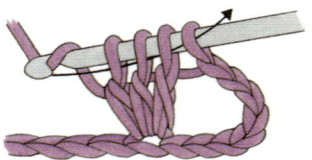

Piña Es un grupo de entre tres y seis puntos altos, o de más altura, trabajados en el mismo sitio y cerrados por arriba. Teja el número indicado de puntos omitiendo el paso final de cada uno, de modo que la última lazada de cada punto quede en el ganchillo. Luego, eche hebra y sáquela a través de todas las lazadas del ganchillo.

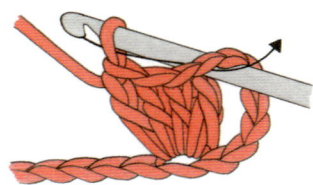

Bodoque (bod.) Es un grupo de puntos altos, o de más altura, tejidos en el mismo lugar; luego se juntan y se cierran por arriba para que el bodoque sobresalga del tejido. Trabaje el número de puntos indicado en el mismo lugar. Saque el ganchillo de la lazada de trabajo e introdúzcalo por debajo de las dos lazadas superiores del primer punto del bodoque. Tome la lazada de trabajo con el ganchillo y sáquela a través del grupo de puntos para juntarlos y cerrar el bodoque por arriba. Haga 1 cadeneta para asegurarlo.

Piña de puntos medios altos (piña de p. m. a.)
Para hacer este punto se tejen varios puntos medios altos en el mismo lugar. Trabaje el número indicado de puntos omitiendo el paso final de cada uno, de modo que queden dos lazadas de cada punto en el ganchillo. Después, eche hebra y sáquela a través de todas las lazadas del ganchillo.

Punto bajo/alto centrado (p. b./a. centrado)
Es un punto bajo o alto normal trabajado entre las patas o la «v» de la hilera anterior, en lugar de por debajo de la lazada horizontal.

2 puntos altos cruzados (2 p. a. cruzados)
Este punto crea una «x». En el punto siguiente (o espacio, según el patrón), haga 1 punto alto, pase el ganchillo por delante de este primer punto hacia atrás y trabaje el segundo punto alto en el punto anterior.

LABORES MULTICOLORES

La mayoría de los patrones de *granny squares* emplean un único color para cada hilera o vuelta, y el nuevo tono se incorpora al final. No obstante, también pueden usarse varios colores en una misma hilera si se trabaja con las técnicas intarsia o *tapestry*, también llamada *jacquard*. En este último, el hilo del color no utilizado se desplaza por el revés de la hilera, tejiendo por encima de él. Con la técnica intarsia suelen hacerse secciones de diferentes colores con formas grandes y a veces irregulares, y cada una se trabaja con un ovillo diferente.

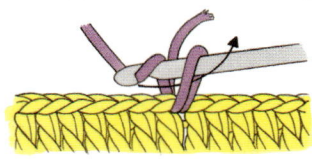

CAMBIAR DE COLOR EN UNA VUELTA

Método 1 (arriba): Introduzca la aguja en el lugar indicado y saque una lazada del nuevo color, dejando un cabo de 10 cm. A continuación, teja el número indicado de cadenetas de inicio. Siga con el nuevo hilo.

Método 2: Cuando haga un punto raso para unir el último punto de la vuelta con el primero, utilice el nuevo color.

Método 3 (abajo): Haga un nudo corredizo con el hilo nuevo. Introduzca el ganchillo desde delante por el primer punto de la hilera, agarre el nudo y páselo a través del punto. Eche hebra, sáquela por el nudo corredizo para asegurar el hilo y haga la primera cadeneta de vuelta.

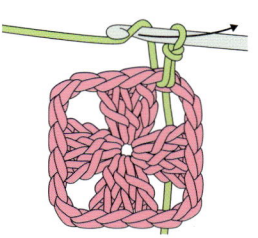

CAMBIAR DE COLOR EN UNA HILERA

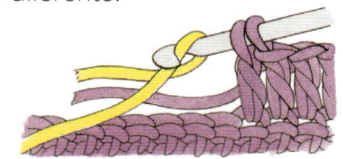

Cuando teja el último punto del color anterior, omita el paso final (echar hebra sobre la aguja) para dejar el punto incompleto. Eche la hebra con el nuevo color y sáquela a través de todas las lazadas del ganchillo para completar el punto. El hilo del nuevo color formará las lazadas superiores del punto siguiente.

TÉCNICA INTARSIA

Utilice un ovillo o carrete diferente para cada área de color. Si trabaja con el mismo color dos veces en la hilera, necesitará dos ovillos de dicho color.

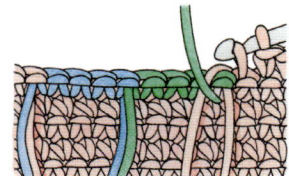

1 Siga el patrón, cambiando de color donde se indique del modo habitual y dejando caer los hilos no utilizados por el revés de la labor. En las hileras siguientes, cada vez que cambie de color asegúrese de pasar el nuevo hilo alrededor del antiguo por el revés de la labor, para evitar agujeros.

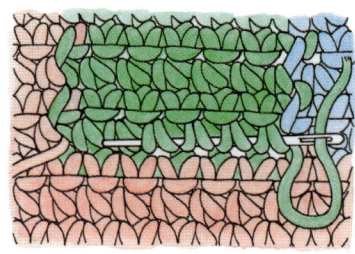

2 Cuando teja con la técnica intarsia, preste especial atención a los cabos sueltos. Remátelos con cuidado en una parte de la labor del mismo color del cabo, para que no queden visibles por el derecho.

TÉCNICA *JACQUARD* O *TAPESTRY*

1 Cambie al nuevo color (rosa) del modo habitual. Siga el patrón, desplazando el hilo del color no utilizado (azul) a lo largo de la parte superior de la hilera anterior, por el revés de la labor y tejiendo por encima. Después del siguiente cambio de color, siga desplazando el hilo que no utiliza del mismo modo, trabajando por encima de él.

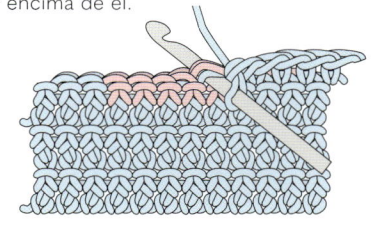

2 En la siguiente hilera y en las posteriores, introduzca el ganchillo por debajo del hilo transportado y en el punto, para asegurar el hilo que se ha desplazado.

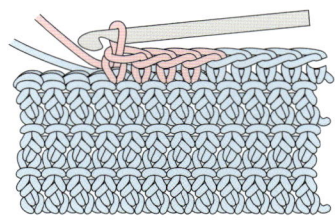

INTERPRETAR PATRONES Y DIAGRAMAS

Con tantos símbolos, abreviaturas y diagramas, a primera vista el ganchillo puede parecer una tarea compleja y abrumadora. Pero, con esta breve explicación, todo le parecerá mucho más sencilla.

Las abreviaturas se utilizan para que los patrones de ganchillo sean más rápidos y sencillos de seguir. Las abreviaturas y los símbolos de los diagramas pueden variar de una publicación a otra, así que asegúrese de comprender bien el sistema usado antes de comenzar a tejer. Algunos patrones contienen abreviaturas y símbolos especiales, así como instrucciones específicas para tejer un punto. Todo ello se explica en cada patrón.

COMPRENDER LOS SÍMBOLOS

SÍMBOLO	SIGNIFICADO
*	Inicio de la repetición
**	Final de la última repetición
[ ]	Repita las instrucciones de dentro del corchete el número de veces especificado en el lugar indicado.
( )	Puede ser explicativo (cuenta como 1 p. a.) o puede contener varios puntos que se trabajan en el mismo lugar (1 p. a., 2 cad., 1 p. a.)
►	La punta de flecha indica el inicio de una hilera o de una vuelta

SÍMBOLOS UNIDOS POR ARRIBA

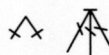

Si en un grupo de símbolos estos están unidos por la parte superior, deben cerrarse juntos por arriba (por ejemplo, 2 p. b. jun., 3 p. a. jun.).

SÍMBOLOS UNIDOS POR ABAJO

Los símbolos unidos por la base deben trabajarse en el mismo punto o espacio inferior.

SÍMBOLOS UNIDOS POR ARRIBA Y ABAJO

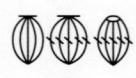

Un grupo de puntos trabajados en el mismo lugar y cerrados juntos forman una piña o un bodoque.

SÍMBOLOS INCLINADOS

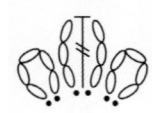

A veces los símbolos están dibujados sobre una curva, de acuerdo con el diseño del patrón.

SÍMBOLOS DISTORSIONADOS

Algunos símbolos son más altos, curvados o alargados para indicar el lugar en el que debe introducirse la aguja.

SÍMBOLOS Y ABREVIATURAS

SÍMBOLO	SIGNIFICADO	ABREVIATURA
⊙	Anillo mágico	–
○	Cadeneta (de inicio/vuelta)	cad. (ini./vta.)
•	Punto raso	p. r.
+	Punto bajo	p. b.
T	Punto medio alto	p. m. a.
┼	Punto alto	p. a.
╪	Punto alto doble	p. a. d.
╪	Punto alto triple	p. a. t.
╪	Punto alto cuádruple	p. a. c.
⋎	Racimo (p. ej., 1 rac. de 2 p. b.)	rac.
⊕	Piña (p. ej., 1 piña de 5 p. a.)	–
⊕	Piña de puntos medios altos	piña de p. m. a.
⊕	Bodoque (p. ej., 1 bod. de 4 p. a.)	bod.
∩	Solo en la lazada trasera	laz. tras.
⌢	Tercera lazada (3.ª laz.)	–
∪	Solo en la lazada delantera	(laz. del.)
⌐	En relieve tomado por detrás	rel. det.
└	En relieve tomado por delante	rel. del.
–	Hilera/vuelta	H./V.
–	Espacio de cadeneta	esp. cad.
–	Ponga un marcador	ponga 1 M
–	Repita	rep.
–	Derecho/revés de la labor	D./R.
–	punto(s)	p.
–	Juntos	jun.
–	Eche hebra	e. h.
∨	Punto centrado (p. ej., punto alto centrado)	p. centrado

INTERPRETAR DIAGRAMAS

Cada patrón de este libro se acompaña de un diagrama, que se debería interpretar junto con las instrucciones escritas. Una vez que se haya acostumbrado a los símbolos, verá que resultan fáciles y rápidos de seguir. Todos los diagramas se leen de derecha a izquierda.

DIAGRAMAS DE LABORES EN HILERAS

• Las hileras tejidas por el derecho de la labor empiezan en la derecha y se leen de derecha a izquierda.

• Las hileras tejidas por el revés empiezan en la izquierda y se leen de izquierda a derecha.

• El inicio de cada hilera se indica con una flecha.

DIAGRAMAS DE LABORES EN VUELTAS

Empiezan en el centro y cada vuelta se lee en sentido antihorario si se trabaja con el derecho hacia arriba y en sentido horario si se trabaja con el revés hacia arriba. El inicio de cada vuelta se indica con una flecha.

CALCULAR LAS CANTIDADES DE HILO

Al planear un proyecto grande hecho de cuadrados, la mejor forma de calcular cuánto hilo necesitará es trabajar unos cuantos cuadrados con el hilo y la combinación de colores que vaya a usar, y después deshacerlos. Mida la cantidad de hilo de cada color usado, calcule la longitud media y multiplique por el número de cuadrados que pretenda realizar. No se olvide de añadir el hilo extra para unir los cuadrados y trabajar los ribetes.

CUIDADO POSTERIOR

Se recomienda conservar una etiqueta de los ovillos de cada proyecto que complete como referencia para las instrucciones de lavado. Para que las labores de ganchillo no se deformen, lo mejor es lavarlas suavemente a mano y dejarlas secar planas sobre una toalla. No las cuelgue, ya que el peso del agua las estiraría.

TENSIÓN Y BLOQUEO

Es importante que teja una muestra de tensión antes de empezar su proyecto para establecer la tensión que ejercerá. Para rematar bien su cuadrado, tendrá que bloquear la labor para darle forma. También puede utilizar su muestra de tensión para comprobar los métodos de bloqueo y lavado.

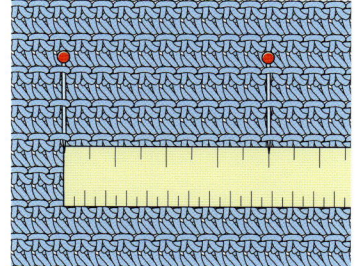

MEDIR LA TENSIÓN

Todos los cuadrados del libro miden 15 de lado después de bloquearlos. Están tejidos con hilo del mismo grosor (ligero/DK) y con un ganchillo de 4 o de 3,5 mm. Cada persona ejerce una tensión diferente cuando hace ganchillo, incluso si usan el mismo hilo y el mismo ganchillo. La manera de sujetar el ganchillo y el ritmo en el que el hilo fluye a través de los dedos afecta a la tensión que uno ejerce. Para comprobar su tensión, haga un cuadrado de este libro utilizando el grosor de hilo y el tamaño de ganchillo recomendados. Debería medir un poco menos que 15 cm de lado para que, al bloquearlo, le quede de la medida correcta. Como norma general, si la muestra le queda más grande, debe usar una aguja de ganchillo más pequeña; si es más pequeña, pruebe a trabajar otra muestra con un ganchillo de un número mayor. La tensión también se ve afectada por la composición del hilo y el calibre y la marca del ganchillo. Básicamente, es más importante que se sienta cómodo con el ganchillo y el hilo que no que siga las instrucciones del patrón al pie de la letra.

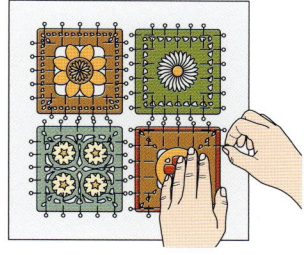

BLOQUEAR LA LABOR

Bloquear un tejido es esencial para asentar los puntos y para obtener un acabado uniforme. Elija el método que se adecue más a los cuidados indicados en la etiqueta del hilo. En caso de duda, siga el método húmedo. Clave las piezas en una tabla de planchar o en una alfombrilla de gomaespuma.

Método húmedo: acrílico o mezcla de lana y acrílico Con alfileres inoxidables, sujete la labor sobre una superficie plana de manera que tenga las medidas correctas y, con un pulverizador, humedézcala con agua fría. Dé unos golpecitos en el tejido para que la humedad penetre mejor. Recoloque los puntos para que las hileras y los puntos queden rectos. Espere a que se seque antes de retirar los alfileres.

Método con vapor: lanas y algodones Fije la labor tal como se explica arriba. Si el tejido tiene puntos en relieve, sujételo con el derecho hacia arriba para evitar aplastarlos; si no, póngalo con el revés hacia arriba. Aplique vapor manteniendo la plancha a 2,5 cm de la labor. Espere varios segundos a que el vapor penetre en el tejido. Lo más recomendable es no planchar labores de ganchillo.

UNIONES Y RIBETES

Si va a confeccionar un proyecto grande con *granny squares*, tendrá que coser o unir los cuadrados a ganchillo antes de tejer el ribete. El ribete de ganchillo no solo aporta un toque final elegante, sino que además contribuye a mantener la forma de la labor y evita que los bordes se estiren.

UNIR CUADRADOS

Los cuadrados se pueden juntar con una aguja de coser o con el ganchillo. Sujete las costuras con alfileres para encajar bien los cuadrados y darles un acabado pulcro. Utilice el mismo hilo que ha utilizado para tejer los cuadrados o uno más fino, preferiblemente de la misma composición.

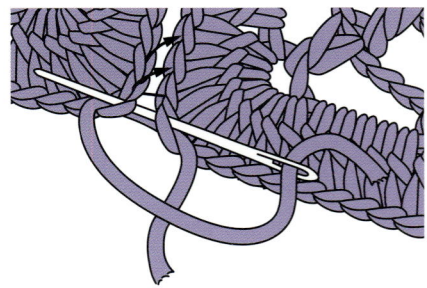

SOBREHILADO

Con una aguja lanera del tamaño correcto, cosa por las lazadas delanteras o traseras de los puntos correspondientes. Para reforzar la costura, haga dos puntos en las lazadas finales.

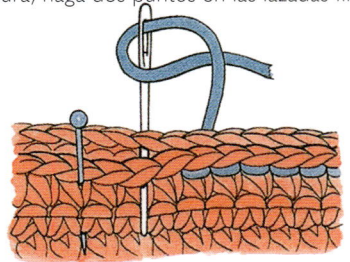

PESPUNTE

Sujete los cuadrados derecho contra derecho. Con una aguja lanera, haga un pespunte a lo largo del borde.

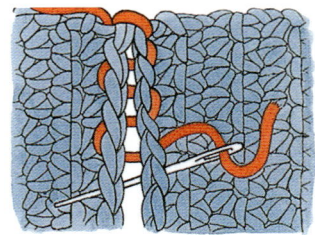

PUNTO DE COLCHONERO

Ponga los cuadrados con el revés hacia arriba y con los bordes en contacto. Con una aguja lanera, vaya pasando el hilo de un lado a otro, por el centro de los puntos, sin apretar demasiado los puntos.

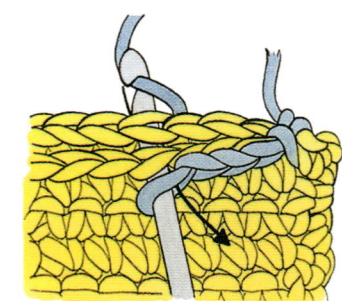

COSTURAS A GANCHILLO

Junte los cuadrados revés contra revés para obtener una costura visible, o derecho contra derecho para que no se vea. Teja una hilera de puntos rasos (arriba) o de puntos bajos trabajando los puntos en las lazadas superiores de cada cuadrado. Cuando siga este método en los lados de los cuadrados trabajados en hileras, asegúrese de que los puntos estén espaciados de manera uniforme para que la costura no quede demasiado apretada.

RIBETES A GANCHILLO

Calcule los puntos que requiere el patrón del ribete elegido, incluidas las esquinas. Primero teja un ribete simple de puntos bajos a modo de vuelta base (*véase* la pág. 134), aumentando o disminuyendo el número de puntos a lo largo de cada lado de la labor para que coincida con el patrón del ribete elegido. Asegúrese de que los aumentos y disminuciones quedan bien distribuidos para evitar fruncidos. Resulta práctico utilizar marcadores para indicar dónde están las repeticiones del patrón.

CÁLCULOS

El patrón del ribete comienza en el punto de la esquina de la vuelta base. Algunos diseños requieren un múltiplo de puntos específico para trabajar la repetición del patrón. En las instrucciones, esto aparece así:

- **Múltiplo: x + x + 4 p. de las esquinas**

Los puntos de las esquinas serán el segundo punto bajo de cada esquina de la vuelta base, así que después de tejer la vuelta base tendrá cuatro puntos en las esquinas (uno en cada esquina) Si el patrón requiere un múltiplo de 3 + 2 + 4 puntos de las esquinas, debería tener un múltiplo de 3 puntos y 2 puntos adicionales en cada lado del ribete (por ejemplo, 3 + 2, 6 + 2, 9 + 2, etc.), además de los 4 puntos de las esquinas. Cuente los puntos que hay en cada lado del borde, entre las esquinas, para comprobar que tenga el número correcto. Si no fuera así, teja otra vuelta base aumentando o disminuyendo puntos de manera uniforme según se precise.

AÑADIR RIBETES COSIDOS

No remate el hilo, ya que más adelante podría necesitar ajustar la longitud del ribete. Sujete la lazada de trabajo del ribete con un marcador para evitar que se deshaga. Coloque el borde de la labor y el borde del ribete con el derecho hacia arriba, con el ribete encima. Sujételo con alfileres y cosa el ribete con un sobrehilado a través de las lazadas delanteras. Si fuera necesario, retoque la longitud del ribete, y luego corte el hilo y use el cabo para unir los dos extremos del borde.

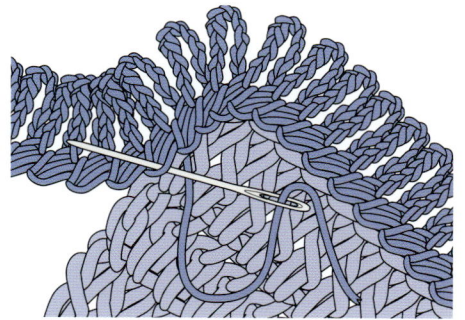

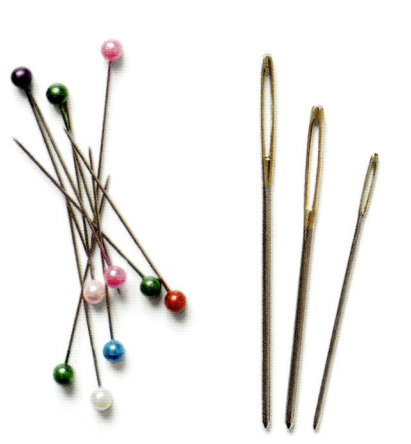

RIBETE SIMPLE

Tejer una sencilla vuelta de puntos bajos ayuda a alinear los extremos de las hileras y los puntos que hayan quedado irregulares. Haga el ribete simple tejiendo una vuelta de puntos bajos alrededor de la labor, haciendo tres puntos en cada esquina. Estos ribetes son una buena base para trabajar el patrón de un borde decorativo.

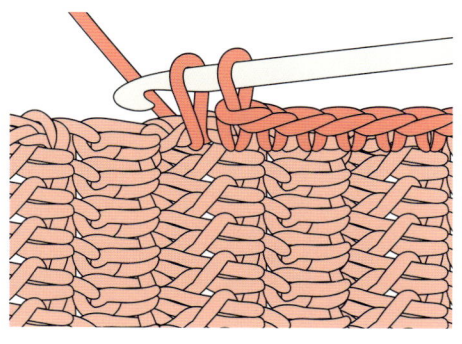

POR LOS EXTREMOS DE LAS HILERAS

Cuando trabaje en los lados de un cuadrado tejido en hileras, introduzca el ganchillo por debajo de dos hebras del primer (o último) punto de cada hilera. Teja los puntos a una distancia uniforme a lo largo del borde. Pruebe primero en un trozo, para averiguar cuántos puntos precisa para que la pieza quede plana. Como orientación, según los puntos de la H.:

- **p. b.:** 1 p. b. en el extremo de cada H.
- **p. m. a.:** 3 p. b. en el extremo de cada dos H.
- **p. a.:** 2 p. b. en el extremo de cada H.
- **p. a. d.:** 3 p. b. en el extremo de cada H.

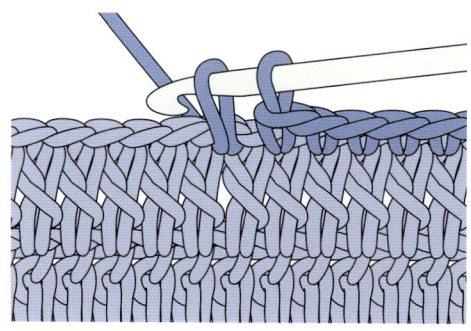

POR EL BORDE SUPERIOR O INFERIOR

Cuando trabaje por la parte superior de una hilera, teja 1 p. b. en cada punto, como si tejiera una hilera normal. Cuando teja por la parte inferior de una cadeneta base, haga 1 p. b. en la lazada restante de cada cadeneta.

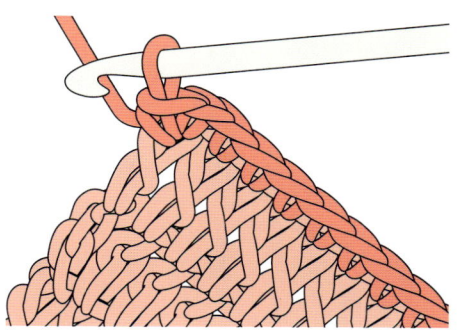

POR LAS ESQUINAS

Tendrá que añadir un par de puntos en cada esquina para que el ribete pueda rodear la esquina sin que la labor pierda su forma. Como orientación, por regla general se tejen 3 p. b. (o 1 p. b., 1 p. m. a., 1 p. b.) en la esquina. Si ve que la vuelta base le ha quedado ondulada o demasiado tensa, la situación probablemente empeorará al añadir las vueltas restantes del ribete. Merece la pena que deshaga la vuelta base y la vuelva a tejer con menos puntos si ha quedado ondulada, o con más si ha quedado demasiado tensa.

ADORNOS

Cuando confeccione un proyecto grande hecho de *granny squares*, como el chal «Bayas silvestres» de la página 124, puede que quiera añadir algo más aparte del ribete. Para darle un acabado con estilo, póngale borlas en las esquinas.

HACER BORLAS

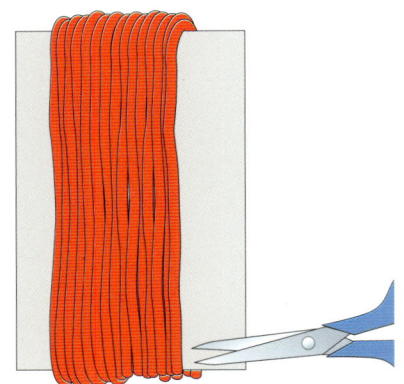

1 Corte un trozo de cartón que sea un poco más largo de lo que será la borla una vez terminada. Envuelva el hilo alrededor del cartón hasta que la borla tenga el grosor deseado o el número de veces indicado en el patrón. Con unas tijeras afiladas, corte el hilo de un lado del cartón.

2 Enhebre una aguja con un trozo largo de hilo y rodee los hilos por la parte superior del trozo de cartón. Enrolle el hilo varias veces alrededor de los hilos y anúdelo, dejando largos cabos sueltos.

3 Retire la borla del cartón y apriete el nudo de la parte superior. Envuelva la borla con un trozo de hilo varias veces a una distancia de 1 cm aproximadamente de la parte superior y anúdelo bien. Con unas tijeras afiladas, recorte los extremos de la borla.

SINÓNIMOS DE LOS PUNTOS

Si conoce los puntos por nombres diferentes a los empleados en este libro, le recomendamos que mantenga abierto el desplegable mientras teje para evitar confusiones.

VARIANTES TERMINOLÓGICAS

Los puntos de ganchillo se conocen con diferentes nombres según la región. A continuación, especificamos los empleados en este libro junto con otras denominaciones comunes.

Nombre usado en este libro	Otras denominaciones
cadeneta (cad.)	punto de cadena, cadenilla, punto al aire
punto raso (p. r.)	punto enano, punto corrido, punto deslizado, punto bajísimo
punto bajo (p. b.)	medio punto
punto medio alto (p. m. a.)	medio punto alto, punto media vareta
punto alto (p. a.)	punto vareta
punto alto doble (p. a. d.)	punto vareta doble
punto alto triple (p. a. t.)	punto vareta triple
punto alto cuádruple (p. a. c.)	punto vareta cuádruple

ÍNDICE ALFABÉTICO

AGRADECIMIENTOS DE LA AUTORA

Muchas gracias, Quarto Publishing y Search Press, por esta maravillosa oportunidad y por la ayuda y la comprensión que he recibido por parte del equipo durante la creación de este libro. Un agradecimiento especial a Charlene Fernandes por su confianza y paciencia.

Gracias a todos los que han comprobado mis patrones; a la correctora, May Corfield; a las diseñadoras, Martina Calvio, Eliana Holder y Clare Barber; a las fotógrafas, Cintia Gonzalez-Pell y Nicki Dowey, y a los ilustradores, Kang Kuo Chen y Olya Kamieshkova. Todos ellos han hecho posible que mis ideas se hayan hecho realidad.

Agradezco a Cascade Yarns que haya patrocinado los hilos. ¡Ha sido un auténtico placer trabajar con ellos!

También quiero dar las gracias a las chicas de Yarn Corner, que no solo me han ayudado a enrollar madejas y a esconder algunos de esos molestos cabos, sino que me han ofrecido observaciones de un valor inestimable. Asimismo, gracias a mis comprobadores de Instagram, siempre tan serviciales, que me echaron una mano con algunas pruebas y comentarios de última hora.

Gracias a mis hijos, Jaimie y Shay, por sus críticas, por los divertidos nombres que han puesto a los cuadrados y por su paciencia cuando mamá estaba ocupada haciendo ganchillo. Y por último, pero no menos importante, gracias a mi familia por estar a mi lado, dándome ánimos, cariño y apoyo. Sin ellos, este hubiese sido un año complicado. ¡No lo habría conseguido sin vosotros, chicos! x

Todos los hilos usados en este libro son Cascade Ultra Pima Cotton®, de Cascade Yarns®. Abajo encontrará una lista completa de todos los colores empleados.

PRIMAVERA
- **3865** Kiwi (verde kiwi)
- **3772** Cornflower (azul aciano)
- **3748** Buttercup (amarillo botón de oro)
- **3709** Wood Violet (violeta)
- **3802** Honeysuckle (rosa madreselva)
- **3853** Peony (rosa peonía)

VERANO
- **3764** Sunshine (amarillo solar)
- **3747** Gold (dorado)
- **3732** Aqua (aguamarina)
- **3774** Major Teal (azul cerceta mayor)
- **3751** Poppy Red (rojo amapola)
- **3822** Vibrant Orange (naranja vivo)

OTOÑO
- **3713** Wine (rojo vino)
- **3750** Tangerine (mandarina)
- **3866** Rich Gold (dorado intenso)
- **3762** Spring Green (verde primavera)
- **3761** Juniper (verde enebro)
- **3849** Chipmunk (marrón ardilla)

INVIERNO
- **3728** White (blanco)
- **3808** Light Gray (gris claro)
- **3729** Gray (gris)
- **3832** Stone Blue (azul piedra)
- **3838** Moonlight Blue (azul luz de luna)
- **3740** Sprout (verde brote)

PROYECTOS
- **3718** Natural (crudo)
- **3845** Stratosphere (estratosfera)
- **3802** Honeysuckle (rosa madreselva)
- **3748** Buttercup (amarillo botón de oro)
- **3853** Peony (rosa peonía)
- **3713** Wine (rojo vino)
- **3719** Buff (beis)
- **3729** Gray (gris)
- **3728** White (blanco)
- **3764** Sunshine (amarillo solar)
- **3747** Gold (dorado)
- **3732** Aqua (aguamarina)
- **3774** Major Teal (azul cerceta mayor)